KB048460

국제적 상호의존

국립중앙도서관 출판시도서목록(CIP)

국제적 상호의존:
국제레짐과 거버넌스의 정치경제학/
지은이: 야마모토 요시노부; 옮긴이: 김영근.
-- 서울: 논형, 2014
p. ; cm. -- (논형학술: 78)

원저자명: 山本吉宣
일본어 원작을 한국어로 번역
ISBN 978-89-6357-144-7 94340 : ₩23000

국제 관계[國際關係]

349-KDC5
327-DDC21 CIP2014000137

국제적 상호의존

국제레짐과 거버넌스의 정치경제학

야마모토 요시노부 지음/ 김영근 옮김

국제적 상호의존
국제레짐과 거버넌스의 정치경제학

초판 1쇄 인쇄 2014년 1월 10일
초판 1쇄 발행 2014년 1월 20일

지은이 야마모토 요시노부
옮긴이 김영근
펴낸곳 논형
펴낸이 소재두
등록번호 제2003-000019호
등록일자 2003년 3월 5일
주소 서울시 관악구 성현동 7-77 한립토이프라자 6층
전화 02-887-3561
팩스 02-887-6690
ISBN 978-89-6357-144-7 94340
값 23,000원

편집간행의 말

이 총서는 일본에서의 첫 정치학 총서이다. 사회과학 중에서도 경제학과 사회학 분야는 학문체계를 부단히 되짚어보며 새로운 체계를 구상하는 작업이 일본에서도 꾸준히 시도되고 있다. 하지만 정치학의 경우, 학문 전체를 체계적으로 정리하고, 새롭게 발전시키기 위한 토대를 광범위하게 정비하려는 노력은 거의 찾아볼 수가 없다. 이 총서는 이론 · 실증 연구에서 활약하고 있는 정치학자를 결집해 학문 영역의 체계를 제시하고, 정치학 발전을 목적으로 한다.

전 20권으로 구성된 이 총서는 과거 4반세기에 걸친 정치학의 주요 이론 연구와 실증 분석을 재편성해, 향후 연구 방법의 전망을 개척하기 위한 지식의 집대성이다. 총서의 편집에서 다음 세 가지 점에 주안을 두었다. 첫째, 이론 연구와 실증 분석의 균형을 유지해, 관념론에 치우쳐 경험적 현실에서 동떨어지거나 이론적 분석 체계가 없는 실증주의에 빠지지 않도록 노력했다. 둘째, 각 권이 자기 완결적인 체계를 이루도록 주제를 설정했다. 셋째, 각권이 독자성과 상호보완성을 발휘함으로써 총서 전체가 현대정치학의 전모를 그려낼 수 있도록 하였다.

이 총서는 다음과 같이 5부로 이루어져 있으며, 각부는 4권으로 구성된다.

◇ 거시 정치학: 정치체제의 구조와 동태를 개관하고, 정치 현상의 본질을

대국적으로 분석한다.(제1권~제4권)

◇ 미시 정치학: 개인이나 사회집단의 의식과 행동을 정치체제와 관련하여 이론화한다.(제5권~제8권)

◇ 정치 과정: 정치 프로세스를 축으로 그 구조를 실증적으로 분석한다.(제9권~제12권)

◇ 정치 주체: 정치 담당자의 조직적인 성격이나 행동 유형에 초점을 맞추어 정치역학을 해부(解明)한다.(제13권~제16권)

◇ 국제 정치: 국제 구조나 국가 간의 정치 전개를 이론적 관점에서 체계화해 분석한다.(제17권~제20권)

제18권 『국제적 상호의존』은 고전적인 주권국가의 관점만으로는 완전히 분석할 수 없는 국경을 넘은 연계적 성격을 분석대상으로 한다. 특히 서로 상대로부터 독립적 혹은 고립된 행동을 할 수 없게 된 원인과 구조를 밝히는 것이 본서의 목표다. 21세기가 가까워지면서 상호의존은 경제뿐 아니라 안전보장 면에서도 무시할 수 없는 현상이 되었다. 그 바탕에는 인류의 생산력과 기술수준 향상이 뒷받침하고 있으며, 국제 정치학 분야에서 고전적으로 논의되고 있는 국가와 국가의 관계뿐만 아니라 국내 경제 · 정치 · 사회 · 문화 모든 분야의 움직임이 국제 정치 이론의 대상이 되었다. 따라서 이 책은 상호의존의 개념, 국가와 상호의존, 국제시스템과 상호의존, 상호의존의 정책적인 관리 등 상호의존과 관련된 주제를 가장 포괄적으로 그리고 체계적으로 검토 · 정리하였다. 또한 21세기를 향해서 상호의존의 진전이 일본에 미치는 의미를 시사적 측면에서 분석하였다.

기획 편집의 책임자로서 이 총서가 일본 정치학의 표준참고서로 활용되어 정치학 발전에 한층 더 기여하기를 바란다.

이노쿠치 다카시(猪口 孝)

한국어판 서문

일본에서 『국제적 상호의존』이 출판된 것은 1989년으로 지금으로부터 20여 년 전의 일이다. 당시 일본에서도 상호의존이라는 말은 이미 많이 쓰이고 있었지만, 체계적으로는 정리되지 않았기 때문에 이 책이 많은 사람에게 높은 평가를 받았다고 생각한다. 집필 당시는 아직 냉전이 이어지던 시기로, 국제적 상호의존은 주로 서방측(개발도상국을 포함한 자본주의 권역)에서 일어나는 현상을 다루었다. 하지만 냉전 시대가 끝나고 국제적 상호의존은 전 세계로 확산되었다. 냉전 종료 후에는 '세계화(Globalization)'라는 단어가 널리 쓰였는데, 이 세계화는 정의하기 어려운 개념으로, 국경을 초월하여 상품(물건), 화폐(금융), 사람(인적자원), 정보가 전 세계를 대상으로 교류하며 세계 전체가 하나의 시스템이 되어 가는 현상 및 과정이라고 할 수 있다. 세계 어디선가 발생한 일이 다른 장소나 행위자(actor)에게 커다란 영향을 미치기도 하고 자신의 행동이나 자기 영역에서 발생한 일이 다른 영역이나 행위자들에게 커다란 영향을 미치는 것을 의미한다. 또한 국가뿐만 아니라 NGO, 기업 등 '국가 이외의 행위 주체(非國家主體)'가 폭넓게 활약하며, 경제뿐만 아니라 인권문제나 인도(人道)주의적 차원에서의 진보적(liberal) 규범이 전 세계에 스며드는 것을 나타내기도 한다. 이러한 세계화를 이 책에서 다루고 있는 상호의존과 비교한다면 상호의존은 세계화의 핵심요소라고 해도 좋을 것이다. 원래 상호의존은 국가 간 문제로서 주로 무역 및 투자 등 경제적 관계에서 나타난다. 무역 등 경제 관계가 밀접해지면 양국 모두 큰 이익을 얻게 되지만, 한 정부의 기본 정책목표(성장, 고용, 물가안정 등)는 다른 국가 정책에 커다란 영향을 끼치게 된다. 이와 맞물려 국내 정치과정을 통해서 분쟁과 대립이 발생하기 때문에 이를 조정하는 국제 제도가 필요하다. 이러한 기본 구도는 세계화가 진행된 현재도 마찬가지이며, 오히려 더 가속화되고 있는 듯하다. 2008년 가을 리먼 쇼크 이후 전 세계적 규모의 경제불황을 보면 미국에서 발생한 위기가 금융, 무역을 통하여 세계 전체에 커다린 영향을 끼쳤으며, 이를 조정하기 위해 G20 정상회의(summit) 등 새로운 제도들이 창설되었다. 상호의존론을 바탕으로 창설한 이러한 기구를 '국제 레짐(International Regime)'이라 했는데 현재는 '글로벌 거버넌스(Global Governance)'라고 한다.

이 책이 발행된 1989년 이후, 상호의존 세계는 크게 변화되었다. 이러한 변용은 다방면에 걸쳐 진행되었다. 앞서 말한 대로 상호의존은 주로 선진국 간의 관계를 다루었는데, 선진국과 개발도상국의 격차를 염두에 두지 않았다는 점에서 비난을 받았다. 그러나 냉전 종식 후 20년 동안 일어난 가장 두드러진 변화는 신흥국가들의 눈부신 발전이었다. 아시아에서는 1970년대 말부터 1980년대에 걸쳐서 한국 등 4마리의 용이, 1990년대에는 동남아시아 국가들 그리고 중국과 인도가 급성장을 이루었다. 2000년대 들어서면서부터는 중국, 인도, 브라질 등이 경제 대국이 되어 거대한 시장으로서 세계경제를 운영하는 주체가 되었다. 이제 상호의존은 선진국을 중심으로 한 현상이 아니라 세계가 대상이 되고 있다.

책이 출판된 1989년 당시, 관세 및 무역에 관한 일반협정(GATT)과 우루과이라운드가 진행되고 있었고 이와 동시에 세계 주요 지역에서 대륙규모의 경제통합 움직임이 나타나고 있었다. APEC(아시아태평양경제협력체)

이 창설된 것도 이때다. 이러한 움직임을 신지역주의(new regionalism)라고 불렀다. 하지만 1995년 WTO(세계무역기구)가 발족한 전후부터 지역통합은 주로 2국 간 FTA(자유무역협정)가 중심이 되었으며 이후 이러한 경향은 더욱 가속화되었다. 일찍이 코헤인과 나이(Robert O. Keohane and Joseph S. Nye)는 세계화의 특징 중 하나로 대륙을 초월한 상호의존 및 교류가 활발해진다고 전망하였다. FTA 체결도 이러한 특징을 보여주는 현상이다. 하지만 2000년대 중반을 지나면서 다각적인 FTA를 만들려는 움직임이 나타나기 시작한다. 그 예가 아시아태평양 전역을 포함한 FTAA(Free Trade Area of the America: 미주자유무역지대)이다. 이는 커다란 공간에서 경제 자유화를 발전시키고, 제 기능을 발휘하지 못하는 WTO를 대신하여 더욱 발전된 무역규정(rule)을 만들고자 했다. 이러한 움직임을 분석한 것이 이 책에 수록된 논문 「지역통합과 아시아태평양/동아시아: 이론과 현실」이다.

이 논문을 포함하여 1989년에 책이 발행된 이후에도 상호의존 및 세계화 연구를 계속해왔다. 이 분야와 관련된 논문들을 기초로 1989년 이후 연구를 집대성한 책이 2008년에 발행된 『국제 레짐과 거버넌스』(東京, 有斐閣)이다. 이 책에서는 NGO 및 기업을 포함한 사적(私的) 레짐(Private regime)과 하이브리드 레짐(Hybrid regime)도 고찰하고 있으며, 레짐이 많이 공존하는 현 상황에서 빠트릴 수 없는 레짐 간 상호작용에 대해서도 논하고 있다. 또한, 원래 경제 분야에서 연구하던 국제 레짐을 안전보장 분야에도 적용하면서 안전보장 문제도 함께 분석했다.

국제적 상호의존은 앞으로도 계속 국제정치현상을 분석하는 하나의 중요한 시각이 될 것이다. 이러한 점을 고려할 때, 최근의 지역통합 이론과 현실을 추가 분석하여 『국제적 상호의존』 한국어 개정판을 펴내게 되어 기대 이상의 성과이며 영광이다. 번역의 수고를 맡아준 고려대학교 일본연구센터의 김영근 교수께 깊은 감사의 말씀을 드린다. 덧붙여 책 마지막 부분에 수록된 논문 「지역통합과 아시아태평양/동아시아: 이론과 현실」은 고려대학교 일본연구센터 『일본연구』(Vol.17)에 게재된 것이다. 재록(再錄)을 쾌히 승낙해주신 동 센터에 깊이 감사드린다. 이 책이 국제적 상호의존의 관점에서 국제정치경제의 이해에 조금이나마 공헌할 수 있기를 간절히 바라며, 한국에서 널리 읽혀지기를 희망하는 바이다.

2012년

야마모토 요시노부(山本吉宣)

역자 서문

이 책은 『국제적 상호의존』(山本吉宣, 『国際的相互依存』 東京大学出版会, 1989年)을 번역한 것이다. 저자를 소개하면, 야마모토 요시노부(山本吉宣)는 미시간대학에서 박사학위를 취득하고, 사이타마대학 교양학부 교수, 도쿄대학 교양학부 교수, 아오야마가쿠인대학 국제정치경제학부 교수를 거쳐, 현재 PHP총합연구소 연구고문(PHP総研研究顧問)으로 있다. 전문분야는 계량 정치학과 국제정치학 방법론으로, 주요 저서에 『상호의존의 이론과 현실』(1988년), 『강좌 국제정치 'Ⅰ'/국제정치의 이론』(1989년), 『Globalism, Regionalism and Nationalism: Asia in Search of Its Role in the 21st Century』(1999년), 『정치학 사전(政治学事典)』(공동편찬)(2000년), 『아시아태평양의 안전보장과 미국』(편저, 2005년) 등이 있다.

야마모토 교수는 현재 국제 정치를 분석하는 기본 개념의 하나인 국제제도와 글로벌 · 거버넌스 개념의 구조를 이론 연구뿐만이 아니라, 이론의 유효성을 국제경제 분야와 안전보장 분야에 응용하여 그 유효성을 입증하고자 꾸준히 저작에 힘썼다. 그 중에서도 이 책은 그의 대표적인 저작이다. 1980년대까지 국제 정치경제론 총체를 이론적으로 정리했기 때문에, 국제 정치 · 경제학, 외교학, 지역학을 공부하는 학생의 필독서이다.

저자는 '국제적으로 상호의존이 진행되는 세계는 어떻게 전개될 것인가'라는 문제에서 상호의존의 국제정치경제를 이론적으로 규정하고 그 실체와 전개과정, 나아가 국제적 상호의존의 전망 및 시사점을 일목요연하게 정리하고 있다. 특히 지금까지 서구 중심의 논의와 한계를 극복하기 위해 게임이론 등 국제정치 이론을 소개하는 데 그치지 않고, 구체적 사례를 통해 이론과 실증연구 방법론에 쉽게 접할 수 있도록 정리했다. 국제적 상호의존 전개라는 세계적 이슈를 바라보는 국제정치(이론) 전문가의 심도 있는 분석을 이해하고, 국제적 상호의존의 다양한 형태, 예를 들어 세계화와 지역주의 혹은 지역통합이 무엇인지를 이해할 수 있다. 또한 이 책의 초판(1989) 이후 국제적 상호의존 진전에 관한 이해를 위해 '세계화'와 관련한 지역통합 관련 논문을 추가하였다(추가된 논문은 '지역통합과 아시아태평양/동아시아: 이론과 현실', 고려대학교 일본연구센터 『일본연구』(Vol.17)에 게재된 것으로 재게 허락을 얻은 것이다).

우선 이 책의 내용을 소개하면 다음과 같다.

1장(상호의존의 현실과 이론 전개)에서는 국제정치·경제론 패러다임(paradigm)의 변화를 이론적으로 고찰하고, 상호의존론이 나타난 시대 배경을 설명하고 있다. 특히 1970년대 초의 통화제도 변화나 오일 쇼크 등, 경제문제의 '정치화'가 국제 정치경제학 및 상호의존론의 계기가 되었다고 분석한다.

2장(상호의존의 기초 개념— 평화, 분쟁, 유형)에서는 전통적으로 국제 정치학의 주요 주제인 평화와 상호의존과의 관계를 규명한다. 특히, 자유주의 국가 간에 평화가 유지되기 쉬우며, 기능주의 관점에 따라 평화와 상호의존은 밀접한 관계에 있지만, 상호의존이 오히려 분쟁 원인이 될 가능성도 있음을 언급하고 있다.

3장(상호의존에 있어서의 국가와 정치 과정)에서는 상호의존에서 생기는 국제 정치와 국내 정치의 상호작용, 이른바 '연계정치(Linkage Politics)'에 관련하여 특히, 일본과 같은 '외압 반응형 국가'와 미국과 같은 '내압 투사형 국가'를 대비해서 설명한다.

4장(상호의존에 있어서의 힘과 국제시스템)은 상호의존과 힘(power)의 관계에 대한 분석을 통하여 '취약성' 및 '민감성'의 비대칭성에 따른 힘, 대국의 구조적 힘 등을 언급하였는데, 특히 상호의존의 비대칭성에서 생기는 권력(파워), 국가 간 권력 분포, 국제공공재 공급이론을 기술한다.

5장(상호의존의 '관리'— 패권과 '레짐')과 6장(포스트 패권의 상호의존의 '관리'— 상호주의와 정책 협조)에서는 자국뿐 아니라, 타국의 정책 대응이 정책에 영향을 미치는 국제적 상호의존의 심화 현상을 설명한다. 특히 상호의존적인 세계의 질서를 패권안정론, 제도론, 상호주의론, 정책 협조론으로 분류하고, 각각의 특징과 문제점을 지적하였다. '재량⇔룰'과 '독자 행동⇔협력'이라는 두 축과 질서('관리')를 (1) 패권(재량적 단독 행동), (2) 제도(룰에 의한 협력), (3) 상호주의(각자의 룰에 의한 단독 행동), (4) 정책 협조(재량적 협력)로 분류한다. 5장은 패권과 제도[(1)과 (2)]를, 6장은 상호주의와 정책 협조[(3)과 (4)]를 설명하고 있다.

7장은 상호의존의 현 단계(1980년대 중반)와 미래를 고찰한다.

마지막으로 덧붙인 논문(8장 「지역통합과 아시아태평양/동아시아: 이론과 현실」)의 주제인 '세계화'는 20세기의 마지막 10년간 사회과학 논의에서 가장 활발하게 전개된 유용한 개념 중 하나였다. 저자는 국제적 통합이론 시점에서 아시아태평양, 동아시아 지역통합의 역사적 전개를 분석하고, 경제적 지역통합, 사회통합, 정치통합, 안전보장 공동체론 등의 이론과 이론 사이의 관계를 사례분석을 통해 규명하고 있다. 아시아태평양, 동아시아 통합 시도가 어떻게 전개되어 왔느냐는 문제의식에 해답을 제시하려는 저자의 의도를 확인해볼 수 있다. 이상의 분석을 통해 국제적 상호의존 현상을 재점검할 수 있기를 기대한다.

역자가 처음 저자의 논문을 접한 것은 야마모토 요시노부(山本吉宣) 편저, 『국제정치이론』(권호연 옮김, 1992년/ 山本吉宣 編, 『講座国際政治①国際政治の理論』 東京大学出版会, 1989年)이다. 그 후 1994년 일본 유학 시절 지도교수로서 학문적 길을 안내해주셨고 연구자의 길을 걸을 수 있도록 조언해주셨다. 당시 대학원 진학에 필독서였던 이 책을 읽으면서 진학에 힘썼던 기억이 아직도 생생하다. 진학 준비 과정에서 이 책이 한글로도 번역되었으면 하는 바람이 있었다. 야마모토 교수의 한국인 제자로서 명쾌한 국제적 상호의존 이론을 한국에 소개하고 싶어했던 것으로 기억한다. 그럼에도 20여 년이 지난 오늘에서야 소개하지만, 추가된 논문 한 편을 통해 2012년 현재에도 응용 가능한 국제적 상호의존 정치학 이론을 이해하는 데 도움이 되리라 확신한다. 무엇보다 "현재 진행형 국제적 상호의존 현상"의 분석시각 및 사례연구를 담고 있어 일본에서 교과서로 널리 쓰여지고 있다. 이 책은 상호의존론뿐만이 아니라, 1980년대 (국제)제도론, 국제협조이론 등을 포함하는 국제정치・경제 이론의 총체적인 연구서라 할 수 있다. 한국의 정치 외교학, 지역학 등을 공부하는 학생들에게도 도움이 되기를 기대해 본다.

한국어판을 내기까지 많은 분들의 도움을 받았다. 번역 과정에서 수 차례의 질문에 친절히 답해준 저자께 감사드린다. 또한 매우 분명한 일본어로 쓰였지만, 한국어로 읽기 쉽게 여러 차례 수정작업을 했다. 많은 분의 도움으로 번역이 모호한 부분도 수정할 수 있었다. 누구보다도 처음부터 끝까지 전체 글을 꼼꼼히 읽고 교정해준 고려대 대학원 김남은 씨(중일어문학과 박사과정수료)와 김경진 대학원생(同학과 석사과정)께 감사의 마음을 전한다.

마지막으로 번역 초기 단계부터 마지막까지 격려와 조언을 아끼지 않았으며, 어려운 상황에서도 출판을 맡아 준 논형출판사에도 감사의 마음을 전한다.

2012년

고려대학교 일본연구센터 연구실에서

김영근

목차

서장
국제적 상호의존

이 책은 국제적 상호의존에 관한 정치학적 이론분석서이다. 우리는 미·일 관계, 신흥공업국(NIES)의 대두, 국경을 넘어선 인적 교류 증대 등 국제적 상호의존의 심화와 진전을 날마다 피부로 느끼고 있다. 또한, 상호의존은 현상에 대한 인식뿐 아니라 국제사회 본연의 모습으로서 다양한 정치가, 실무가, 연구자들에 의해 분석되어 왔다. 몽테스키외(Montesquieu), 임마누엘 칸트(Immanuel Kant) 등의 철학자부터 19세기 영국의 리처드 콥든(Richard Cobden), 20세기 미국의 코델 헐(Cordell Hull), 1988년 소련의 서기장 미하일 고르바초프(Mikhail Gorbachev) 등 수많은 정치가, 실무가들이 있다.

상호의존이라는 개념은 많은 사람이 다양한 동기나 이유를 배경으로 사용해왔는데 그 함의가 반드시 일치하는 것은 아니었다. 또한, 상호의존은 경제, 정치, 사회, 문화 등 모든 면과 관련되어 있기 때문에 정치학 관점에서 상호의존의 정의, 형태, 동태, 함의 등을 가능한 한 체계적으로 밝히는 것이 이 책의 목적 중 하나이다.

국제정치학에는 세력균형론(현실주의), 종속이론 등 몇 가지 '거대이론(Grand Theory)'이 존재하는데 나는 '상호의존론'도 그러한 거대이론에 필적하는 체계를 갖추고 있다고 생각한다. 이를 전체적으로 증명하는 것이 이 책의 가장 큰 목적이다. 또한, 다른 이론과의 비교를 통해 상호의존론의 특징을 분명히 밝히고, 그 한계를 분석하는 것이 또 다른 목적이다. 이러한 과제는 특히 1장에서 다루고 있다. 정치학에서 상호의존론이 처음 체계적으로 제시된 것은 1970년대 중반 미국에서였다. 1장에서는 이 점을 염두에 두고 주로 미국을 중심으로 상호의존론이 나타난 배경을 현실 국제정치와 국제정치이론 전개의 상호작용 측면에서 살펴보았다. 단적으로 말해 상호의존론은 경제 및 그 외 트랜스내셔널적[1] 교류 증대뿐만 아니라 1970년대 초 미 · 소 데탕트의 진전 및 세계경제의 혼란을 계기로 생겨났다. 따라서 상호의존론은 국제정치의 '비군사화'와 경제 분야의 분쟁과 대립을 전제로 하면서도 잠재적으로 협조를 지향하는 성격이 강하다. 이러한 지향성은 1970년대 후반부터 1980년대에 걸친 미 · 소 '신냉전'과 스태그플레이션(stagflation)에서 유래한 서방제국의 경제 대립을 넘어서 현재에도 계속 이어지고 있다.

1장에서 상호의존론이 나타난 배경과 여타 국제정치이론과 전혀 다른 상호의존론의 개념이 갖는 모든 범위 즉 '외연(外延)'을 다룬다면, 이어지는 2~6장에서는 상호의존론의 개념이 지닌 모든 속성 즉 '내포(內包)'를 순서대로 분석하고자 한다. 모든 국제정치이론은 일정한 가치 체계를 포함하고 있으며, 상호의존론도 예외는 아니다. 상호의존론은 세계적 경제복지(후생) 증대, 혹은 더 넓은 의미에서 국경을 넘어 사람들의 다양한 수요(Needs)를 충족시킨다는 정통성에 근거를 두고 있다. 그리고 상호의존론은 국가 간 군사 대립의 범위를 좁히고 군사력을 행사할 필요성을 줄여, 세계 평화의 가치를 지향한다. 또한, 모든 국제정치이론은 국제정치에서 기본적으로 발생하는 대립과 협조 메커니즘을 설명하는데, 상호의존론은 트랜스내셔널적인 교류 증대에 따른 전체 편익 증대와 개별 이익/비용의 충

1) 원문에서는 트랜스내셔널(trans-national)로 적고 있는데, 국경을 벗어난 혹은 국가를 초월한 '트랜스내셔널적인/초국경적/초국가적/탈국가적'이라는 의미이다. '다국 간 또는 다국적'이라는 의미도 내포하고 있다.(역자주)

돌 등이 그 배경이 된다고 설명한다. 이것은 국제사회 전체의 이익 대 국익, 국익 대 각 부처의 이익, 국익 대 국내 각 집단의 이익이라는 다양한 레벨에서 나타난다. 또한, 모든 국제정치이론은 기본적인 개념 정의가 이루어진다. 상호의존은 트랜스내셔널 교류 그 자체와 트랜스내셔널적인 교류로 인해 생긴 '취약성', '민감성', 국민경제가 서로 밀접하게 결합해 서로 영향을 주는 '구조적인 상호의존' 그리고 경제성장, 물가안정 등의 목표를 위해 각국이 취하는 정책의 영향을 받는 '정책 레벨의 상호의존(경제성장, 물가안정은 정치적 목적이 매우 강하기 때문에 각국은 경제적 상호의존을 통해 정치적으로도 상호의존한다)' 등 여러 가지로 정의된다. 위와 같은 상호의존론의 가치 체계, 분쟁과 협조의 메커니즘 그리고 상호의존 자체의 정의를 2장에서 다룬다.

상호의존이 진행되면 국가는 관세, 외환 관리 등 국경조정 조치를 감소시키고 국제 정책 협조를 이유로 재정정책, 금융정책 등을 '조정(供出)'[2]하며 제도, 법률 역시 국제적 협력(調和)의 대상으로 삼는다. 이는 국가 · 정부가 상호의존의 편익을 최대한 얻으려는 행동에 대한 결과이며 다른 한편으로는 국가라는 정치단위로 분할된 국제정치 시스템과 세계화된 경제 시스템을 조정해나가는 수단이다. 국가는 이처럼 상호의존에서 얻을 수 있는 편익의 대가로 자율성을 서서히 상실해간다. 국가는 서서히 '알몸'이 되고 국민사회 간의 상호 침투는 심화된다. 이러한 상황이 진전되면 정책결정 과정도 크게 변화될 것이다. 상호의존의 세계에서 정책결정 과정은 경제서미트, GATT 등 국제시스템 레벨의 다국 간 결정, 관료 정치를 포함하는 '정부 내 정치', 국내 각 집단을 중심으로 하는 '국내 정치'가 서로 다른 레벨에서 전개

2) 공출(供出, collection delivery)이란 국가의 수요(需要)나 요청에 따라 국민(민간 부문)이 농업 생산물(식량 등)이나 기타 물자 · 기물(器物)을 의무적 혹은 반강제적으로 정부에 매도(賣渡)하는 일을 말한다.(역자주)

될 뿐만 아니라 다른 레벨의 정치 간 상호 간섭도 크게 증대된다. 여기서 정부는 단지 한 국가의 이익을 대표할 뿐 아니라 '외압'을 국내에, '내압'을 국제에 설명하고 나아가 양자를 조정하는 기능을 가진다. 국가는 '알몸'이 됨과 동시에 정부는 정치 기능을 확대해간다. 이 논의는 3장에서 다룬다.

상호 침투가 진행된 국제사회에서도 국가 · 정부는 근본적으로 자국민을 책임지고 있으며, 또한 국가는 국민 지지 없이는 정권을 유지할 수 없기 때문에 각국은 경제성장, 물가안정, 고용안정 등을 목표로 국내 및 외교 정책을 전개한다. 국가는 자국의 목적을 달성하기 위해 타국의 행동을 조정하거나 제도를 변경하고, 나아가 일정한 국제질서를 만들려고 한다. 여기서 발휘되는 것이 힘 혹은 영향력의 행사이다. 일반적으로 상호의존 세계에서 각국이 그 경제적 목적을 경제적 수단으로 달성하려고 할 때, 특히 취약성과 민감성 두 가지가 힘의 근원이 된다. '취약성'이란 트랜스내셔널적인 교류를 단절(혹은 제한)했을 때 입는 손해(damage)를 말하는데, 상호의존 세계에서 이것을 목적달성을 위한 수단으로 삼고 상대에게 자기의 요구를 수용시키려는 상황을 흔히 볼 수 있다. 개발도상국은 선진국을 상대로 석유를 비롯한 천연자원을 선진국 취약성의 수단으로 삼아 그들이 국제경제질서를 따르도록 개혁을 요구한다. 혹은 미국이 자국 시장에 대한 타국의 의존도를 수단으로 삼아 타국시장을 개방하려고 한다. 이러한 것들이 취약성의 예이다.

'민감성'이란 정상적인 경제 관계가 유지될 때 한 나라의 경제 변동이 타국에 주는 손해의 크기이다. 예를 들어 미국 경제성장이 저하되어 수입이 감소하면 이는 다른 나라의 경제성장 목표에 영향을 준다. 이러한 '정책 영향(impact)'의 크기는 트랜스내셔널적인 교류 증대와 그 나라의 규모 및 경제 발전의 정도에 좌우된다. 이와 같이 상호의존의 국제시스템은 정책 영향의 크기에 따른 국가 간 계층구조로 특징지을 수 있다. 이러한 상호의존이 갖는 힘과 국제시스템에 대하여 4장에서 분석한다.

상호의존 정치의 중심 과제 중 하나는 트랜스내셔널적인 교류 증대, 특히 구조적 또는 정책적 상호의존이 형성되었을 때, 각국이 독자적인 행동을 하는 한, 아무리 합리적이어도 국제사회(국가 · 정부를 구성원으로 하는 사회) 전체의 이익을 증대시킬 수 없다는 것이다. 이러한 상황에서 국제사회 전체의 이익을 얼마나 확보할 수 있는가가 상호의존의 '관리'가 다루는 문제이다. 상호의존의 '관리'에는 패권에 의한 것, '레짐'에 의한 것, 정책 협조에 의한 것 그리고 상호주의에 의한 것, 이렇게 네 가지 형태가 있다. 제2차 세계대전 이후 1960년대까지 상호의존의 진전과 '관리'는 패권(미국)과 패권이 만든 '레짐'으로 수행되었다. 그러나 1970년대 이후 '레짐'은 트랜스내셔널적인 교류의 새로운 진전과 특히 주요 선진 국가 간의 대칭적인 상호의존의 형성으로 모습을 바꾸어 유지되었으나, 상호의존의 '관리'는 정책 협조와 상호주의의 관점으로 그 중점이 바뀌었다. 패권과 '레짐'에 의한 상호의존의 '관리'는 5장에서, 상호주의와 정책 협조에 의한 '관리'는 6장에서 다룬다.

마지막 장에서는 위의 상호의존론 내용을 바탕으로 상호의존의 현 단계를 정리하고 장래를 전망하면서 몇 가지 문제들을 제기한다. 여기에 미국과 캐나다의 자유무역협정과 1992년을 목표로 한 EC의 '완전통합'이라는 '대(大)지역주의'의 대두, '평등한 시장접근'을 요구하는 상호주의의 움직임, 지적소유권에 대한 '레짐' 형성 등 첨단 산업을 둘러싸고 국가 간 싸움이 치열해지며 현재 상호의존 세계가 새롭게 전개되고 있다는 점을 지적한다. 여기에 덧붙여 소련의 고르바초프 서기장의 '상호의존론', NIES(신흥공업경제국 혹은 그 지역), 누적채무 등 분화(分化)과정이 심화되어가는 남북 문제[3]도 고찰해보고자 한다.

---

3) 남북 문제(North-South problems)란 주로 북반구에 위치한 선진공업국과 적도 및 남반구에 위치한 저개발국가 및 개발도상국가 간의 발전 및 소득격차에서 생기는 국제정치 · 경제의 구조적 문제를 의미한다.(역자주)

1장
상호의존의 현실과 이론 전개

1. 들어가며

국제정치학에서 상호의존론이 하나의 이론으로 성립된 것은 1970년대 중반 미국에서였다. 이 장의 목적은 전후 국제정치 · 경제의 기본적인 동향과 (주로 미국의) 국제정치학의 이론 전개와 그 상호작용에 주목하고 이를 분석함으로써 상호의존론의 내용과 특징을 밝히는 것이다. 이러한 현실과 이론 전개의 상호작용을 분석하기 위해 세 개의 시대로 구분한다.

우선 제1기는 전후부터 1960년대까지로 당시 한편으로는 냉전을, 다른 한편으로는 서방권 내 경제질서 안정과 미증유의 경제성장('황금시대')을 배경으로 한다. 이른바 고전적 국제정치이론(현실주의, 세력균형론)이 지배적인 지위를 확립한 시기이다. 제2기는 주로 1970년대이며 이 시대는 국제정치 · 경제에 관한 제1기의 기본 전제가 무너져 (예를 들어 냉전에서 데탕트로) 현실적으로 보든 국제정치이론으로 보든 '혼란과 재구축'의 시대였다. 이 시기에는 지배적이었던 고전적 국제정치이론에 대항하고, '혼란'스러운 국제경제를 분석하는 통합장치로 상호의존론이 제시되었다. 제3기는 1970년대 말부터 1980년대 중반까지 '신냉전' 혹은 심각한 스태그플레이션(stagflation) 등의 현실을 반영해 국제정치이론에서도 국가, 국익을 중심으로 분석하려는 '네오 리얼리즘(Neo-Realism)'이 나타난 시기이다.

〈그림 1-1〉 국제 정치 이론의 전개

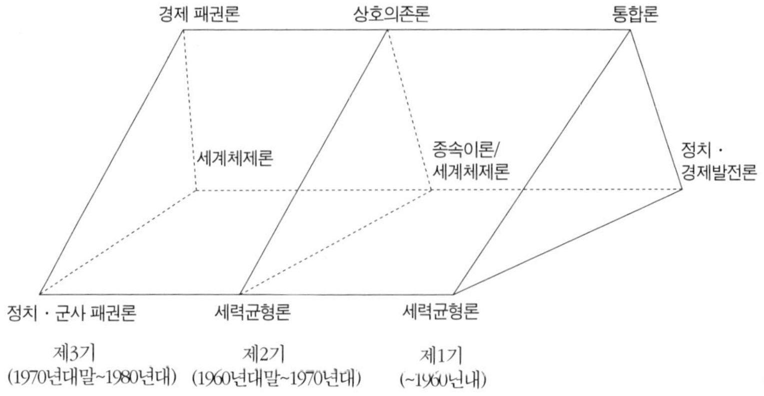

대략 이 세 시기를 통해서 성격이 다른 세 가지 국제정치이론이 나타났는데 이들이 서로 상호작용하고 현실을 반영하면서 전개되어 왔다고 볼 수 있다. 첫 번째는 국가를 중심 행위자로 전제하고 좁은 의미의 안전보장 및 군사력 제어에 중심을 두는 고전적 국제정치이론(세력균형론)이다. 두 번째는 주로 국제경제 분야에서 발생되는 비대칭성, 불평등성에 주목하여 이것이 발생되는 메커니즘과 극복 방법을 찾아가는 이론이다. 세 번째는 경제발전 수준에 있어서 거의 대칭이 되는 국가 간 관계를 고찰하는 국제정치경제이론이다. 각각의 이론 전개 설명은 뒤에서 자세하게 다루겠지만 그 전개를 대략의 도식으로 나타낸 것이 〈그림 1-1〉이다. 모든 시기에서 이 세 가지 이론이 정립(鼎立)되는 것을 볼 수 있는데 각 시기마다 각각의 이론이 갖는 비중은 물론 내용과 범위도 다르다. 제1기에서는 세력균형론이 지배적이며 통합이론, 정치 · 경제발전론은 긴장 관계를 유지하면서도 기본적으로 (적어도 미국의 정책을 보았을 경우) 세력균형론을 지지하였다. 제2기에서 통합이론은 세계적 차원의 상호의존론으로 전개되고, 정치 · 경제발전론은 종속이론으로 대체되면서 이들은 고전적 세력균형론과 날카롭게 대치하게 된다. 1970년대 말부터 1980년대에 걸친 제3기에는 이들 세 이론들의 '여건들이 변화(動態化)'

된다. 이와 함께 정치 · 군사 패권(사이클) 이론, 혹은 경제 패권이론이 지배적이었다.

이 장의 목적은 이러한 전개 속에서 상호의존론이 성립된 현실상 및 이론상의 유래와 함께 다른 이론과의 차이점을 밝히고, 나아가 현재 및 장래를 고려하여 상호의존론을 체계화하고 재구축하는 데 필요한 실마리를 찾는 것이다.

2. 황금시대

전후의 시스템

제2차 대전 직후 미국을 제외한 주요국의 경제는 수 년에 걸친 전쟁으로 피폐해졌고 국제통상체제와 이를 받쳐주는 통화체제는 붕괴되었다. 한편, 국제정치의 기본 회전축은 미 · 소 대립 혹은 동서대립[1]으로, 미국은 공산주의와 대항하면서 자국의 경제 이익을 증진시키기 위해 서방 동맹국과 경제 강화를 도모하며 국제 통상체제를 정비하고 또 이를 지지하는 국제통화체제를 마련했다. 그 결과가 이른바 IMF/GATT 체제이다. 즉 미국은 기본적으로 자유, 무차별, 다각(多者)주의를 원칙으로 하는 자유무역체제를 구축하고, 이를 뒷받침하기 위해 금태환제도(gold-exchange standard)를 바탕으로 한 고정환율제라는 통화체제를 구축했다. 또한 자유, 무차별, 다각주의 원칙하에 사실상 미국은 자국 시장을 다른 나라에 개방하면서 상대국의 시장폐쇄를 정치적 이유 및 미국의 무역수지가 기본적으로 흑자인 점, 상대국의 경쟁력이 그다지 강하지 않았던 점 등을 이유로 허용했던 것이다.

미국이 이러한 국제경제체제를 만들 수 있었던 것은 경제규모, 생산성, 화

1) 동서대립이란 냉전시대에 미국을 중심으로 하는 자유(자본)주의 국가들과 소련을 중심으로 하는 공산주의 국가들의 대립을 의미한다.(역자주)

폐 보유량 등 모든 면에서 다른 나라를 압도하는 힘을 가지고 있었기 때문이다. 또한 미국 내에서도 자유무역파가 정치적 주류였으며 동서대립이라는 이데올로기와 안전보장을 이유로 자원 동원에 합의할 수 있는 국제정치적 상황이 바탕이 되었기 때문이다. 이러한 국제경제 시스템에서 주요국 및 세계경제는 1950년대, 60년대에 걸쳐 역사적으로 보기 드문 고도성장을 하게 된다(훗날 사람들은 이 시기를 '황금시대'라고 불렀다). 그리고 국제 통상은 각국의 국내 성장을 웃돌 정도로 확대되어 갔다.

세력균형론의 지배와 공동체론, 통합이론[2)]

이러한 국제경제의 안정과는 대조적으로 이 시기 국제정치는 미 · 소 간의 냉전 일색이었다. 따라서 국제정치 전체는 이데올로기 · 체제의 양극 대립 구조를 전제로 하는 세력균형론적 분석틀(현실주의)이 지배적이었다. 그리고 이러한 분야의 정치가 상위 정치(high politics)로 간주되었고, 경제분야는 실무가가 처리할 수 있는 하위 정치(low poitics)로 간주되었다.[3)]

이러한 국가와 군사력 중심의 세력균형론은 서방 국가들 간의 관계로 한정되었으나, 반면 이를 극복하려는 노력도 있었다. 그 중 하나는 일찍부터 칼 도이취(Karl W. Deutseh) 등이 제시한 미국, 캐나다, 유럽을 포함하는 '대서양 공동체'[4)] 개념이었다. 이 계보 중 가장 기초적인 개념은 도이취가 말하는 '다원적 안전보장 공동체(pluralistic security community)'이다. 도이취는 먼저 정치 레벨의 통합과 가치 레벨의 통합을 구별하였다. 정치 레벨의 통합이란 해당 지역이 하나의 정부 아래 통합되는지에 관한 것이다. 가치 레벨의 통합

---

2) 미국 국제정치이론의 전개와 관련해서는 야마모토, 「미국의 국제정치사상(アメリカの国際政治思想)」, 일본국제정치학회(日本国際政治学会) 편, 『국제 관계사상(国際関係思想)』(有斐閣, 1981) 참조.

3) S. Hoffmann, "Obstinate or Obsolete the Fate of the Nation-State and the Case of Western Europe," in S. Hoffmann, ed., *Conditions of World Order*, Simon/ Schuster, 1966, pp. 110-63.

4) K. W. Deutsch, S. A. Burrell, et al., *Political Community and the North Atlantic Area*, Princeton: Princeton U. P., 1957.

이란 해당 지역에서 커뮤니케이션의 발전과 더불어 시민들이 기본 가치를 공유하여 국가 간에 분쟁이 일어나더라도 전쟁(폭력 행사)을 해결수단으로 택하지 않는 상태를 가리킨다. 여기서 중요한 것은 정치 통합은 이루어지지 않았지만 가치 레벨에서의 통합이 진행되는 '지역'이다. 즉 이 '지역'에는 여러 국가(정치단위)가 존재하지만 그들 사이에는 기본적으로 공유하는 가치가 있어서 분쟁이 발생해도 무력에 호소하지 않는다. 도이취는 이러한 '지역'을 '다원적 안전보장 공동체'라고 불렀으며 북미 · 서유럽을 그 예로 들었다.

1950년대 말, 실제로 유럽 통합을 계기로 이른바 '통합이론'[5]이 발전하기 시작한다. '통합이론'은 서유럽 국가들이 서로 경제장벽을 없애고 '규모의 이익'을 도모하여 참가국들의 경제복지를 증대시키면서, 장래에는 경제정책도 '통합'을 이루어 정치 통합도 지향한다는 것이다. 사실 1958년 로마 조약(Treaty of Rome)[6] 발효 이후 1960년대 중반까지 유럽의 경제통합은 상당히 진전되었다. '통합이론'은 지역적으로 한정된 것이었지만 일반적으로는 경제 교류 장벽을 없애 가는 '소극적인 통합'(니콜라스 틴버겐[Nikolass Tinbergen])과 정책 협조를 꾀하는 '적극적 통합'이라는 관점을 제공해주었고, 나아가 주권국가 간 관계를 평화적으로 유지하는 틀을 형성했다는 점에서 이후 상호의존론의 기초가 되었다.

정치 · 경제발전론

1950년대 후반까지 아시아 · 아프리카 지역 구 식민지 국가들이 잇달아 독

5) 통합이론에 관해서는 가모 다케히코(鴨武彦), 『국제 통합 이론의 연구(国際統合理論の研究)』(早稲田大学出版部, 1985).

6) 벨기에, 독일, 프랑스, 이태리, 룩셈부르크 및 네덜란드 등 유럽경제공동체(EEC: European Economic Community) 6개 회원국들에 의해 1957년 3월 25일 서명되어 1958년 1월 1일 발효된 조약. 동 조약은 자유로운 상품의 이동, 관세동맹(Customs Union)의 설립, 수량제한(Quantitative Restriction)의 철폐, 농업 · 인력 서비스 · 자본의 자유이동, 공동 수송정책, 경쟁 및 조세정책, 경제 및 통상정책, 사회정책, 유럽투자은행(European Investment Bank)의 설립, 외국 및 해외 영토와 동 조약 간의 연합, 제도장치 등을 규정하고 있다.(역자주)

립을 하면서 국제정치학도 민족주의 개념을 중심으로 식민지 독립문제에 관심을 갖기 시작했다. 그러나 기본적으로 식민지 제도의 정통성이 없어지고 구 식민지가 주권국에 편입하면서 이들 식민 국가는 동서대립 상황에서 양진영의 각축장(角逐場)으로서, 혹은 동서 양진영에 중립·비동맹 세력으로서 국제정치 무대에 적극 참여하게 된다. 그러면서 구 종주국·선진국과의 경제 격차와 국내·국제 양면에 걸친 경제적 취약성이 문제화가 되기 시작했다.

이들 국가들에 대해 미국은 이중적 의미에서 '자유주의적'[7]인 태도를 취했다. 미국은 동서대립이라는 맥락에서 새로운 독립국을 공산권(동쪽) 세력으로부터 방위한다는 목표(국익)를 세우고 있었으며, 다른 한편으로 새로운 독립국의 경제 및 정치(발전)에는 극히 '자유주의적 사상'으로 대응했다. 즉 경제적으로는 자유로운 기업활동을 보장하고 정치적으로는 경쟁 선거를 통해서 공직을 결정하는 민주주의를 확립할 수 있도록 했다. 바로 이러한 정치·경제적 발전 단계를 달성해나가는 것이 새로운 독립국에 대한 미국의 기본 목표였다. 이것을 체계화한 것이 월트 로스토(Walt Whitman Rostow)의 경제발전론이며, 시모어 마틴 립셋(Seymour Martin Lipset)의 정치발전론이라고 할 수 있다.[8] 로스토의 경제발전론은 일국의 경제발전이 원시적인 자본축적으로 도약(take-off) 단계에 이르고 공업화를 거쳐 대중소비의 경제로 이행되어 간다고 보는 견해이다. 그리고 정치발전론은 기본적으로 경제발전을 전제로 개발도상국 정치가 전통적 정치형태에서 안정된 민주주의로 발전해나간다고 보았다. 이 이론들을 총괄해서 '근대화론'이라고 한다면 이것이 1950년대 후반부터 1960년대에 걸쳐 '개발도상국'을 대하는 미국의 기본 자세이며, 미국이 개발도상국을 방대하게 원조했던 근거

---

7) 예를 들어, R. A. Packenham, *Liberal America and the Third World*, Princeton: Princeton U. P., 1973.

8) W. W. Rostow, *The Stages of Economic Growth: A Non-Communist Manifesto*, Cambridge: Cambridge U. P., 1960. S. M. Lipset, *Political Man*, Garden City, NY: Doubleday, 1960.

이다.

하지만 개발도상국 그 자체나 '현실'을 보면, 적어도 '소정' 기간(time span) 내에 그러한 '근대화론'이 반드시 받아들여진다고는 할 수 없다. 즉 원조와 무역을 통하여 '개도국(남쪽)' 경제를 개발 · 발전시키려는 노력이 반드시 눈부신 성과를 올린다고 할 수는 없다. 수입대체 정책이 성공했다고도 할 수 없으며, 통상을 통한 발전을 시도하려고 해도 1차 산업품을 주요 대상으로 하는 개발도상국의 교역조건은 해마다 악화되어 가는 듯 했다. 그리고 이러한 상황은 '남북' 관계를 개발도상국(또는 선진국)의 정책 노력만으로는 해결할 수 없는 '구조적인 문제'로 판단하는 중요한 요인이 되었다.

이것을 전형적으로 반영한 것이 1960년대 중반 이후 라틴아메리카에서 활발하게 전개된 (그리고 세계적으로 전파된) '종속이론'이다.[9] '종속이론'은 시대에 따라 다양하게 변화되어 왔지만 대략 다음과 같이 정리해볼 수 있다. 우선 국제적으로 자본주의를 살펴보면 중심-주변의 구조로 나누어 생각할 수 있다. 중심국은 자본, 기술, 높은 생산성을 가지고 있으며 자율적으로 경제발전을 할 수 있는 능력이 충분하다. 이에 비해 주변국은 노동 집약적이며 기술도 '시대에 뒤떨어져' 있으며 국민 생활수준도 낮다. 중심국은 무역 및 자본이동을 통해서 '부등가(不等價) 교환'이라는 착취 체계를 만들어 유지하고, 그 관계를 기반으로 중심국은 더욱 더 이윤을 얻고 자본을 축적하여 부유해지지만 주변국은 자율적으로 발전하지 못하고 더욱 더 궁핍해진다. 또한 중심국 엘리트들은 주변국 엘리트와 결합하여 주변국의 외국 기업, 국내 기업 및 관료로 이루어진 삼위일체 지배구조를 확립해나간다. 그리고 주변국 내부에 외국 자본과 결합하여 고도로 발달된 '격리된 지역'[10]이 형

9) 종속론에 대해서는 쓰네카와 게이치(恒川惠市), 『종속의 정치경제학: 멕시코(従属の政治経済学メキシコ)』(東京大学出版会, 1988) 등을 참조.

10) 행정 구역의 주된 지역에서 떨어져서 다른 구역 안에 있는 영지(領地) 또는 토지.(역자주)

성되어 주변국 내부에서는 분열과 불평등이 증대된다. 따라서 주변국이 전체적으로 경제성장을 이룬다고 하더라도 균형 잡힌 발전은 불가능하다. 또한 개발도상국이 발전할 수 없는 원인은 그 나라의 정책보다는 '중심 · 주변' 구조 자체에 있기 때문에 개발도상국의 발전을 위해서는 '중심 · 주변' 구조 그 자체(=국제적 자본주의)를 바꾸는 '혁명'이 필요하다. 혹은 '디커플링'(decoupling 혹은 de-linking)이라 불리는 구조에서 벗어나야 한다.[11)]

이상은 '황금시대'에 있어서 국제정치학이론의 (미국이 바라보는) 배치상황으로 세력균형론, '공동체론/통합이론' 그리고 '정치발전론'이라는 세 이론으로 정립되어 있었다. '공동체론/통합이론'은 세력균형론을 넘어서려 했으며, '정치발전론'은 동서대립 구도에서 '세력균형론'(대소련 대책)을 뒷받침해주는 것이었다. '공동체론/통합이론'은 1970년대에 상호의존론으로 전개되었으며, 정치발전론은 종속이론/세계체제론으로 대체되었다.

3. 혼란과 재구축(1970년대)

1960년대 후반부터 1970년대 중반, 이전까지 흔들리지 않을 것으로 인식되었던 몇 가지 전제가 차례대로 무너지기 시작했다. 그 중 하나는 미 · 소 관계가 냉전에서 데탕트로 전환한 것이다. 1960년대까지 국제정치의 기본 회전축은 미 · 소 간 대립이었다. 그러나 1960년대 후반부터 70년대에 걸쳐 닉슨(Richard Nixon) · 키신저(Henry Kissinger)의 외교는 소련과 데탕트 정책을 추진하여 '제1차 전략 무기제한교섭(SALT I)'을 체결하였고, 또한 '연계정치(linkage politics)'를 슬로건으로 내걸고 미 · 소 간 경제 관계를 증대시

11) 이 부분의 내용에 대해서는 J G. Ruggie, "International Interdependence and National Welfare," in Ruggie, ed., *The Antinomies of Interdependence*, NY: Columbia U. P., 1983, Introduction.

키려고 했다.

국제경제의 정치화

1960년대까지의 전제는 금태환 제도를 바탕으로 고정환율제가 안정적이라는 점(혹은 무너지지 않는 점), GATT 체제하의 자유 · 무차별 · 다각적 룰에 따라 통상체제가 유지된다는 점, 이러한 상황에서 각국은 성장 · 물가안정 · 국제수지의 균형 등을 도모한다는 점이었다. 이러한 전제가 성립되는 한 국제경제가 특별히 '정치화'될 필요는 없었다.

그러나 1960년대 후반부터 1970년대 전반에 걸쳐 이러한 전제는 크게 무너져 갔다.

(1) 1971년 8월 닉슨 대통령이 금태환 제도를 일방적으로 폐지하면서 전후 통화체제가 붕괴되었다. 이후 국제통화체제는 우여곡절을 거치며 주요 통화 간 환율이 시장 메커니즘으로 결정되는 변동환율제로 이행되어 갔다(1973년). 이때 (그리고 오늘날까지) 어떠한 통화체제를 만들어갈 것인가, 또 환율 자체를 어떻게 안정시킬 것인가를 둘러싸고 각국 간 협력과 각축이 전개되었다.

(2) 1973년 10월 이집트는 수에즈(Suez) 운하를 건너 시리아(Syria)와 함께 이스라엘(Israel)을 공격했다. 이른바 제4차 중동 전쟁이다. 제4차 중동 전쟁은 다음 4가지 관점에서 국제사회에 큰 영향을 주었다. 첫 번째는 석유가격이 4배로 뛰었다. 이 때문에 선진 주요국 (그리고 비산유 개발도상국의) 경제는 큰 혼란을 겪게 되었으며, 이로써 1960년대의 '고도성장'은 완전히 종지부를 찍게 되었다. 그리고 각국 경제는 서로 밀접하게 결합되어 있으며, 성장이나 물가 등의 목표를 달성하려면 타국 경제와 정책을 무시할 수 없고 서로 대립하더라도 국제적인 협조가 불가피하다는 점을 인식하게 되었다.

두 번째는 아랍 국가들이 석유를 정치적 무기로 사용하여 상당한 성공을 거두었다는 점이다. 즉 아랍 제국은 미국, 서유럽, 일본 등에 이스라엘에 대한 정책을 변경하지 않으면 석유 수출을 삭감하겠다는 협박을 행사했다. 이는 경제적인 의존 양상이 정치적인 힘의 관계로 바뀌는 것을 여실히 보여주었고 또한 군사력만이 국제정치에서 행사할 수 있는 힘이라고 보는 사고방식을 재점검하게 만드는 계기가 되었다.

세 번째는 남북 문제에 끼친 영향이다. '오일쇼크'는 개발도상국이 천연자원 카르텔을 통해서 선진국에 대항할 수 있다는 큰 잠재적인 정치력을 지니고 있음을 보여주었다. 그리고 이것은 개발도상국이 선진국에 이른바 '신 국제경제질서(NIEO: New Internatioanl Economic Order)'의 존재를 알리는 움직임으로 나타났다(1974년의 유엔선언[12]). 이 선언에는 개발도상국의 국제경제 운영 참가, 천연자원의 항구적 주권, 1차 산업품 가격 안정, 개발도상국 공업제품 수출 점유율 확대 등이 포함되어 있었다. 이것은 남북의 상호의존과 개발도상국의 형평성 보장을 상징하는 것으로 국제경제에 대폭적인 정치적 개입을 꾀한 것이었다.[13]

네 번째로 석유가 재생산이 불가능한 천연자원이라는 점에서 천연자원 전반을 인류가 어떤 시점에서 어떻게 다루어야 할 것인가가 중요한 문제로 대두되었다. 1970년대 전반에는 단지 석유뿐만 아니라 식량 등도 크게 불안정하였으며(단적으로는 급격한 가격 상승), 이를 둘러싸고 각국이 국익을 걸고 정치적인 행동을 하였는데 이에 대한 반명제(Antithese)로 그리고 인류 혹은 '우주선 지구호'[14]라는 관점에서 세계적 문제로 받아들이려는 움직임이 두드러졌다.

---

12) 신 국제경제질서에 대해서는 예를 들어, 야마오카 기쿠오(山岡喜久男) 편, 『신 국제경제질서의 기초 연구(新国際経済秩序の基礎研究)』(早稲田大学出版部, 1979).

13) NIEO가 '계획경제'적이라는 점을 강하게 지적한 것으로서는 Ruggie, 앞의 책, *The Antinomies of Interdependence*.

14) 예를 들어, H. And M. Sprout, *Toward a Politics of the Planet Earth*, NY: Van Nostrand, 1971.

(3) 국제통화, 석유위기가 극적인 변화를 보인 것에 비해 무역문제는 오히려 완만한 변화를 보였다고 할 수 있다. 그러나 이것은 매우 중요한 변화였다. 물론 1960년대에도 몇 개의 통상마찰(예를 들어 미일 간 섬유 · 철강 등 이른바 '소재산업' 분쟁, 혹은 구미[歐美]의 치킨전쟁, 농업문제)은 있었다. 하지만 무역에는 아직도 자유, 무차별, 다각적이라는 GATT의 기본 틀이 남아 있었고 그러한 의미에서 자유무역체제는 안정되어 있었다고 해도 과언이 아니다. 미국 시장이 기본적으로 개방되어 있었다는 점이 이를 뒷받침하고 있다.

그러나 1960년대 후반부터 70년대 초반에 이르러 미국에 강력한 보호주의 움직임이 나타나면서 통상문제가 상위정치 문제로 다루어졌다. 예를 들어 1970년대 초 미 · 일 섬유마찰에는 국가 최고 정책결정자인 닉슨 대통령과 사토 에이사쿠(佐藤榮作) 수상이 개입되어 있었다.

또한 무역체제 전반에 있어서도 1967년에 종료된 케네디라운드에 이어 무역자유화를 위한 GATT의 새로운 다각적 무역라운드의 개최를 추구하게 되었다. 미국에서 무역에 관한 권한은 의회에 속한다. 따라서 미국이 새로운 다각적 무역 교섭을 실시하고자 하는 경우 대통령은 그 교섭권한을 의회에서 부여 받아야 한다. 1968년부터 1973년까지 미국 의회에는 다양한 통상 관련 법안이 제출되었는데, 그 중에는 버크 · 하트케 법안(Burke · Hartke Bill) 등 보호주의 색채가 아주 강한 법안이 포함되어 있었다.[15] 1973년 도쿄라운드가 개시되어 이듬해 발효된 1974년 통상법은 당시 '희대의 보호주의 법'이라고 불렸다. 이 법률에는 지금도 유명한, 이른바 불공정 무역관행을 시정하기 위해 미국이 일방적으로 보복조치를 취할 수 있도록 하는 301조 등이 포함되어 있었다.

---

15) 예를 들어, I. M. Destler, *Making Foreign Economic Policy*, Washington, D.C.: Brookings, 1980, Chaps. 9, 10, 11.

국제정치경제학의 대두

이처럼 1970년대 전반 한편으로 미 · 소 데탕트가 전성기를 맞이하였고, 다른 한편으로는 통화제도가 붕괴되고 동상은 보호주의로 바뀌었으며 석유위기, 식량위기가 겹쳐 남북 문제도 크게 정치 문제가 되었다. 1960년대까지 '하위정치'로 여겨지던 국제경제는 극히 정치화되어 '상위정치'의 한 면이 되었다. 이러한 가운데 국제정치학에서는 경제 관계를 중시해야 한다는 논의가 많이 전개되었다. 예를 들어 경제학자 리처드 쿠퍼(Richard N. Cooper)는 '물품' 교류 증대를 매개로 각국 경제는 밀접히게 연결되며 이를 바탕으로 성장하면서 물가 등 연동성이 높아져 각국은 이미 독자적으로는 각각의 경제적 목표를 달성할 수 없다는 문제(오늘날 말하는 거시적인 경제 조정)를 명시적으로 나타내었다.[16] 또한 그는 1972년 「"Trade Policy is Foreign Policy"(무역정책은 곧 외교정책이다)」라는 논문을 *Foreign Policy*[17]에 발표했다. 이 논문에서 쿠퍼는 구미 관계에 초점을 맞추면서 전후체제에서는 정치와 경제가 분리되어 각각 독자적인 메커니즘과 제도, 말하자면 '두 개의 궤도 시스템(Two Track System)'으로 성립되었지만 지금은 이 두 궤도가 교차하게 되었다고 말하면서 '국제경제의 정치화'를 예리하게 지적했다. 또한 유럽에서도 영국의 수전 스트레인지(Susan Strange)는 1972년 *International Affairs*[18]에서 다음과 같이 논하였다. 제2차 세계대전 이후 1960년대에 걸쳐서 국제정치학은 동서대립을 반영해서인지 안전보장, 세력균형론 등의 연구에 너무나 큰 비중을 두고 있었다. 하지만 국제정치를 가치배분으로 생각한다면 통화 · 금융, 무역 등의 경제문제는 매우 중요한 문제이며 그 중요성은 앞으로도 더욱 더 커질 것이다. 따라서 국제정치경제학이라 불리는 연구를 보다 진전시켜야

---

16) R. Cooper, *The Economics of Interdependence*, NY: McGraw-Hill, 1968.

17) R. Cooper, "Trade Policy Is Foreign Policy," *Foreign Policy* 9, Winter 1972/73, pp. 18-36.

18) Susan Strange, "The Dollar Crisis 1971," *International Affairs* 48(2) ┤60, April 1972, pp. 191-216.

할 것이라고 지적하였다.[19]

1970년대 전반에 걸친 국제경제의 혼란과 이러한 혼란의 지속은 국제정치경제학에서 중요한 몇 개의 이론을 낳았다. 현재 시점에서 당시 제기된 다양한 논의는 크게 둘로 나눌 수 있다. 그 중 하나가 상호의존론이며 다른 하나는 세계체제론이다. 이 두 이론은 경제를 중심으로 한 트랜스내셔널적인 교류의 양적 · 질적인 함의를 기초로 국제 관계를 조명한다는 공통된 특징을 갖고 있었다. 그리고 이 두 계보와 함께 군사력과 안전보장을 중심으로 논의를 진행하려는 전통적인 세력균형론, 이렇게 세 이론이 정립상태를 이루고 있는 것이 1970년대의 특징이었다.

상호의존론

상호의존론은 1960년대 후반부터 다양한 형태로 제시되어 왔다. 그리고 이것은 한 나라에서 발생한 어떤 사건이 타국에 쉽게 영향을 미치는 것, 혹은 각국의 대외적 경제 의존도가 증대하는 것 등을 의미했다. 상호의존론이 정치학에서 완성된 하나의 이론으로 비로소 등장한 것은 1970년대 중반을 지났을 무렵이었다. 그 대표적인 예로 에드워드 모스(Edward L. Morse, 1976)[20] 와 로버트 코헤인, 조지프 나이(Robert O. Keohane and Joseph S. Nye Jr., 1977)의 주장을 들 수 있다.[21]

에드워드 모스는 상호의존을 미 · 소 관계 등 전략적 상호의존과 선진국 간의 경제적 상호의존으로 나누어 생각한다. 모스에 따르면 경제적 상호의

---

19) 일본의 국제정치경제학 연구에 관한 이해는 이와 상당한 차이가 있다. 예를 들어 가와다 타다시(川田侃),『국제정치경제학을 향해서(国際政治経済学をめざして)』(御茶の水書房, 1988).

20) Edward L. Morse, *Modernization and the Transformation of International Relations*, NY: Free Press, 1976.

21) R. O. Keohane and J. S. Nye, Jr., *Power and Interdependence*, Boston: Little, Brown, 1977. (또 동저자의 논문 R. O. Keohane and J. S. Nye, Jr., "Power and Interdependence Revisited," *International Organization* 41(4), Autumn 1987, pp. 725-53을 참조할 것).

존이란 경제정책 레벨의 상호의존이다. 즉 선진국 간의 경제는 서로 밀접하게 결합되어 있으므로 각국은 주요한 경제 목표(경제성장, 물가안정 등)를 달성할 때 다른 나라 정책이 자국에 미치는 영향을 무시할 수 없다. 이는 어느 국가든 크게든 작게든 해당된다. 그리고 이러한 상호의존 세계는 정치가 국민 복지를 가장 근본적인 목표로 삼는 '근대화'의 소산으로 나타났다. 그 기원을 더 거슬러 올라가면 기본적으로 국제정치를 국가 간 제로섬 게임(zero-sum game)[22]으로 보는 전통적 시각에서 벗어나 국가 관계가 자유로운 경제 교류로 모든 나라가 이익을 얻는 포지티브섬 게임(positive-sum game)이 될 수 있다는 사고방식이 나타난 것을 볼 수 있다. 또한 상호의존 세계에서 국가가 단지 국민 복지를 가장 중시한다는 이유에서만이 아니라, 고도로 발전된 산업 국가는 무력 행사가 발생할 경우에 입게 되는 손해가 매우 크기 때문에 국가 간 상호 분쟁을 해결하기 위한 무력을 행사하는 것은 효과적이지 않다는 사실도 함께 지적하고 있다.

로버트 코헤인과 조지프 나이의 공저 『*Power and Interdependence*(권력(힘)과 상호의존)』[23]는 지금까지 나타난 '상호의존론'을 집대성한 것이라고 할 수 있다. 이들은 상호의존을 다음과 같이 정의한다.

> 가장 단순하게 정의하면 상호의존이란 상호적인 의존 관계(dependencies)를 의미한다. 세계 정치에서 상호의존이란 국가 간 혹은 다른 국가에 속하는 행위자들 사이에 서로 미치는 영향(impact)으로 특징지어지는 상황을 가리킨다. 이러한 (상호적인) 영향은 국경을 넘나드는 자금, 상품, 인적자원 및 정보의 교류 등

22) 승자의 득점과 패자의 실점의 합계가 0(제로)이 되는 게임. 즉 승패의 합계가 항상 일정한 일정합게임(constant sum game)의 하나이다. 예를 들어 무역수지의 흑자국이 있으면 반드시 동액의 적자국이 존재하는 것을 말한다.(역자주)

23) 상호의존론은 '상호의존 이론'으로 불리기도 하는데, 본격적인 연구는 코헤인과 나이의 저서 '권력과 상호의존'에서 출발한 것으로 간주된다. 상호의존 이론은 1970년대 데탕트 분위기와 석유파동이라는 전례없는 사건을 맞아 국제정치에 있어 현실주의(리얼리즘) 이론을 대체할 수 있는 뛰어난 해석을 제시하였다.(역자주)

국제적인 거래(transaction)에서 자주 발생한다.[24)]

이러한 일반적인 정의를 바탕으로 코헤인과 나이는 상호의존이 국제정치에서 힘(권력)의 관계에 어떠한 영향을 주는지, 또 상호의존에 있어서 '레짐'의 작용 프로세스 및 메커니즘 등에 대하여 어떠한지 등을 분석하였다. 예를 들어 상호의존에 의한 국제정치에서의 힘의 관계 변화와 관련해 '민감성(sensitivity)'과 '취약성(vulnerability)'이라는 유명한 개념을 제시하였다(4장 참조). 그러나 '거시'적인 국제정치학 관점에서 보았을 때 이들 분석에서 가장 중요한 것은, 전통적인 현실주의와 그들이 말한 '복합적 상호의존(complex interdependence)'의 비교, 검토일 것이다. 그들은 우선 전통적인 현실주의에서 국가의 주요 목적은 군사적 안전보장이며 이를 달성하는 가장 효과적인 수단은 당연히 군사력이라고 지적한다. 여기에서 국가가 해결해야 할 '과제(agenda)'는 힘의 균형 변화 및 군사적 위협의 변화에 따라 결정되고 변화한다. (모든) 국가의 지배적인 목적은 군사적 안전보장이며 그리고 그에 대한 유효한 수단은 군사력이므로 국가 간의 계층 구조는 군사력 분포에 의해서 결정된다. 국제정치는 다양한 영역에서 전개되는데 영역을 교차하면서 영향력을 행사하는 경우, 군사력을 보다 강력하게 갖추고 있는 나라가 유리하기 때문에 국제적인 계층화는 전체적으로 군사력의 분포에 따라 이루어진다. 이때 국제조직의 역할은 부차적인 것(minor)이다.

이러한 현실주의와 비교했을 때 '복합적 상호의존'은 기본적으로 세 가지 특징을 갖는다.[25)] 첫 번째로 국가는 정부 간 관계, 국경을 넘은 관료들 간의 관계, 혹은 민간 집단 간의 관계 등 다양한 채널로 연결되어 있다. 두 번째

24) R. O. Keohane and J. S. Nye, Jr., 앞의 책, *Power and Interdependence*, pp. 8-9.

25) R. O. Keohane and J. S. Nye, Jr., 앞의 책, *Power and Interdependence*, pp. 24-36.

로 국가 간 관계에서 '과제'는 다양한 이슈로부터 성립되며, 이러한 이슈들 사이에는 반드시 명확하거나 혹은 항상 성립되는 계층성이 없다는 것이다. 이러한 이슈들 사이에 계층성이 없다는 것은 예를 들어 군사적 안전보장이 국가 그리고 국제정치의 '과제'를 항상 지배하는 것은 아니라는 것을 의미한다. 대부분의 이슈가 예전에는 국내정책으로 여겨지던 것에서 발생하기 때문에 내정과 외교의 구분이 명확하지 않게 되었다. 세 번째로 '복합적 상호의존'이 지배적인 지역 혹은 문제 영역에서는 한 정부가 다른 정부에 군사력을 행사하지 않는다. 그러나 군사력은 그 지역 이외 혹은 다른 문제 영역에 놓인 정부 간 관계에서는 중요한 것일지도 모른다. 예를 들어 군사력은 동맹국 간의 경제 문제 분쟁을 해결하기에는 부적절한 수단이지만 동맹에 적대하는 진영과의 정치 · 군사적 관계에서는 매우 중요한 수단일 수 있다. 왜냐하면 전자(경제 이슈)의 경우에는 '복합적 상호의존'의 조건이 충족되지만 후자(정치 · 군사적 이슈)의 경우에는 그러한 조건이 갖춰지지 않기 때문이다.

이처럼 코헤인과 나이가 규정한 '복합적인 상호의존' 개념은 상호의존의 진전, 이에 동반하는 국제정치의 변용, '레짐', 패권론[26] 그리고 정책결정론 등을 도입함으로써 상호의존론의 중심 이론이 되고 있다.

세계체제론

1970년대 전반기 국제적 불평등에 착안한 국제정치이론은 요한 갈퉁(Johan Galtung)[27]과 임마누엘 월러스타인(Immanuel Wallerstein)[28] 등에 의

26) '레짐'과 관련해서 패권론 논의가 상당히 자세하게 전개되고 있다.

27) J. Galtung, "A Structural Theory of Imperialism," *Journal of Peace Research* 8, 1971, pp. 81-98.

28) 월러스타인의 세계체제론에 대해서는 I. Wallerstein, *The Capitalist World-Economy*, Cambridge: Cambridge U. P., 1979; I. Wallerstein, *The Politics of the World-Economy*, Cambridge: Cambridge U. P., 1984 등을 참조할 것.

해 상당히 체계적으로 전개되었다. 이는 앞에서 언급한 1960년대 라틴아메리카에서 전개되었던 '종속이론'을 세계적인 차원으로 확대한 것이다.

그 중에서도 월러스타인의 '세계체제론'은 1970년대를 통틀어 그리고 1980년대에 이르기까지 강한 영향력을 가졌다. 그의 '세계체제론'은 복잡하고 다양하지만 대체로 다음과 같이 설명할 수 있다. '세계체제'란 국가 시스템을 전제로 이윤을 추구하는 경제교류를 이유로 국가가 연결되는 세계 자본주의체제를 일컫는다. 이러한 '세계체제' 이론에서 국가는 중심-준주변-주변이라는 세 영역으로 구분된다. 중심이란 앞에서 언급한 바와 같이 경제수준(예를 들어 1인당 소득)이 높고 고도의 기술을 가지고 있으며 자본 집약적인 경제를 기반으로 한다. 주변이란 중심과는 대조적으로 경제수준이 낮고 기술도 시대에 뒤쳐져 있으며 노동집약적인 경제를 기반으로 한다. 준주변이란 중심과 주변의 중간에 위치하고 경제수준 역시 중간이다. 기술 수준 또한 고도의 것과 시대에 뒤쳐진 것이 혼재해 있으며 국가 전체 경제도 자본집약과 노동집약의 이중구조를 이루고 있다. '종속이론'과 마찬가지로 이러한 삼층구조에서는 부등가 교환에 따라 중심은 준주변과 주변을, 준주변은 주변을 착취한다. 세계 자본주의는 그 중심 기능인 이윤 추구와 자본 축적을 목표로 다양한 분야를 상품화하면서 공간을 확대해왔다. 이러한 가운데 중심-준주변-주변이라는 삼층구조는 변하지 않지만 각 국가는 세 계층 사이를 상승 혹은 하강 이동해왔다고 할 수 있다. 예를 들어 포르투갈, 스페인 등은 중심에서 준주변으로 하강 이동했고 몇몇 나라들은 주변에서 준주변, 중심으로 이동하였다. 준주변은 경제적인 면에서는 이미 중심국의 낡은 기술과 장비를 처리하며 정치적으로는 중심-주변 사이의 분화에서 생긴 정치적 불만을 해소하는 장치이기도 하다. 주변은 절대로 중심으로 이동할 수 없다는 '종속이론'의 가설에 반하여, 월러스타인의 삼층구조론은 상승 이동 메커니즘이 명확하지 않고 또 좁은 바늘구멍을 통과하는 것처럼 어려운 일이기는 하지만 적어도 중심-주변 간의 비이동성이라는 '남북 관계'관(觀)에서 벗어날 실마리를 제공하였다(단 월러스타인은 한 국가가 상승 이동하면 다른 나라가 하강 이동한다고 하는 세로섬 이미지를 세시하였다).

중상주의

이상의 논의에서 세력균형론, 상호의존론 그리고 세계체제론/종속이론이라는 세 이론을 소개했다. 물론 1970년대의 이론을 구분하고 그 배치 상황을 명확히 하고자 한다면 이 세 이론만으로는 정확히 파악하지 못하는 부분도 많을 것이다. 예를 들어 1970년대 중반 로버트 길핀(Robert Gilpin)은 「미래의 세 가지 모델("Three Models of the Future")」이라는 논문에서 국제정치경제학의 기본 틀로서 리버럴리즘, 마르크스주의(종속이론) 그리고 중상주의라는 세 이론을 제시했다. 여기서 마르크스주의/종속이론은 이미 언급한 '세계체제론'에 대응하는 이론이다(단 길핀은 마르크스주의/종속이론 행위자를 국가가 아닌 계급으로 보고 있다). 문제는 리버럴리즘과 중상주의이다. 길핀에 따르면 리버럴리즘이란 세계적 복지 극대화를 목적으로 하는데 여기서 행위자는 가계와 기업이다. 이에 반해 중상주의란 국가를 단위로 정부가 목적을 최대화하기 위해서 경제적 국제 관계를 조정한다는 것이다. 그 목적이란 완전고용, 물가안정 등 국내적 관심에 관련된 것이어도 좋고 혹은 안전보장, 독립 등 대외정책과 관련된 것이어도 좋다. 중상주의에 관한 길핀의 개념은 무역 및 국제수지 잉여를 추구해 국가끼리 싸운다는 18세기 개념보다 그 의미가 넓다. 이러한 국가의 행동이 다른 나라를 희생시킬지 어떨지는 각 사례에 따라(case-by-case) 판단할 필요가 있다. 그러나 일반적으로 중상주의의 본질은 세계적 경제효율보다는 오히려 국가 정치 및 경제목표 달성을 우선으로 한다고 할 수 있다.

길핀이 주장하는 틀을 극단적으로 받아들이면 국제경제 관계에 국가를(주요한 행위자로서) 넣었을 때 모두 중상주의가 되어 버린다. 그러나 이 책에서는 국가가 여러 제약을 받으면서도 또 반드시 성공한다고도 할 수 없지만 세계적 복지(이 경우 주로 국가들로 구성되는 국제사회의 복지)를 추구하는 것을 상호의존이라고 부르기로 한다. 이에 반해 (항상) 글로벌적인 경제효율보다 국가 정치 및 경제적 목표를 우선하는 것을 중상주의라고 부르기로 한다(예를 들어 국가가 무역흑자 등을 국가 목표로서 추구하는 것이 그 예이다).

1970년대 국제정치이론의 배치 상황

이상으로 1970년대에 나타난 국제정치의 거시 이론 몇 가지를 소개했다. (가) 세계체제론/종속이론, (나) 중상주의, (다) 상호의존론('레짐'론 또는 일부 경제패권이론을 포함한다), (라) 세력균형론(현실주의)이라는 네 가지 이론이다. 이들 네 이론의 상관 관계를 단순화시켜 상호의존론을 중심으로 나타낸 것이 〈그림 1-2〉이다. 상호의존론과 세력균형론(현실주의)의 관계를 보면 상호의존론은 트랜스내셔널적인 교류를 바탕으로 경제 · 복지를 중시하면서 국제 관계를 고려한다. 이에 반해 세력균형론은 군사 관계를 중심으로 국가의 최우선 목표는 항상 군사적 안전보장이라고 본다. 상호의존론과 중상주의의 관계를 보면 국익을 중시하는 중상주의(국익을 중시한다는 점에서 중상주의는 경제 현실주의라고 할 수 있다)에 반하여 상호의존론은 세계 복지를 중시한다. 물론 국가 시스템이라고 하는 전제를 바꾸지 않는 이상 상호의존론에서도 (어떻게 정의하는가는 별도의 문제로 치더라도) 국익을 무시할 수는 없다. 따라서 상호의존론에서는 이러한 국익과 세계 복지를 어떻게 조정해나가고, 아울러 어떻게 하면 후자에 중점을 둘 수 있는지를 명확히 해야 한다. 상호의존론과 세계체제론/종속이론을 비교하면 전자는 기본적으로 대칭 관계를 상정하며 후자는 비대칭 관계를 중점적으로 분석한다는 차이가 있다.

〈그림 1-2〉 국제 정치 이론의 배치 상황(1970년대)

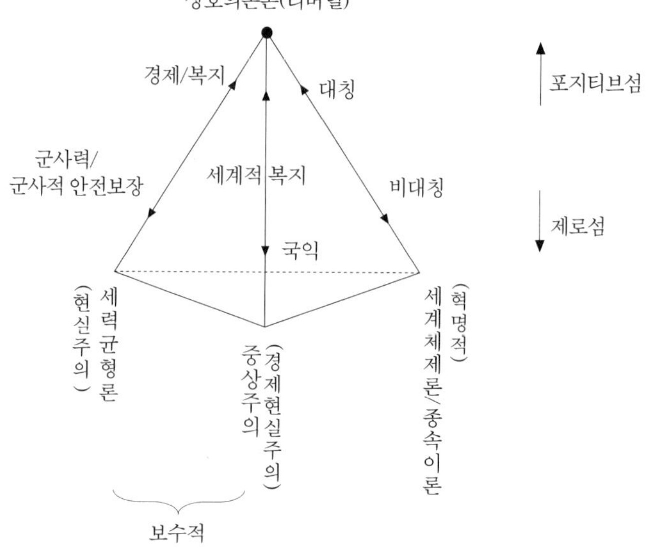

상호의존론과 다른 세 개의 이론을 비교했을 때 보이는 현저한 차이는 상호의존론이 국제 관계를 포지티브섬(혹은 적어도 그것이 가능하다)으로 파악하고 있는 반면, 다른 세 이론은 다소의 차이는 있으나 제로섬 관점에서 파악하고 있다는 것이다. 즉 세력균형론에서는 군사력을 중심으로 한 상대적인 힘의 관계를 고려한다. 상대의 힘이 증대한 것은 자국의 힘이 감소함을 의미한다. 고전적인 중상주의 관점에서 보면 어떤 나라가 무역수지 흑자에 성공하면 다른 몇몇 나라는 적자를 보게 될 것이다. 세계체제론/종속이론의 기본은 중심이 주변을 착취하는 것, 혹은 보다 구체적으로는 중심은 더욱 풍요로워지고 주변은 더욱 빈곤해지기(사실 여부는 별도로 치더라도) 때문에 중심과 주변 사이에 치열한 제로섬 게임이 전개되고 있다는 것이다.

4. 상호의존의 후퇴?(1970년대 말~1985년)

1970년대에 성립된 상호의존론은 새롭게 나타나고 있는 현실을 분석하는 장치로서의 역할과 동시에 어떤 의미에서는 하나의 이념이기도 했다. 즉 국가 간 관계에서 군사력 행사를 없애주고(혹은 줄여주고) 좁은 의미의 국익보다 세계 복지 증대를 목표로 하며 비대칭 관계를 보다 대칭적인 것으로 설명하는 이론이었다. 하지만 1970년대 말에 나타난 몇몇 국제 정치경제상의 여러 현상은 상호의존이 심화하는 데 있어 저해요인이 되었다.

신냉전

그 중 가장 대표적인 것이 이른바 '신냉전'이라 불리는 것이었다. 소련은 미 · 소 데탕트 하에서 전략병기를 눈에 띠게 증강시켜, 1970년대 후반에 이르러서는 전략병기 부분에서 미국과 균형을 이루게 된다. 또한 1975년의 앙골라(Angola) 개입 이래 에티오피아(Ethiopia) 등 대외적 개입을 적극적으로 실시한다. 그 결말을 보여주는 것이 1979년 말 아프가니스탄(Afghanistan) 침공이었다. 이에 카터(Jimmy Carter) 정권은 소련에 곡물수출입 금지, 모스크바 올림픽 보이콧(boycott)을 실시하였으며 이로써 1970년대 초반부터 불완전하나마 지속되던 미 · 소 데탕트는 명실공히 종말을 고하게 되었다.

레이건(Ronald Reagan) 정권은 미 · 소 전략 균형에서 미국이 대륙 간 탄도탄을 보유한다고해서 반드시 제2격(보복공격) 능력[29]을 보장하는 것은 아

29) 제2격(second strike capability, 第2擊能力)이란 제1격(first strike capability, 第1擊能力)과 쌍을 이룬 핵전략 상의 개념이다. 제1격이란 적의 핵전력을 무력화하여 핵보복 능력을 상실케 하는 것을 목표로 이루어지는 선제 핵공격을 말하고, 그러한 목표를 약간의 손해만을 입히고 달성할 수 있는 능력을 제1격 능력이라고 한다. 제2격 능력이란 적의 제1격을 받은 후에도 여전히 보복 핵공격으로 적에게 큰 피해를 입힐 수 있는 능력을 말한다. 2개의 핵보유국 간의 관계에 있어서 양방 모두 제1격 능력이 없고 제2격 능력만을 가지고 있는 경우에는 어느 쪽인가 먼저 핵공격을 해도 상대의 핵보복을 각오하지 않으면 안 되기 때문에 안정적으로 공격을 억제할 수 있다. 그러나 어느 한 쪽에 제1격 능력이 있으면 양방에 선제 핵공격의 요인이 강화되어 상황은 불안

니라는 '취약성의 창(window of vulnerability)'을 슬로건으로 내걸고, 소련을 '악의 제국'으로 규정하여 군비를 크게 확장시켜 나갔다. 미국과 소련의 '신냉전' 시대가 시작된 것이다.

미 · 소의 '신냉전'은 상호의존 세계에도 큰 영향을 미치게 된다. 그 중 가장 큰 영향은 상호의존 세계와 군사 · 전략의 세계가 크게 교차되고 있다(교차시킬 수 있다)는 것을 여실히 나타냈다는 점이다. 한 예로 파이프라인을 둘러싼 구미 간의 분쟁을 들 수 있다. 미국은 서구의 안전보장이 위협받는다는 이유로 서독 등 유럽 제국에 파이프라인을 통한 소련 천연가스 수입을 폐기하도록 요구하였다. 그러나 유럽 제국은 각국의 이익과 함께 당시 여전히 활발하였던 소련과의 경제 교류를 증진시키는 것이야말로 소련의 공격적인 행동을 억제할 수 있다고 판단, 미국과 첨예하게 대립하였다.

국제경제의 혼란과 심화

'신냉전'이라는 극적인 변화와 비교한다면 국제경제의 혼란과 심화는 오히려 1970년대부터 계속되어 왔다고 할 수 있으며 이러한 과정 속에서 각국은 대립과 협조를 반복하였다. 그 중 가장 중요한 문제는 제2차 오일 쇼크(1979년)로 인해 인플레이션과 실업률이 동시에 높아지는 스태그플레이션이 가속되어 구미 전체에 퍼진 점이다. 스태그플레이션은 포지티브섬이라는 상호의존 이념을 위협하고 각국의 보호주의 경향을 증대시켰다. 그리고 이를 극복하기 위한 과학기술이 주목을 받게 되어 일종의 '산업/과학기술 중상주의'가 대두하게 되었다.

이러한 스태그플레이션 속에서 1970년대 말부터 1980년대 전반에 걸쳐

정해진다. 제1격 능력이 없는 쪽이 상대의 제1격으로 자국의 핵전력이 상실되기 전에 공격을 해야 한다고 생각하고, 제1격 능력을 가지고 있는 쪽도 그러한 공격을 받기 전에 제1격을 실행해야 한다고 판단하기 때문이다.(역자주)

영국(대처[Margaret Thatcher] 정권), 미국(레이건[Ronald Reagan] 정권), 서독(콜[Helmut Kohl] 정권), 일본(나카소네[中曽根康弘] 정권)에서 '보수' 정권이 탄생하였으며 작은 정부, 규제완화 등의 정책이 추진되었다. 국제적으로는 레이건 정권에서 볼 수 있듯 시장 메커니즘을 통해 경제를 활성화시키려는 움직임이 더욱 강해졌다. 특히 제1기 레이건 정권의 대외경제에 대한 기본방침은 '자유방임(원칙)'과 단독주의의 혼합이었다. 레이건 정권은 이른바 레이거노믹스(Reaganomics)를 채용하여 규제완화, 감세에 의한 저축·투자 증대를 도모하며 엄격한 금융정책을 펼쳤다. 그 결과 인플레이션이 급속히 진정되고 고도의 경제성장을 달성하였지만 재정적자, 무역적자는 크게 증가되었다. 대외적으로는 통화에 있어서 시장원리에 따른 변동환율제를 존중하였으며 이에 대한 개입을 거부했다. 달러고(ドル高) 현상을 미국의 강력한 힘의 상징으로 받아들였다. 남북 문제도 기본적으로 시장 메커니즘을 통해 해결해야 한다고 보았다. 레이건 정권은 통상과 관련해서도 정부개입의 반대, 보호주의 반대가 기본 입장이었다. 그러나 이러한 정책 스탠스에도 불구하고 미·일 자동차 문제 등 구체적인 문제에 있어서는 의회의 압력으로 보호주의적 조치를 취했다.

1974년 '신 국제경제질서' 선언으로 최고조에 달했던 남북 문제는 산유국 이외 국가들의 카르텔 형성 실패와 스태그플레이션으로 선진국 수요 감퇴 등을 이유로 '남쪽' 국가들의 정치력이 약해져 그 열기는 서서히 식어갔다. 그리고 1981년 멕시코 칸쿤에서 남북정상회의(주제: 글로벌 교섭의 준비)가 개최되었으나 1970년대 말부터 1980년대에 걸쳐 남북 문제는 오히려 (중소득 국가를 중심으로 하는) 누적채무 문제를 축으로 전개되었다. 누적채무가 문제가 된 것은 거대한 규모 때문이기도 하지만 선진국의 경제 정체에 따라 개발도상국들의 수출도 정체되었고 높은 달러 금리로 인해 원리금 지불이 위태로워졌기 때문이다. 또한 브라질, 멕시코, 아르헨티나 등 누적채무를 안고 있는 나라들의 개발정책에도 차질이 생겨 중장기적으로 1인당 GNP 등이 저하되어 갔다. 한편 이러한 국가들을 대상으로 채권을 가지고 있던 곳들, 주로 미국 은행들은 경영난에 빠지지 않을 수 없었다. 국제적인 금융 혼란이 예상되었던 것이다.

물론 이러한 혼란 속에서도 다소 후퇴하는 시기는 있었지만 무역량은 꾸준히 증가하였으며 특히 금전적인 면에서는 상호의존이 활발히 진행되었다. 그리고 선진국들도 스태그플레이션에 대항하여 '인플레이션 없는 성장'을 슬로건으로 내세우며 경제서미트 등을 통해 상호 협조를 유지해나갔다.

네오 리얼리즘(신현실주의)의 대두

위와 같은 현실 세계의 움직임으로 1970년대 말부터 1980년대에 걸쳐 국제정치학은 크게 '보수화'되어 갔다. 국제정치학의 '보수화'란 〈그림 1-2〉와 같은 국제정치이론의 배치 상황 속에서 세력균형론(현실주의) 및 중상주의(경제현실주의)라고 하는 '보수적'인 국제 정치 · 경제관이 매우 강해졌다는 것이다. 이른바 '네오 리얼리즘(neo-realism)'의 대두이다.[30]

'네오 리얼리즘'을 일반적으로 정의하는 것은 어려운 일이다. 이 장에서는 임의적으로 국가를 중심으로 국가는 정치적 권력과 부(富)라는 기본적인 국익을 추구한다고 보는 '정치관'을 전제한다. 만약 그렇다고 한다면 따로 '네오(新)'를 붙일 필요는 없다. '네오'를 붙이는 이유는 첫째, 1970년대의 세력균형론(현실주의) 비판(예를 들어 국가중심주의 비판, 군사력 비판)에서 벗어나 다시 국익중심주의를 주창하는 것이며 (반드시 모든 '네오 리얼리스트'가 그런 것은 아니지만) 국제경제를 중시하면서 국익 지상주의를 주창하고 있기 때문이다.

이러한 '네오 리얼리즘'에서는 상호의존이 반드시 중시되는 것은 아니었다.

---

30) R. O. Keohane, ed., *Neorealism and Its Critics*, NY: Columbia U. P., 1986. J. S. Nye, Jr., "Neorealism and Neoliberalism," *World Politics* 40(2), 1988, pp. 235-51.

'네오 리얼리즘'의 거장 중 한 사람인 로버트 길핀은 유명한 저서인 『국제 관계의 정치경제학(*The Political Economy of International Relations*)』(Princeton: Princeton U. P., 1987)에서 정치학 개념으로 상호의존의 중요성을 다음과 같이 부정하였다.

> 특별한 경우를 제외하고 나는 '상호의존'을 '상호의, 그러나 반드시 대칭이 아닌 의존'의 의미로 사용한다. 따라서 나는 경제적인 상호의존을 '사실' 혹은 '조건'으로서는 수용한다. 그러나 일반적으로 상호의존이 의미하는 경제적인 그리고 정치적인 의미를 그대로 받아들이지는 않는다.[중략]
> 이 책에서는 국민국가 시장이 점차 확대되고 있는 상호의존적 세계경제로 통합되는 현상을 논의하겠지만 이렇게 증대되고 있는 상호의존이 국제 관계에 미치는 많은 효과에 대해서는 의문을 제시한다. 상호의존은 연구해야 할 현상이지만 국제 관계의 본질과 동태에 관해 미리 전망할 수 있는 결론을 제시해주는 것은 아니다.[31]

동태화(動態化)

1970년대에 들어 제2차 세계대전 후 국제정치경제의 모든 전제가 무너지면서 국제정치경제를 매우 장기적인 역사의 원동력 속에서 파악하려는 움직임이 두드러지기 시작하였으며 그 효시가 된 것이 월러스타인의 '세계체제론'이었음은 말할 필요도 없다.

하지만 1970년대 말부터 1980년대에 걸쳐 장기적이고 역사적 관점의 동태적 이론도 크게 〈보수화〉되어 간다. 이는 정치/군사 분야의 이론에서 현저하게 나타났다. 이 분야의 동태적인 이론은 크게 두 가지로 나눌 수 있는데 하나는 '정치/군사 패권론'이며 다른 하나는 '역동적(dynamic) 세력균형론'이다.

'정치/군사 패권론'은 1978년 조지 모델스키(George Modelski)[32]에 의해서 제기되었다고 해도 과언이 아니다. 이론의 골자는 다음과 같다. 첫째, 국제정

31) R. Gilpin, *The Political Economy of International Relations*, Princeton: Princeton U. P., 1987, p. 18.

32) George Modelski, *Long Cycles in World Politics*, Seattle: U. of Washington Press, 1987.

치(군사 · 안전보장 분야 또는 국제경제 관계)의 안정은 글로벌한 패권국가(모델스키의 말을 빌리자면 '세계대국[world power]')가 존재할 때 비로소 성립된다('정치/군사의 패권안정론'). 그리고 '세계대국'이 상대적으로 쇠퇴하여 힘이 분산되면 국제정치는 불안정해지고 나아가 다음 '세계대국'의 자리를 노리는 '도전국'이 출현하여 '세계전쟁'이 일어나며, 이 '세계전쟁'에서 승리한 국가가 차기 '세계대국'이 될 때 국제정치는 다시 안정을 되찾게 된다. 이러한 과정에서 '세계대국'이 존재하는 경우에는 보편적인 원리에 따라 질서 유지가 이루어지고 경제적인 상호의존도 진전되지만, 힘이 분산되면 국익 중심의 내셔널리즘이 대두하여 국가의 현재성(내셔널리즘)이 강화될 것이다.

'역동적 세력균형론'은 열강의 힘의 기반(특히 경제력)에 주목하여 장기적인 변동을 통해서 국제정치의 큰 흐름을 파악하려는 것이다. 이 이론에서는 역사적인 시기를 (1) 한 나라가 거대해져서 패권을 추구하게 되고, 이에 대항하기 위한 대연합이 결성되어 패권을 추구하는 나라와 대연합 사이에 큰 전쟁이 일어나 결과적으로 패권을 추구하는 나라가 쇠망하는 시기 그리고 (2) 몇몇 비슷한 힘을 가지는 열강이 서로 대치하고 있는 시기로 나누어 이 두 시기가 번갈아 가면서 나타난다고 주장한다(즉 '역동적 세력균형론'은 '패권불안정론'이다). 이 이론을 유럽 중심의 국제정치에 적용시켜 보면 16세기의 합스브르그(Habsburg) 왕가, 17세기의 루이 14세, 18세기말에서 19세기초에 걸친 나폴레옹, 20세기 전반의 독일 등 유럽 대륙에서 패권을 추구하는 나라가 나타나고 이에 대항하는 대연합이 형성되어 최종적으로는 패권 추구가 좌절되는 시기와 그 후 복수 열강이 대치하면서 안정이 유지되는 시기가 반복해서 나타난다. 그리고 20세기, 특히 제2차 대전 이후에 국제정치의 주요 무대가 유럽에서 미국과 소련으로 바뀌어 역동적 세력 분쟁이 계속되고 있는 것이다.

미국에서 유럽식 '역동적 세력균형론'은 몇 가지 예외를 제외하고[33] 학계는 물론 일반적으로도 폭넓게 수용되지 못했다. 스탠리 호프만(Stanley Hoffmann)은 1970년대 초에 제2차 대전 후 미국의 국제정치학에서 '현실주의 혁명'이 일어났다고 논하고 있다.[34] 그 내용은 한스 모겐소(Hans Morgenthau) 등이 주장하는 정태적인 '고전적 세력균형론'이다. 그러나 1980년대 중반 이후 이 '역동적 세력균형론'은 큰 관심을 불러 일으키게 된다. 그 전형이 영국의 외교사학자 폴 케네디(Paul Kennedy)의 『강대국의 흥망』[35]이다. 이 책의 기본 주장에 따르면 국제정치의 동태는 열강 간 상대적인 힘의 관계변화에 기인하며 그 기저에는 경제력이 존재한다. 그리고 경제력은 상대적, 장기적으로는 크게 변화하는데, 이는 시간적인 "지연(遲延)"을 동반하여 열강 간의 힘(군사력) 관계를 크게 바꾸어 마침내 경제력 분포에 상응하는 군사/정치력의 분포가 나타난다. 이러한 경제력의 분포와 군사력의 분포를 조정하는 변화의 시기에 큰 전쟁이 일어날 가능성이 있다. 그리고 경제 자원을 많이 가지고 있다고 여겨지는 국가 중에는 '지배'를 추구하려는 움직임을 보이기도 하는데, 결국 이 국가는 과대한 확대를 시도하게 되어 자원을 경제력의 재생산으로 이끌지 못하고 쇠퇴의 길을 가게 된다.

산업 중상주의

1970년대의 '중상주의'는 주로 무역을 중심으로 한 이론이라고 할 수 있다. 그러나 1970년대 후반에서 1980년대에 걸쳐 통상의 배후에 있는 산업과 과학기술이 국가 간 산업경쟁과 과학기술경쟁으로 이어져 '국익'과 국가 정책론 차

33) 예를 들어 C. F. Doran, *The Politics of Assimilation*, Baltimore: Johns Hopkins, 1971.

34) S. Hoffmann, "An American Social Science: International Relations," *Daedalus* 106, 1977, pp. 41~60.

35) P. Kennedy, *The Rise and Fall of the Great Powers*, NY: Random House, 1987 (스즈키[鈴木] 옮김, 『大国の興亡』, 草思社, 1988). (이일주 옮김, 『강대국의 흥망』, 한국경제신문사, 1990).

원에서 문제화되었다. 이 장에서는 이것을 '산업 중상주의'로 부르고자 한다.

'산업 중상주의'에는 몇 가지 기원(起源)이 존재한다. 미국의 상대적인 힘이 저하되고 국제 경쟁력이 위협받게 되면서 국제 경쟁력, 생산성을 어떻게 향상시키고 유지할 수 있는지에 대한 문제는 1970년대 초반부터의 중요한 정치과제가 되었다. 또한 1970년대 후반부터 심각해진 스태그플레이션은 유럽에 큰 영향을 주어 '유럽의 정체(European malaise)'라 불리는 상황을 초래했다. 이에 유럽 국가들은 과학기술 발전을 바탕으로 산업 활성화를 도모했다. 그리고 과학기술 및 산업의 정체와 활성화에 대하여 영국, 서독, 네덜란드 등에서 폭넓은 연구가 이루어졌다.[36] 이러한 연구 가운데서 이 시기의 국제정치경제 이론에 큰 영향을 미친 것은 콘트라티예프 사이클(Kontratiev cycle)의 '재평가'였다.[37] 콘트라티예프 사이클은 50~60년을 주기로 큰 경기변동이 나타난다고 주장한다. 콘트라티예프 사이클에 따르면 1960년대 말부터 1970년대, 1980년대까지는 장파(長波)의 후퇴기에 해당한다. 문제는 이 콘트라티예프 장파의 후퇴기를 어떻게 극복해나갈 것인가에 대한 것이다. 콘트라티예프의 장파가 일어나는 원인에 대해서는 몇 가지 설이 있지만[38] 여기에서는 기술 혁신설에 대하여 살펴 보고자 한다. 콘트라티예프 사이클은 공황기, 상승기, 번영기, 하강기의 네 단계로 나누어진다. 콘트라티예프 사이클에서 경제상승은 혁신적인 기술이 뒷받침이 된 새로운 산업에 의해 주도된다. 그리고 그 산업이 최대한 가동되었을 때 번영기를 맞이한다. 그러나 최종적으로는 해당 산

36) 예를 들어 G. Mensch, *Stalemate in Technology: Innovations Overcome the Depression*, Cambridge: Ballinger, 1979(독일). J. J. van Dujin, *The Long Wave in Economic Life*, London: George Allen & Unwin, 1983(네덜란드). C. Freeman, J. Clark, and L. Soete, *Unemployment and Technical Innovation*, Westport: Greenwood Press, 1982(영국).

37) 콘드라티예프의 장파와 국제 관계에 대해서는 예를 들어 다나카 아키히코(田中明彦), 「콘트라티예프 사이클과 패권 사이클(コンドラチェフの波と覇権サイクル)」, 일본국제정치학회(日本国際政治学会) 편, 『세계 시스템론(世界システム論)』(有斐閣, 1986).

38) 콘트라티예프 사이클이 왜 일어날까에 대한 이론적인 검토는 예를 들어 J. S. Goldstein, *Long Cycles: Prosperity and War in the Modern Age*, New Haven: Yale U. P., 1988.

업 시장이 포화상태가 되어 기술·조직이 경직된다. 이렇게 되면 경제는 하강기로 전환되기 때문에 공황기에 각 기업들은 필사적으로 새로운 기술과 산업분야를 찾아 활동한다. 그리고 여기에서 나온 기술혁신의 싹이 상승기에 접어들어 막대한 투자를 끌어내어 경제가 성장하는 것이다. 이러한 논의를 바탕으로 볼 때 콘트라티에프 사이클의 공황을 벗어나기 위해서는 경직된 조직을 자유화하고 새로운 기술혁신을 추구하는 것이 필요하다. 이는 조지프 슘페터(Joseph Alois Schumpeter)가 지적하듯이 주로 기업가들의 기업가 정신에 의해서 가능해질 것이다. 하지만 국가 단위의 국제시스템 면에서는 어느 국가가 새로운 산업분야를 채택하는가 하는 문제, 즉 '산업 중상주의'적인 색채를 강하게 띠게 된다.

국제정치이론의 배치 상황

앞에서 지적한 것처럼 1970년대 후반부터 1980년대 중반에 걸쳐 전개된 국제정치이론의 특징은 한 마디로 '보수화'였다고 할 수 있다. 즉 〈그림 1-2〉에서와 같이 국익, 국가 시스템을 중심으로 국제 관계를 분석해가는 시각('네오 리얼리즘')이 강해졌다. 나아가 세력균형론과 중상주의 역시 극히 장기적인 역사적 전망을 바탕으로 역동적으로 변화되어 간다. 안전보장, 전략, 군사적인 면에서는 모델스키, 길핀[39] 등의 '정치/군사패권론' 그리고 폴 케네디로 대표되는 '역동적 세력균형론'이 전개된다. 그리고 경제분야에서는 1970년대 전반부터 나타난 '경제패권론'이 스태그플레이션이라는 1970년대 후반 경제 정체와 상호작용하여 콘트라티에프의 장주기 파동이라는 관점의 경제순환, 패권순환론이 전개된다.

〈그림 1-3〉은 이러한 논의를 단순화된 형태로 나타낸 것이다. 그림 윗부분은 1970년대의 배치 상황으로 〈그림 1-2〉와 같다. 〈그림 1-3〉의 아래쪽 부분

---

39) R. Gilpin, *War and Change in World Politics*, Cambridge: Cambridge U. P., 1981.

은 1970년대 말부터 1980년대 전반까지 국제정치이론의 배치 상황을 설명하고 있다. 즉 i) 세력균형론(현실주의)이 보다 역동화된 '역동적 세력균형론'과 '정치/군사 패권론', ii) (통상)중상주의부터 경제 패권론을 포함하는 '산업 중상주의' 그리고 iii) 월러스타인의 '세계체제론'으로 정리할 수 있다.[40]

〈그림 1－3〉 국제정치이론의 배치 상황과 그 변화 상호의존론

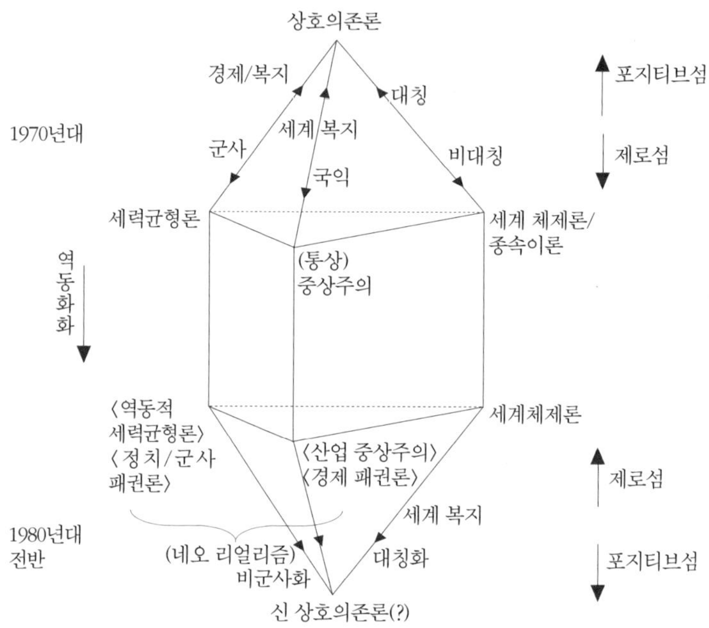

경제의 장주기와 패권의 성쇠를 분석한 주디스 골드스타인(Judith Goldstein)이 '현실주의는 경제 장파의 상승기와 강한 패권이 배합될 때에 지배적이며 경제 생산이 하강기이고 패권이 약할 때는 '복합적인 상호의존'이 지배적이다'[41]라고 지적한 것처럼 이러한 전개 속에서 상호의존론은 활

40) 비슷한 도식화에 대해서는 Goldstein, 앞의 책, *Long Cycles: Prosperity and War in the Modern Age*.

41) Goldstein, 앞의 책, *Long Cycles: Prosperity and War in the Modern Age*, p. 360.

발할 수 없었다. 앞에서 언급한 바와 같이 1970년대에 성립한 상호의존론은 국제 관계의 한 발전단계로서 현실주의 단계에서 상호의존 단계로 이행하는 것으로 파악되었다. 하지만 정치・경제의 순환론에서는 상호의존을 단지 순환 국면의 하나로 파악한다.

상호의존론의 지속

이러한 상황에서 1970년대 상호의존론을 주도한 로버트 코헤인은 1980년대에도 그가 저술한 명저 『패권 이후: 세계 정치경제의 협력과 대립(*After Hegemony: Cooperation and Discord in the World Political Economy*)』(Princeton: Princeton University Press, 1984)을 통해 패권을 상실한 세계에서도 '레짐'을 유지하여 국제경제의 안정을 도모할 수 있다고 논하였다. 또한 리처드 로제크란스(Richard Rosecrance)는 『무역국가의 부상(*The Rise of the Trading State*)』(NY: Basic Books, 1986)이라는 책을 통해서 국제시스템은 산업혁명을 경계로 영토, 군사에 주체를 두는 영토 시스템에서 통상, 경제에 주체를 두는 통상 시스템으로 이행되었다고 논하였다. 이 논리구조는 1970년대 중반 (이미 앞에서 소개한) 에드워드 모스의 상호의존론을 방불케 한다(이 점에 관해 조지프 나이[42]가 로제크란스의 논의를 '네오 리버럴리즘'으로 정의하고 '네오 리얼리즘'과 대비시킨 것은 정당한 평가라고 할 수 있을 것이다). 게다가 상호의존론 사례연구의 명저인 로버트 퍼트남(Robert D. Putnam)과 니콜라스 베인(Nicholas Bayne)의 『*Hanging Together*(공존)』(revised ed. Cambridge: Harvard University Press, 1987)도 출판되었다.

앞서 언급한 바와 같이 '정치/군사 패권론', '경제 패권론'에서도 상호의존론 조짐이 많이 나타났다. '정치/군사 패권론'에서 길핀(1981)[43]이나 모델스

---

42) Nye, 앞의 논문, "Neorealism and Neoliberalism."

43) Gilpin, 앞의 책, *War and Change in World Politics*.

키(1978)[44]는 패권이 사라진 뒤에 일어날 리더십 싸움으로 '세계전쟁' 혹은 '패권 쟁탈전쟁'을 예상하면서도 핵무기가 발달한 시대에는 '세계전쟁 = 핵전쟁'으로 결착되는 것이 아니라 어떤 '비군사적' 수단을 통한 '비군사화'가 필요해진다고 주장하였다. 또한 '경제패권론'과 관련해서도 변질된 미국 패권, 또는 패권 후(post-hegemony)의 세계에서 '통상 중상주의', 나아가 '산업 중상주의'가 고조되는 가운데 이를 어떻게 억제하며 세계 전체의 경제를 운영해나갈 것인가라는 문제를 지적했다.

새로운 상호의존 시대?

현실적인 측면에서 1980년대 중반부터 (특히 1985년을 기점으로) 큰 변환이 나타난다. 하나는 미 · 소 관계의 극적인 전환인데, 1985년 3월 성립한 소련의 고르바초프 정권은 국내에서 페레스트로이카(perestroika), 글래스노스트(glasnost)[45]를 표방하여 경쟁원리를 도입하고 경제개혁과 정보공개 등에 따라 정치개혁을 추진하였다. 대외적으로도 '신 사고(新思考)'를 표방하여 세계적인 상호의존의 중시, 군사력 효용의 한계를 중점적으로 논하였다. 그리고 외국과 합작사업, 관세제도 개혁 등을 통해 경제적인 상호의존을 높이려 하였다. 정치 · 군사면에서도 1985년 11월 제네바의 미 · 소 정상회담 이래 여러 차례에 걸쳐 정상회담이 열렸고 1987년에는 육상 INF(intermediate-range nuclear forces, 중거리 핵무기) 전폐(완전폐기)조약이 양국 간에 체결되었다. 바야흐로 '신냉전'에서 '신데탕트'[46]로 전환한 것이다. 또 다른 변환은 스태그플레이션의 종식이다. 1970년대 후반부터 1980년대 초반에 들어서 맹위를 떨친 스태그플레이션은 미국, 영국, 서독 등을 시

---

44) Modelski, 앞의 책, *Long Cycles in World Politics*.

45) 구소련의 정보공개 정책.(역자주)

46) 예를 들어 시모토마이 노부오(下斗米伸夫), 『고르바초프의 시대(ゴルバチョフの時代)』(岩波書店, 1988).

작으로 '종식'되었고, 여전히 실업률이 높은 나라들이 있긴 하지만 물가가 진정되고 적절한 경제성장을 이루게 되었다.

1985년 미국의 국제경제정책은 크게 전환되었다. 그 중 하나가 플라자합의(Plaza Accord)였다. 제1기 레이건 정권은 통화를 기본적으로 시장 메커니즘에 맡기는 정책을 유지해왔다. 하지만 레이건 정권 2기에 들어서 제임스 베이커(James A. Baker) 재무장관이 취임하자 달러고(高) 시정 정책으로 전환하였고 외환시장에 협조 개입, 나아가 정책 협조를 통해 달러 가치의 인하(하락)와 저하와 안정을 도모했다. 이후 '정책 협조'는 경제서미트, OECD 등에서 단지 경제정책뿐만 아니라 경제구조, 나아가 과학기술에 이르기까지 상호의존 '관리'의 주요한 요소가 되었다.

이와 같이 1980년대 중반 이후 상호의존을 촉진하는 큰 변환이 나타났다. 동시에 1970년대에는 볼 수 없었던 상호의존 세계를 새롭게 규정하는 몇 가지 중요한 요인도 나타났다. 그 중 하나는 '대지역주의'라고도 불리는 현상인데, 미 · 캐나다 자유무역협정과 1992년 EC의 '완전통합'[47]을 향한 움직임 등이 대표적인 예이다. 미국은 이미 1984년 이스라엘과 자유무역협정을 발효했으며 1985년 캐나다의 이니셔티브로 개시된 미국 · 캐나다 자유무역협정(USA-Canada Free Trade Agreement)은 1988년 1월에 조인되었다. 나아가 미국은 멕시코 그리고 남미 제국과도 자유무역협정을 체결하였으며 일본 및 아시아 제국과 자유무역협정 가능성을 모색하고 있었다. 1985년 EC는 '완전통합'을 향한 큰 걸음을 내딛는다('단일 의정서' 조인, '시장백서' 발간 등). 그리고 장래에는 1988년 현재 12개국에서 보다 많은 참가국으로 확대될 가능성도 크다(예를 들어 오스트리아, 노르웨이). 이러한 '대지역주의'

47) 「초점: 'EC 1992년'을 향해서(焦点: EC―「1992年」に向けて)」, 『국제문제(国際問題)』, 340号, 1988년 7월. 미국-캐나다 자유무역협정에 대해서는 우선 R. M. Stern, P. H. Trezise, and J. Whalley, eds., *Perspectives on a U.S.-Canadian Free Trade Agreement*, Washington, D. C.: Brookings, 1987

는 1930년대와 같은 블록경제를 형성하지는 않겠지만 향후 상호의존 형태에 (단지 통상뿐만 아니라 금융, 통화 등과 관련하여) 지대한 영향을 미칠 것이라고 생각한다.

또 다른 움직임은 상호주의인데, 여기서 말하는 상호주의란 서로에게 '평등한 상업 기회'를 주는 것을 목적으로 한다. 그리고 그러한 목적 달성을 위해 상대의 시장접근(market access)을 제한하는 수단을 사용한다. 그 전형적인 예가 1974년 미국의 통상법 301조(불공정 무역관행에 대한 보복 조치—1988년 포괄 통상경쟁력 강화법에 의해 슈퍼 301조[48]로 강화되었다)이며 EC는 '완전통합'에 의한 금융업 자유화를 기점으로 역외 여러 국가 기업들에 상호주의에 따른 대우를 요구하였다. 2차 대전 후 GATT 체제에서는 기본적으로 무차별적인 룰이었으나 이제(1980년대 중반 현재) 이 룰은 상호주의로 대체되고 있다.

세 번째는 미국의 대(大)채무국화와 일본의 대(大)채권국화라는 세계적 '불균형' 상황이 출현한 것이다. 1985년 미국은 70여 년에 걸쳐 유지하던 채권국의 지위를 불과 수 년이라는 짧은 기간에 상실하고 대채무국이 되었다. 이는 여전히 달러가 국제적인 기축통화인 점을 감안할 때 세계경제의 큰 불안정 요인이다.

이와 같이 1980년대 후반 상호의존을 진전시키는 새로운 계기가 두드러졌지만 동시에 이를 저해하는 요인도 무시할 수 없다. 1970년대 말부터 1980년대 중반까지 국제정치경제 동향을 반영한 국제정치학의 '보수화'를 넘어 1990년대를 앞둔 현재 시점에서 새로운 상호의존론의 재구축을 요구하는 이유이다.

48) 1988년 미국 종합무역법에 의해 제정된 교역대상국에 대한 차별적인 보복을 가능토록 한 통상법 301조 조항을 말한다. 즉 301조 규정은 교역상대국의 불공정한 무역행위로 미국의 무역에 제약이 생기는 경우 광범위한 영역에서 보복할 수 있도록 허용하고 있다.(역자주)

2장
상호의존의 기초개념
평화, 분쟁, 유형

1. 상호의존과 평화

상호의존을 분석할 때 항상 평화(전쟁이 없는 상태)와 연관시켜 고찰하려는 것은 아니다. 오히려 상호의존 하에서의 국가 간 분쟁(단 군사력은 사용하지 않는다)에 초점을 맞추어 분석하는 것이 일반적이라고 할 수도 있다. 그러나 국가 중심의 세력균형론이 지배적인 국제정치에서 트랜스내셔널적인 교류 증대를 바탕으로 하는 상호의존론을 생각할 때 상호의존과 평화와의 관계가 문제시되는 것은 어쩌면 당연한 것일지도 모른다.

상호의존과 평화의 관계를 논할 때 크게 세 가지 측면으로 나누어 볼 수 있다. 첫째, 심화된 상호의존적 관계는 경제적으로는 시장 메커니즘을 채택하고 정치적으로는 민주주의를 채택한 국가들 사이에서 나타난다. 따라서 상호의존과 평화의 관계는 이른바 리버럴한 국가 간의 평화라는 관점이 가능해진다. 현실적으로도 제2차 대전 이후 성립한 '평화 권역(zone of peace)'은 케네스 볼딩(Kenneth E. Boulding)이 지적한 평화의 삼각지대, 즉 일본, 미국, 유럽+오세아니아라고 하는 리버럴 스테이트(자유주의 국가)였다.[1] 칸트는 '영원한 평화'의 길은 (1) 트랜스내셔널적인 교류의 진전과 (2) '공화제(共和制)'

1) 케네스 볼딩(Kenneth Ewart Boulding), 「21세기에의 메세지 6(21世紀へのメッセージ 6)」, 『아사히신문(朝日新聞)』, 1984년 10월 17일(석간).

가 받는 위협에 대항하기 위해서 '공화제'를 채택한 국가들 사이에서 '평화 동맹'이 확대될 때 가능하다고 하였다.[2]

둘째, 상호의존이 국가의 안전보장이나 국가 간 정치 분쟁보다도 오히려 일반 시민의 욕구를 만족시키기 위한 트랜스내셔널적이고 기능적인 분야에 초점을 맞추고 있다는 관점이다. 이러한 관점은 전반적으로 '비정치적인' 기능의 분야에서 국제적인 협조, 조직을 확대하고 강화시켜 나감으로써 국제사회를 만들어 가고 서서히 권력적인 정치를 봉쇄하여 평화를 만들어 가려고 하는 것이다. 이러한 생각은 기능주의 더 나아가 신기능주의 입장과 상통한다.

셋째, 첫 번째 관점과 관련해 상호의존이 참가국들 사이에 포지티브섬 상황을 만들어낸다는 점에 주목하는 것이다. 이후에 살펴볼 비교 우위설이 그 전형적인 예이다. 이는 기본적으로 제로섬 국가 관계를 상정하는 고전적 세력균형론과 그 경제판에 해당하는 중상주의 이론에 대치되는 입장이다. 말하자면 포지티브섬 상태를 구축하여 유지하는 가운데 상호의존이 평화에 공헌할 수 있는 방안을 모색하려는 것이다.

리버럴 스테이트(Liberal State)

먼저 리버럴리즘과 평화와의 관계를 마이클 도일(Michael W. Doyle)[3]의 분석을 바탕으로 고찰해보고자 한다. 여기서 리버럴 스테이트란 자의적인 권력으로부터의 자유, 평등의 기회, 표현의 자유, 나아가서는 정치 민주적 권리가 보장되는 정치체제를 갖추며, 경제적으로도 사적 소유권, 기업활동의 자유 등이 보장되는 경제체제를 갖춘 국가이다. 물론 리버럴 스테이트라

---

2) 임마누엘 칸트(다카사카[高坂] 옮김), 『영원한 평화를 위해(永遠平和の為に)』(岩波書店, 1966) 第21刷.

3) Michael W. Doyle, "Kant, Liberal Legacies, and Foreign Affais," Part I, Part II, *Philosophy and Public Affairs* 12(3), Summer 1983, pp. 205-35, 12: 4, Fall 1983, pp. 323-53. 동저자, "Liberalism and World Politics," *American Political Science Review* 80(4), Dec. 1986, pp. 1151-69.

고 해도 자유방임주의(laissez-faire)에 가까운 보수적인 리버럴 스테이트도 존재하고, 배분 공정, 고용 보장 등에 중점을 두고 정부의 역할을 중요시하는 자유로운 리버럴 스테이트도 존재한다. 이러한 리버럴 스테이트에서는 정치적인 특징과 또 그들 사이에 전개되는 트랜스내셔널적인 교류로 전쟁 가능성이 낮아지고 나아가 '평화 권역'이 성립된다.

리버럴 스테이트가 '평화 권역'을 구성한다는 논의는 앞에서 언급한 칸트의 '영구적 평화론(Zumewigen Frieden)'으로 거슬러 올라갈 수 있을 것이다. 칸트는 우선 국가체제는 '공화제'를 채택해야 한다고 주장했다. 여기서 '공화제'란 추상적으로 말하면 (1) 도덕적인 자율성, (2) 개인주의 그리고 (3) 사회질서라고 하는 세 요소의 통합 문제를 해결한 정치사회이다. 보다 구체적으로 표현하자면 경제적인 측면에서는 사적 소유권과 시장지향 경제가 위에서 지적한 세 가치 사이의 딜레마를 적어도 부분적으로는 해결한다고 본다. 정치적인 측면에서 '공화제'란 권력분립을 수반하는 대표제 정부를 기반으로 시민법에 따라 국민의 평등성이 보장된다는 것이다. 이러한 리버럴한 '공화제'는 '평화 동맹'을 만들어낸다. 외부의 적으로부터 '공화제'를 지키고 전쟁을 방지하여 시간이 걸리기는 하지만 틀림없이 확대되어 간다. 이 '공화제'를 채택한 국가 간에는 일반적으로 호의를 갖고 외국인을 대하는 코스모폴리탄적 법이 지배적이다. 이러한 '공화제'가 일단 형성되면 개인의 권리를 존중하는 의식이 확립되어 절대주의 군주가 이익이라고 여기는 공격적 행동이 완화된다. 그리고 전쟁은 사람들의 복리후생을 해치는 행위라고 생각하게 된다.

또한 리버럴 스테이트에 있어서 정기적인 권력자 교체는 국가/정부 지도자들 사이에 계속되는 개인적인 적의(敵意)나 이에 따른 국가 간의 긴장을 차단하는 역할을 한다. '공화제'는 '공개성(publicity)'을 보장한다. 여기서 '공개성'이란 국내에서 정치 지도자가 자신을 뽑아준 사람들의 이익, 또는 정의에 따른 행동을 적어도 장기적으로 보장하는 것을 뜻한다. 또 국제적으로 발언의 자유 및 다른 나라 사람들의 정치생활에 대한 정확한 관념을 효과적으로 주고받아 서로 존중할 수 있도록 상호 이해를 돕는다. 그리고 이는 국가 간 상호협조를 가능하게 한다.

외국인을 선의와 호의를 가지고 받아들인다고 하는 룰은 통상(通商) 정신을 길러줄 것이다. 그리고 통상의 확대로 국가 간 유대 관계가 심화되면 각 국가는 전쟁을 피하려 하고 평화를 유지시켜 줄 것이다. 리버럴한 경제이론은 (나중에 자세히 다루겠지만) 이러한 트랜스내셔널적인 유대 관계가 각국이 자급자족하는 것보다 더 많은 편익을 보장할 것이라고 설명한다. 따라서 각국이 상호 간 경제적 유대 관계를 단절시키지 않는 정책을 채택하도록 도와준다. 시장개방과 교류는 장래에는 국경을 넘은 교류도 강제가 아닌 가격에 따라 이루어질 것이라는 기대를 높여 상호 안전보장의 감정을 양성시키게 된다. 나아가 국제시장이 생산과 분배라는 매우 어려운 문제를 다루고 이를 국가의 직접적 정책 범위 밖에 두는 것은 자유로운 평화를 더욱 촉진시킨다. 즉 외국 정부는 생산과 배분에 직접적인 책임이 없다는 인식이 퍼진다. 정부는 국제적 경쟁구조 틀 밖에 있으며, 일단 위기가 발생했을 경우에는 중립적 중개자로서 문제 해결에 개입할 수 있는 것이다. 나아가 통상을 매개로 한 상호의존은 관료 그리고 다양한 사회집단 간 국경을 넘은 교차적인 트랜스내셔널 유대 관계를 생성하는 데 있어서 이는 상호 협조를 촉진하는 기능을 하게 될 것이다.

리버럴 스테이트에서 성립된 상호의존이 평화로 이어진다는 의견은 몽테스키외 이래로 강하게 유지되어 왔다. (몽테스키외의 '평화는 통상이 가져다 준 당연한 결과이다'라는 말을 상기해보자). 또한 존 스튜어트 밀(John Stuart Mill)은 다음과 같이 말하고 있다.

> 통상은 처음으로 다른 나라의 부와 번영이 자국에도 이득이 된다는 것을 인식시켜 주었다. 그 전까지 애국자들은 세계 전체가 자기 나라라고 느낄 만큼 충분히 발전되어 있지 않는 한 다른 모든 나라가 약하고 궁핍하고 불안정하기를 바랐다. 그러나 현 시대의 애국자들은 타국의 부와 진보가 자국의 부와 진보를 위한 직접

요인 중 하나라고 인식하게 되었다. 평화를 가져다 줄 통상 전쟁은 통상의 관점에서 볼 때, 시대에 뒤쳐진 것으로 규정된다. 통상은 전쟁과 대립 관계에 있는 개인적 이익을 강화시키고 다각화했다. 그리고 아마 다음과 같은 상황도 과언이 아닐 것이다. 즉 세계평화를 위한 기본 보장으로서 국제적 통상이 광범위하고 급속도로 확대되면서 인류의 기본 성격, 이념 그리고 제도의 끊임없는 진보를 영원히 보장하게 될 것이다.[4)]

이러한 생각은 20세기에 들어와서도 코델 헐(Cordell Hull) 등 정치가 및 실무가들에 의해 이어졌으며 전후의 국제경제 시스템 형성에 큰 영향을 주었다(코델 헐의 "자유로운 무역은 평화로 이어지고 고관세, 무역장벽, 불공정 경쟁은 전쟁으로 이어진다"[5)]는 말을 상기하자). 또 현재에도 예를 들어 MIGA(국제투자보증기구) 초대 장관 데라사와 요시오(寺沢芳男)가 언급한 것처럼 "동서뿐만이 아니라 남북 간에도 자금이 흐르지 않는다면 세계에 진정한 평화는 찾아오지 않는다"는 주장도 그러한 표현의 하나라고 할 수 있다.[6)] 누군가가 '정보(혹은 인적자원)가 동서, 남북을 자유롭게 넘나들 때 비로소 평화가 찾아온다'고 말했다 하더라도 전혀 이상하지 않다. (단 상호의존과 평화 중 어느 쪽이 원인이고 어느 쪽이 결과인가라는 인과의 문제는 남을 것이다).

기능주의

기능주의[7)]는 국제 조직에 의한 기능적인 협력을 통해서 평화 실현을 추구

---

4) J. S. Mill, *Principles of Political Economy*, London: Longmans, 1909, Book 3, p. 582.

5) F. L. Block, *The Origins of International Economic Disorder*, Berkeley: U. of California Press, 1977, p. 40에서 인용

6) 『요미우리 신문(読売新聞)』, '인물 데라사와 요시오 씨(顔 寺沢芳男さん)' 1988년 6월 24일, 13面.

7) 기능주의에 대해서는 오쿠마 히로시(大隈宏), 「세계의 기능적 협력과 평화: 기능주의의 사상과 실천(世界の機能的協力と平和―機能主義の思想と実践―)」, 일본평화학회 편집위원회(日本平和学会編集委員会), 『평화학― 이론과 과제(平和学―理論と課題)』(早稲田大学, 1983), pp.193-223.

한다. 기능주의 평화 전략은 경제, 사회, 문화 등 비정치적, 비논쟁적인 활동영역에서 국가 간 협력—기능적인 협력을 확대 축적하는 것인데, 이것이야말로 평화로 가는 가장 현실적인 길이라고 한다. 예를 들어 언스트 하스(Ernst B. Hass)는 다음과 같이 주장한다.

> ……기능주의자는 인간의 다양한 니즈나 욕구 중 특히 정치적 범주 이외의 분야를 가려내는 데 큰 관심을 가지고 있다. 그들은 정부 활동 중에서 기술적이며 '비논쟁적'인 활동만을 분리할 수 있고, 또 그러한 기술적 · 비논쟁적 요구를 충족하여 국가 간 제도화의 네드워크를 무한대로 확대해갈 수 있다고 믿고 있다. 기능주의자는 그 첫 번째 단계로 매우 일반적인 욕구를 충족하는 데 모든 노력을 기울인다. 이는 실리적 협력 네트워크가 국가 간 관계 전체를 커버하고(이때 비로소 진정한 세계 공동체의 출현이 가능해질 것이라고 여겨진다), 이에 따라 비논쟁적인 활동영역이 정치적인 활동 영역으로 침식 · 발전한다는 기대에 바탕을 둔 것이다.[8)]

이러한 기능주의는 19세기 후반 이후 다양한 국제조직이 설립되었던 배경에서 나타났다. 1865년 국제전신(電信)연합(국제전기통신연합의 전신[前身]), 1874년 일반우편연합(만국우편연합의 전신), 1875년 국제도량형연합, 1883년 국제공업소유권 보호동맹, 1890년 국제철도수송연합이 설립되었는데, 이 조직들이 기능적 국제조직의 시초라고 할 수 있다. 그리고 이러한 경제, 사회, 문화 등 일상생활에 밀착된 활동영역을 대상으로 하는 기능적인 국제조직을 설립하려는 움직임은 20세기가 되면서 더욱 빨라졌다. 반면 이러한 조직화에도 불구하고 많은 전쟁도 잇따랐는데, 기능주의는 이러한 부정적 현실과 맞물려 성장했다.

기능주의는 제2차 대전 이후 유럽통합 움직임에 자극을 받아 탄생한 '통합이론'[9)]의 기초가 되기도 했다. (신기능주의) 즉 경제 기능분야에서의 통합

8) E. Haas, *Beyond the Nation-State: Functionalism and International Organization*, Stanford: Stanford U P., 1964, p. 6.

9) 가모(鴨), 앞의 책, 『국제 통합 이론의 연구(国際統合理論の研究)』 참조.

을 앞당겨(물론 주요 인센티브는 시장을 확대하여 경제활성화 및 경제복지 증대를 목표로 한다는 것이다) 적어도 지역 내 국가 간 평화를 단단히 다지려 했다. 그리고 단지 유럽뿐만 아니라 라틴아메리카, 아프리카 등에 경제통합을 위한 시도가 확대되었을 때 각 지역 내에서 평화가 조성되고, 이러한 과정을 통해 보다 광범위한 평화를 구축하려는 '부분에 의한 평화(peace by piece)'가 나타난 것이다.[10] 또한 신기능주의자는 비정치적 영역에서 협력 관계를 논할 때, 한 부문에서 협력이 시작되면 그 다음부터는 자동적으로 인근 지역으로 파급되어 간다는 (왜냐하면 협력의 실리가 알려지고 또 협력에 대한 학습효과 때문) 스필 오버(spill-over) 가설을 제시한다. 이러한 스필 오버 가설은 기능적 영역으로부터 정치 영역으로 퍼진다는 내용을 내포하고 있어 경제통합이 정치통합으로 이어진다고 여겨졌다. 즉 국가를 초월하는 메커니즘으로서 제시되었던 것이다.

다시 말해 (신) 기능주의의 기본 가설 중 하나는 인간이 집단을 형성하는 직접적인 계기가 욕구(Needs)의 충족이라는 기능에 있다고 보는 것이다. 즉 인간이 국가에 궁극적인 충성심을 바치는 것은 국가가 인간의 욕구(평화가치, 복지가치 등)를 충족시켜주는 존재이기 때문이라는 것이다. (신) 기능주의에서 국제조직이 국가를 대신해서 인간의 욕구를 충족시켜주면 인간은 편협한 내셔널리즘에서 벗어나 국가가 아닌 국제조직에 궁극적인 충성심을 다하게 될 것이라고 주장한다.

세계 복지

앞에서 본 것처럼 국제 관계에 대한 기본 견해 중 하나인 세력균형론적 관점에서 국가 관계는 기본적으로 제로섬(한편이 이익을 얻으면 다른 한편 혹은 누군가는 반드시 그 만큼의 손해를 본다)으로 파악한다. 이는 세력균형

---

10) J. Nye, Jr., *Peace in Parts*, Boston: Little, Brown, 1971.

론의 중심개념인 힘을 상대적인 것으로 파악한다는 점에서 여실히 드러난다. 즉 어떤 국가의 힘이 확대된다는 것은 타국에 대한 상대적인 힘이 확대된 것이며 타국의 힘은 감소했다는 것을 의미한다.

또한 경제분야에서 중상주의 혹은 신중상주의로 불리는 이론에서는 제로섬 '발상'이 강하다(예를 들어 모든 나라가 무역흑자[혹은 수출주도의 경제성장]를 도출하기 위해 행동할 경우, 한 국가가 성공하면 다른 한 국가는 반드시 실패한다. 왜냐하면 무역수지는 모두 더하면 제로가 되어야 하기 때문이다).

이와 같이 국제정치경제 시스템을 기본적으로 제로섬 '발상'으로 보는 견해에서 적어도 경제분야의 국가 간 통상 등 경제 교류가 포지티브섬이며, 나아가 경제 교류가 커질수록 쌍방의 이익이 커진다는 '발상'을 정식화한 것이 비교 우위설이다. 앞 장에서 에드워드 모스는 이러한 국제정치경제 시스템을 '제로섬' 관점에서 탈피하여 '포지티브섬'이라고 보는 '발상' 전환이 상호의존론의 근거라고 보았다. 또한 이것은 '영토 시스템'에서 '통상 시스템'으로의 전환을 주장한 로제크란스[11]의 국제시스템 전환론으로 이어진다.

이미 알고 있는 독자도 많이 있겠지만 비교 우위설의 가장 간단한 예를 들어 보자.

우선 A국, B국이 있다고 가정하자. X, Y 두 개의 상품을 가정하여 A국에서는 X를 1단위만큼 만드는 데 2명의 노동자가 필요하고 B국에서는 6명이 필요하다. Y를 1단위 만들려면 A국에서는 4명, B국에서는 2명의 노동자가 필요하다고 가정해보자. 상품의 가격은 각국에서 생산 시 필요한 노동자 수에 비례하는 것으로 한다(이상의 설명은 〈표 2-1〉의 (가)를 참조할 것). A국에서는 X 1단위로 Y 0.5단위를 얻을 수 있다. 그러나 A국과 B국과의 사이에 물물교환이 성립되었다면 A국은 X 1단위를 B국으로 가지고 가면 Y를 3단위

11) Rosecrance, 앞의 책, *The Rise of the Trading State*.

얻을 수 있다. 그 Y 3단위를 자국(A국)에 가지고 돌아가면 6천 엔에 팔린다. 원래의 X 1단위는 천 엔이었으므로 A국의 업자는 큰 이익을 얻게 된다. A국은 X에, B국은 Y에 비교 우위를 갖고 있기 때문에 B국은 Y를 A국에 수출함으로써 이익을 얻을 수 있다.

다음으로 A국의 노동 인구를 600명, B국의 노동인구를 1,200명이라 가정해보자. 우선 A와 B국 사이에 무역거래가 없다는 전제에서 양국 모두 자국에서 생산하여 얻을 수 있는 소득의 반을 X에, 나머지 반은 Y에 소비하는 것으로 하자. 그렇다면 B국은 X를 100단위(계 1,200달러), Y를 300단위(계 1,200달러)를 생산해 소비한다. A국은 X를 150단위 (15만 엔), Y를 75단위 (15만 엔) 생산해 소비하게 된다. 따라서 A국의 총소득은 30만 엔, B국의 전체소득은 2,400달러가 된다(〈표 2-1〉의(나)를 참조할 것).

〈표 2-1〉 간단한 무역 모델

<table>
<tr><th></th><th colspan="3"></th><th>A국</th><th>B국</th></tr>
<tr><td rowspan="3">(가)</td><td colspan="3">상품 X의 1단위를 필요로 하는 노동</td><td>1,000엔
2명</td><td>12달러
6명</td></tr>
<tr><td colspan="3">상품 Y의 1단위를 필요로 하는 노동</td><td>2,000엔
4명</td><td>4달러
2명</td></tr>
<tr><td colspan="3">노동 인구</td><td>600명</td><td>1,200명</td></tr>
<tr><td rowspan="2">(나)</td><td rowspan="2">무역없음</td><td>생산
‖
소비</td><td>X
Y</td><td>150단위
75단위</td><td>100단위
300단위</td></tr>
<tr><td colspan="2">소득</td><td>30만 엔</td><td>2,400달러</td></tr>
<tr><td rowspan="5">(다)</td><td rowspan="5">무역있음</td><td>생산</td><td>X
Y</td><td>300단위
0</td><td>0
600단위</td></tr>
<tr><td>소비</td><td>X
Y</td><td>150단위
300단위</td><td>150단위
300단위</td></tr>
<tr><td>무역</td><td>X
Y</td><td>150단위 수출
300단위 수입</td><td>150단위 수입
300단위 수출</td></tr>
<tr><td colspan="2">소비 증가분(전체)</td><td>Y 225단위</td><td>X 50단위</td></tr>
<tr><td colspan="2">총소득</td><td>75만 엔</td><td>3,000달러</td></tr>
</table>

그러나 A국과 B국 간에 완전한 자유무역이 가능하다고 가정하고 A국의 기업, B국의 기업은 각각 편익의 최대화를 목표로 행동한다고 가정하자. 그러면 A국은 비교우위를 가지는 상품 X를 특화하고 B국은 Y를 특화할 것이다. 그렇게 되면 A국은 X를 300단위, B국은 Y를 600단위 생산하게 된다. 소비는 자국에서 생산된 것에서 얻을 수 있는 소득을 반반씩 X와 Y에 사용한다고 가정한다. 따라서 A국은 X를 300단위 생산하였으므로 그 반의 150단위를 소비하고 나머지 150단위를 B국에 수출한다. B국은 Y를 600단위 생산하였으므로 그 반의 300단위를 국내에서 소비하고 나머지 300단위를 A국에 수출한다. 여기서 A국은 X를 150단위 수출하고 B국으로부터 Y를 300단위 수입할 수 있기 때문에 A국의 '교역조건'은 매우 좋다.

결과적으로 A국과 B국으로 성립된 사회에서 생산요소(노동 인구)가 일정하다고 해도 X가 50단위, Y가 225단위 많이 생산(=소비)되어 전체 복지가 증대한 것이 된다. 그리고 양국에 X, Y 가격이 변하지 않는다고 하면 A국의 '총소득'은 75만 엔, B국의 '총소득'은 3,000달러가 되어 각각의 '총소득'은 증대된다. 이와 같이 무역이라는 장치를 매개로 하는 국가 간 관계는 제로섬이 아니라 명백하게 포지티브섬이다.

여기서 상세한 설명은 생략하나 국제무역론에서 자주 논의되는 세 가지 정리(定理, theorem)를 소개하고자 한다. 그 중 둘은 헥셔-오린-사무엘슨의 정리(Hechscher-Ohlin-Samuelson Theorem)로 불리는 것이고(이하 ①, ②), 다른 하나는 스톨퍼-사무엘슨(Stolper-Samuelson Theorem)의 정리로 불리는 것이다(이하 ③). 이 세 가지 이론은 각국의 동일한 생산요소와 완전경쟁 등 몇 가지 엄격한 조건 아래서 성립된다.[12)]

---

12) 예를 들어 아베 기요시(阿部清司), 『국제경제 상호의존론(国際経済相互依存論)』(税務経理協会, 1983), 제3장.

① 각국은 상대적으로 풍부하게 부존된 생산요소를 집약적으로 이용하는 재화(goods)에 비교우위를 갖는다. 예를 들어 자본이 풍부한 나라는 생산에 자본을 다량으로 사용하는(=자본집약적) 생산물을 수출하고, 노동이 풍부한 나라는 노동집약적 생산물을 수출한다.

② 무역에 의해서 생산요소의 가격(임금, 자본이자)이 국제적으로 균등화된다. 자본이나 노동의 국제적 이동이 없어도 ①과 같은 무역을 매개로 요소가격[13]이 각국 간 동일해진다.

③ 무역의 확대는 그 나라에 풍부한 생산요소의 보수(報酬)를 높이며 희소한 생산요소의 보수를 낮춘다.

미완의 이념

위에서 상호의존과 평화와의 관계를 다루는 리버럴리즘, (신) 기능주의 그리고 포지티브섬 이론(비교우위설)을 소개했다. 이 이론들은 특히 고전 이론인 세력 균형적 국제정치관과는 대조적이었다. 물론 이러한 논의에 여러 문제점들이 있는 것이 사실이다. 여기서는 이러한 논의 중 몇 가지 중요한 문제점을 지적하고자 한다.

먼저 리버럴 스테이트(자유주의 국가) 간 평화의 문제점은 과연 이러한 평화가 어떻게 '비(非)리버럴 스테이트'까지 평화가 확장될 수 있는가라는 점이다. 이에 대하여 리버럴 스테이트와 비 리버럴 스테이트 사이에도 상호의존하며 이는 다른 체제를 가진 국가와의 관계를 보다 평화적으로 유지하는 데 긍정적으로 작용한다고 답할 수 있다. 즉 상호 경제이익 촉진이나 교류 자체가 플러스가 된다는 것이다(단, 통상 등 '경계선상'의 교류뿐만 아니라 기업활동 등을 포함한 자유로운 트랜스내셔널적인 교류는 리버럴 스테이트 사이에서만 가능한 것일지도 모른다). 한편 체제가 다른 국가 간에 있어서의 트랜스내셔널적인 교류 증대는 오히려 이해 관계를 얽히게 하여 바

13) 재화 · 용역의 생산에 관계되는 생산요소로서의 지급액.(역자주)

람직하지 않다는 주장도 있다. 이러한 주장은 케네스 월츠(Kenneth Waltz)[14]의 이론이 대표적이다.

또한 기능주의 관점에서 보았을 때, 과연 정치 영역과 비논쟁적 기능 영역을 구별할 수 있을까에 대한 문제를 지적할 수 있다. 예를 들어 현재 논의되는 지적소유권 문제는 WIPO(세계지적재산권기구) 등 국제기구에서도 다루기 때문에 기능적이라 할 수 있지만, 이 또한 지극히 정치적, 논쟁적인 것이기도 하다. 또한 설령 기능 분야에서 국제기구 역할이 커진다고 하더라도 과연 정치적 논쟁을 배제할 수 있을지도 의문이다. 또 신기능주의자가 말하는 지역 내 평화 혹은 정치통합이 세계평화로 이어진다고도 할 수 없다. 만약 EC(European Community: 유럽공동체)가 정치적으로 통합된다면 이는 세계적 힘의 균형을 크게 변화시킬 것이다. 그리고 이 통합이 세계를 보다 평화로운 방향으로 이끌 것인지는 명확하지 않다.

이들 세 이론에 공통된 문제점은 국제적 · 경제적인 격차를 어떻게 해결할 것인지(적극적인 평화)에 대한 비전이 명확하지 않다는 것이다. 물론 트랜스내셔널적인 교류의 확대는 경제수준의 차이에도 불구하고 모든 나라의 복지수준을 높이고 국경을 초월한 관료 간, 국민 간 유대 관계를 형성하여 평화를 이루어낼 것이다. 그리고 시간이 걸릴지는 모르겠으나 자유방임주의와 시장 메커니즘에 따른 자유로운 경제교류가 궁극적으로는 요소가격을 균등화시켜 격차를 해소하는 역할을 할 것이라는 견해도 있다. 그러나 단기적으로 보았을 때 시장 메커니즘은 약자에게 불리한 구조이므로 생활수준 격차 문제는 여전히 남아있을 것이다.

다음으로 이들 세 관점이 경제, 사회, 문화 등에 대한 세계 복지 증대뿐 아니라 세력 균형적 세계에 어떻게 피드백 할지도 생각해보아야 할 것이다. 국

14) 케네스 N. 월츠(Kenneth N. Waltz), 「국가 간 상호의존이라는 신화(国家間相互依存という神話)」, C. P. 킨들버거 편(후지와라[藤原] · 와다[和田] 옮김), 『다국적기업(多国籍企業)』(日本生産性本部, 1971), 第8章.

가는 국민소득에 세금을 부과하고 이를 재원으로 국제적 권력정치를 행사한다. 그러면 통상에 따라 소득이 증대되는 나라와 그렇지 않은 나라 사이에는 상대적인 힘의 관계가 변화하게 된다. 예를 들어 〈표 2-1〉과 같이 A국은 통상을 통해 '총소득'을 배로 늘린데 비해 B국은 25%에 그친다. 제로섬을 바탕으로 하는 세력 균형적 시점에서 보면 통상으로 힘을 증대시킨 것은 A국이며 B국은 상대적으로 힘이 감소한 것이다.[15]

마지막 문제는 이러한 논의에서 보이는 가정 혹은 인과 관계가 과연 현실과 일치하고 있는가라는 점이다. 예를 들어 민주주의 국가에서는 전쟁이 발생하지 않을 것이라든가, 상호의존이 진전되면 보다 평화로워진다든가, 혹은 기능 분야에서 국제 조직이 계속 형성되면 보다 평화로운 세계가 구현된다든가 하는 가정은 과연 '사실'일까. 이러한 명제의 실증적인 검증은 매우 어렵다. 예를 들어 칸트는 '공화제'를 바탕으로 한 '영원한 평화'가 만들어지기까지는 많은 시간이 걸리고 또 그 과정에서 계속 우왕좌왕할 것이라고 주장했다. 또한 민주주의, 상호의존 등의 기본 개념을 현실에 적용할 때 어떻게 이해할 것인가도 실증 연구에서 커다란 문제가 되는 등 염두에 두어야 할 것이 적지 않다. 하지만 마틴 돔케(Martin Domke)[16]는 (1) 정치체제, (2) 상호의존, (3) 국제기구가 어떻게 전쟁을 억제하며 평화를 촉진하는지에 대한 '통계'를 체계적으로 분석하였다. 그 결과 상호의존도(대외의존도)가 큰 나라일수록 전쟁에 참가할 확률이 적다는 것을 발견할 수 있었다. 단 정치체제와 국제기구가 전쟁억제 요인으로 유용하게 작용한다는 결과는 얻지 못하였다. 그러나 루돌프 러멜(Rudolph J. Rummel)[17] 등의 연구에서는 민주주의

15) 이 점을 지적한 논문으로서 Grieco, J. M., "Anarchy and the Limits of Cooperation," *International Organization*, 42(3), 1988, pp. 485-50.

16) W. K. Domke, *War and the Changing Global System*, New Haven: Yale U. P., 1988.

17) R. Rummel, "Libertarianism and International Violence," *Journal of Conflict Resolution* 27, March 1983, pp. 27-31.

체제 국가들은 그렇지 않은 국가들보다 전쟁에 참가할 확률이 낮다는 '통계' 분석결과를 발표했다. 또 상호의존에 있어서의 다양한 국제 기구(GATT와 같은 공식적이며 세계적인 것에서부터 경제서미트 혹은 아세안 등까지)는 직접적으로는 군사적인 측면과 관련되어 평화를 유지하는 역할은 하지 않는다 하더라도 각국의 국익 충돌을 조정하고 상호의존 구조를 구축할 때 중요한 역할을 한다. 이러한 역할은 적어도 간접적으로 세계평화에 공헌하는 것이라고 할 수 있다.

2. 협조와 분쟁의 원형

만약 상호의존을 통해 세계 복지가 향상되고 그 영향으로 평화가 지속된다면 국제 관계에서 상호의존 관계를 진전시키기 위한 협조체제가 지배적이 될 것이며, 상호의존은 그냥 '방치'해두어도 증대될 것이다. 그러나 현실적으로는 상호의존 그 자체를 둘러싼 국가 간 분쟁에는 심각한 어려움이 있다.

이 절에서는 이러한 상호의존이 진전하면서 발생하는(혹은 여기에 함의된) 몇 가지 문제점을 지적해보고자 한다.

교류에 의한 분쟁과 협조— 야마카게 교수의 모델[18]

자유로운 경제교류 증대는 쌍방에 이익을 가져다 준다. 그러나 (적어도 단기적으로는) 큰 비용이 드는 것이 사실이다. 예를 들어 수입이 증가하면 국내에 실업이 발생한다고 하는 조정비용(cost)이 자연히 발생할 것이고, 급

18) S. Yamakage, "International Interdependence and Conflict: A Two Actor Model of a Transaction with an Application to Japanese-Southeast Asian Relations".

격한 직접 투자의 증대는 이에 반발하는 내셔널리즘을 낳을 것이다. 자유로운 경제 교류에서 발생하는 이익은 보통 평등하게 분배된다고 하더라도 보다 많은 이익을 얻는 집단과 그렇지 않은 집단이 발생한다. 비용에 있어서도 일반적인 것(예를 들어 상호의존 증대에 따른 안전보장상의 문제)과 비용을 많이 부담하는 집단(수입과 경쟁하는 산업 노동조합 등)과 그렇지 않은 집단이 존재한다. 이와 같이 국내에는 다양한 집단이 존재하는데, 여기에서는 각 국가가 경제교류와 관련하여 '국가단위'로 이익과 비용을 판단할 수 있다고 가정하자. 이러한 관점을 바탕으로 상호의존의 분쟁과 협조 메커니즘을 모델화한 것이 야마카게 스스무(山影進) 교수이다.

우선 두 개의 나라 A, B국 간 경제교류를 생각해보자. A(B)는 이 경제교류를 통하여 이익도 얻고 비용도 지불한다. 여기서 단순히 A가 얻는 이익은 경제교류가 증가하면 할수록 커진다고 가정하자. 단 그 이익의 증가분은 경제교류가 증가함에 따라 작아진다고 가정한다. 비용도 경제교류가 증가하면 할수록 커지지만 증가분은 이익과는 반대로 경제교류가 증가하는 만큼 가속적으로 커진다고 전제한다.

물론 이러한 가정은 극단적으로 단순화한 것이지만 상당히 짧은 기간을 대상으로 분석한다면 어느 정도 현실을 반영할 수 있을 것이다. 그렇다면 A의 이익과 비용은 〈그림 2-1〉과 같이 표시할 수 있다. 이익에서 비용을 뺀 순이익은 점선으로 표시되어 있다. 국가・정부가 만약 합리적(행위자)이라면 순이익을 최대로 만들기 위해 행동할 것이며, 최대 순이익을 보증하는 교류량 t^*를 달성하고자 할 것이다. 즉 A는 교류의 양이 t^*보다 작을 경우에는 교류의 양을 증대시키려 하고, 교류의 양이 t^*를 넘었을 경우에는 교류의 양을 (t^*까지) 축소시키려 할 것이다. 교류의 양이 증가하여 비용과 이익이 같아지는 t^0에서는 순이익이 제로가 되어 교류가 전혀 없는 경우와 같아진다. 그리고 교류의 양이 t^0를 넘으면 순이익은 마이너스가 된다.

〈그림 2-1〉 교류의 양과 이익 및 비용

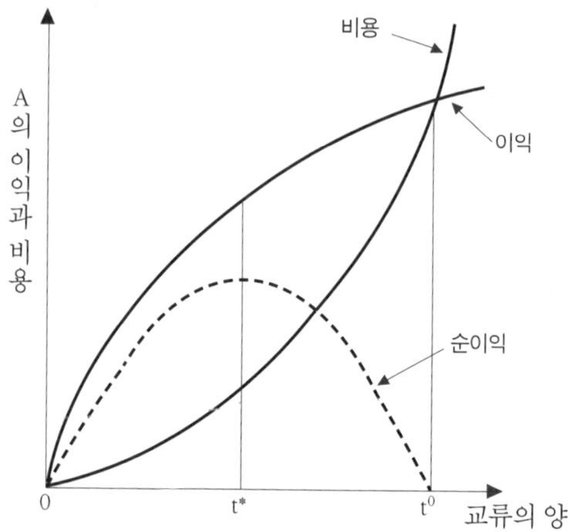

그런데 문제는 국가마다 경제교류에서 얻는 순이익이 다르다는 것이다(교류에 의한 순이익이 같거나 아니면 순이익이 최대가 되는 교류량 t*가 양국 모두 같으면 교류량은 t*에서 균형이 유지될 것이다). A와 B 양국 간 교류에 대한 순이익이 다른 경우의 예는 〈그림 2-2〉에 표시되어 있다. A의 경우 t_A*지점이 순이익을 최대로 얻을 수 있는 교류량이 될 것이며, P는 순이익이 제로가 되는 지점이고 그 이상 교류가 증가하면 순이익이 마이너스가 된다. t_B*는 B의 순이익이 최대가 되는 지점이며, Q는 B의 순이익이 제로가 되는 지점이다.

〈그림 2-2〉 순이익이 다른 2국 간의 예

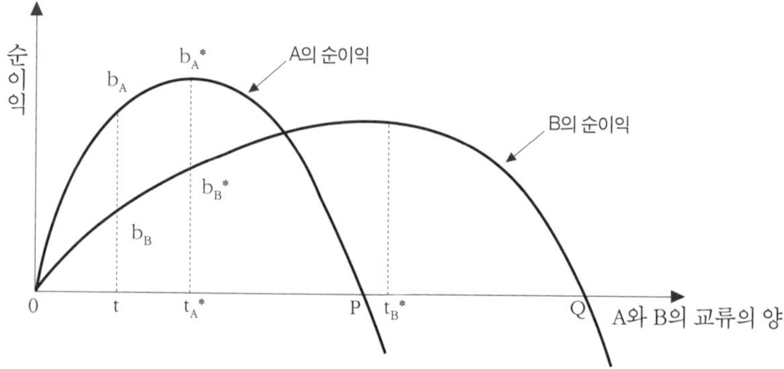

〈그림 2-2〉에서 다음을 알 수 있다. 첫째, 실제 교류량이 t_A^* 이하일 경우, 교류량을 t_A^*까지 증가시키는 것은 쌍방 모두에 이득이다. 따라서 A와 B는 서로 협력하여 다양한 수단을 통해 교류를 증가시킬 것이다. 또한 교류량이 t_B^* 이상이 되었을 경우에는 쌍방 모두 교류량을 감소시키는 것이 이득이다.

그런데 교류량이 t_A^*와 t_B^* 사이에 있을 경우, 교류량이 증가(감소)하면 B의 순이익이 증가(감소)하지만 A의 순이익은 감소(증가)한다. 즉 t_A^*와 t_B^*의 사이는 어느 방향으로 이동해도 양쪽 모두가 이익을 얻을 수 없게 되는 파레토 최적(Pareto optimum)의 영역이 된다. 이 영역에서 A는 교류량을 감소시키려 할 것이고 B는 증가시키려 하기 때문에 양국 간에 큰 분쟁이 일어난다. 그 결과는 A, B 양국의 정치적 힘의 관계로 정해지는 경우가 많을 것이다. 특히 B국이 정치적으로 강하여 P와 t_B^* 사이의 교류량을 설정하게 되면 A의 순이익은 마이너스가 되고 B를 향한 A의 불만은 매우 커지게 될 것이다. 따라서 B는 교류량을 가능한 t_B^*에 가깝게 하기 위하여 A에 교류량 증가에 따라 감소하는 순이익을 보충해주고 그 외의 '보수'를 지불하는 등 A의 이익증가를 위해 정치 분쟁을 완화시키는 정책을 취할 가능성이 있다.

이와 같이 〈그림 2-2〉는 경제 교류 증가로 쌍방 모두가 순이익을 얻어 원활하게 상호의존으로 진전될 가능성(t_A^*까지)과 상호의존이 진전됨에 따라 협조가 아닌 분쟁이 표면화할 가능성(t_A^*와 t_B^* 사이)이 함께 존재하는 것을 나타내고 있다. 물론 〈그림 2-2〉와 같은 이해 관계는 단기적인 것이다. 장기적으로 보면 교류 증가를 통해 다양한 비용(예를 들어 수입증가에 따른 실업)이 완화되어 교류에서 얻는 순이익이 증가될 것이다. 그렇다면 시간이 지나면 순이익이 최대가 되는 지점은 〈그림 2-2〉의 오른쪽으로 이동하고 교류량은 증가할 것이라 생각한다.

3. 상호의존의 발전단계와 유형

국가 간 트랜스내셔널적인 교류가 각국의 경제적 복지수준을 향상시키고 혹은 사람들의 욕구를 폭넓게 충족시켜준다고 가정한다면 트랜스내셔널적인 교류는 협력과 분쟁을 동반한다고 해도 보다 자유롭고 광범위하게 확대되어야 할 것이다. 결과적으로 트랜스내셔널적인 교류는 (제도 · 정책의) 자유화→교류량의 확대→국민경제 시스템 간 밀접화라는 상호의존을 거쳐 발전할 것이다. 물론 그 발전은 단편적이거나 일방적인 것이 아니다. 예를 들어 교류량이 확대됨에 따라 (정치적으로) 부정적인 효과가 발생한다면 교류를 다시 제한적으로 조정할 것이다. 또한 트랜스내셔널적인 교류라 하더라도 상품, 자금, 인적자원 등 다양한 교류 과정에서 각각 독자적인 문제도 발생할 것이다. 여기서는 이런 문제를 염두에 두고 상호의존의 발전단계와 유형에 대하여 고찰해보고자 한다.

트랜스내셔널적인 교류에 대한 통제장치

트랜스내셔널적인 교류에는 상품, 자금, 서비스, 정보, 인적자원 등 다양한 분야가 있다. 그리고 각 분야는 다양한 (국가 단위의) 통제장치(국경 조정 조치)가 있다. 예를 들어 상품과 관련해서는 관세, 보조금, 수량제한 등 다양한 통제장치가 있다. 화폐에도 다양한 외환관리의 형태가 존재할 것이다. 이렇게 각 국가들은 교류에 일정한 장벽을 두고 있는 것이 일반적이다.

그러나 제2차 세계대전 후 먼저 통상분야에서 장벽(저해요인)이 사라지기 시작했다. 이어서 특히 변동환율제로 바뀌면서 외환관리 자유화를 계기로 화폐에 관한 장벽이 제거되기 시작했고, 1970년대부터 1980년대에 화폐 분야에서 상호의존이 급격히 증대되었다. 나아가 주요국들이 금융, 증권, 전기통신 분야의 자유화를 추진하면서 서비스 분야, 정보 분야에서 국경을 넘은 교류를 위해 장벽을 제거하라고 요구하기에 이르렀다. 하지만 현재 인적자원 교류에 있어서는 국가주권과 관련되어 있어 모든 국가가 외국인 노동자에 대해서는 엄격한 장벽을 두고 있는 것이 일반적이다. 그러나 EC(유럽공동체)의 '완전통합'을 위해서는 인적자원의 자유로운 이동이 필수적이며, 우루과이라운드의 서비스 무역자유화를 위해서는 인적자원의 이동이 필요하다는 점에서 특히 개발도상국 측으로부터 인적자원 이동의 자유화가 요구되어지고 있다.

여기서 트랜스내셔널적인 교류는 상품→자금→서비스→정보→인적자원의 순서로 전개된다고 가정해보자. 앞에서 언급한 바와 같이 각 분야에는 '자유화 수준'이라는 것이 있다. 예를 들어 상품을 교류할 때 관세가 비싸고 엄격하게 수량을 제한하며 수입절차도 복잡하여 자유화에 관해 후진적인 국가가 있는가 하면 이러한 제약을 대부분 철폐하여 철저히 자유화가 진행된 국가도 있을 것이다. 여기에서 상품→자금→서비스→정보→인적자원이라는 순서를 가정하고 또 단순화시키기 위하여 각 분야의 교류를 자유와 제한이라는 이분법으로 나누어 고찰해보자. 그 결과 〈표 2-2〉와 같은 결론을 얻을 수 있었다.

〈표 2-2〉 트랜스내셔널적인(trans-national) 교류의 스케일

	상품	자금	서비스	정보	인적자원
I^0	×	×	×	×	×
I	○	×	×	×	×
II	○	○	×	×	×
III	○	○	○	×	×
IV	○	○	○	○	×
V	○	○	○	○	○

○: 자유 ×: 제한

〈표 2-2〉는 각 국가별 상태를 나타낸 것이라 생각해도 좋고, 몇몇 국가들 간 상호 관계(국제시스템)라 상정하여도 좋을 것이다. 우선 이를 국가별 상

태로 본다면 I^0는 '쇄국'을 나타내고 '자급자족' 정책을 취하는 나라가 된다. 이에 반해 V는 기본적으로 모든 분야에서 자유화를 완료한 국가를 나타내며 현재는 존재하지 않는 국가상태라 할 수 있다. 대다수 선진국은 II단계에서 III, IV 단계로 이행되는 단계에 있다고 할 수 있다. 러시아의 경우는 I^0에서 I로 이행하는 단계에 있다고 할 수 있을 것이다. 이렇게 교류 통제장치라는 관점에서 보면 다양한 수준의 국가들이 혼재되어 있음을 알 수 있다. 상호의존의 진전은 I^0단계에서 I단계로의 이행을 의미할 수도 있고 또는 IV단계에서 V단계로 이행하는 발전단계를 의미할 수도 있다.

〈표 2-2〉를 일정한 그룹의 국가 간의 관계(국제시스템)로 가정해보자. 그러면 V단계에 있는 국가 관계는 예를 들어 한 국가 내의 각 지역 (일본의 경우 도도부현[都道府県]) 간 관계와 같으며 '완전하게 통합'된 형태라고 할 수 있을 것이다. 현재 EC의 '완전통합'에서 추구하고 있는 것이 바로 이러한 V단계이다.

트랜스내셔널적인 교류량의 확대와 대외의존

〈표 2-2〉는 트랜스내셔널적인 교류의 '제도적' 그릇을 의미하며 여기서 제시한 I^0, I, III…라는 각 레벨과 교류량과의 관계는 직선적인 것은 아니다. 예를 들어 장벽이 동일하다 하더라도 각국의 국내 경제가 확대되면 상품의 교류는 확대될 것이다. 반대로 다른 조건이 일정하다면 장벽이 낮아질수록 트랜스내셔널적인 교류의 양은 증대한다고 할 수 있다.

교류량의 증대는 그 자체로 상호의존의 한 지표가 될 것이다. 특히 한 국가의 경제가 대외 교류에 얼마나 의존하고 있는가가 하나의 시사점이 될 것이다. 예를 들어 경제규모에서 수출이 차지하는 비중은 그 나라 고용상태가 해외시장에 어느 정도 의존하는지를 나타낸다. 또한 해외에서 들어오는 투자가 차지하고 있는 비중은 그 나라 경제발전이 해외자본에 어느 정도 의존하고 있는지를 나타낸다. 이러한 '대외의존'의 정도는 다른 국가들과 어느 정도 상호의존하고 있는지를 나타내는 것이며 세계 전체로 볼 때 각국의 '대외의존' 정도가 평균적으로 높아질수록 상호의존 상태가 진전되고 있다고 할 수 있다.

그러나 각국 경제가 트랜스내셔널적인 교류에 의존하는 정도는 각각 다르다. 어떤 나라는 다른 나라에 크게 의존하고 있을 것이며 또 어떤 나라는 그다지 의존하지 않을 수도 있다. 또 의존의 정도는 분야에 따라서도 다르다. 일반적으로 다른 조건이 동일할 때 경제규모가 클수록 '대외의존'의 정도는 작다. 예를 들어 미국이나 일본 등의 대외의존도(예를 들어, 수출/GNP)는 경제규모가 작은 나라에 비해 낮다. 그러나 일본의 경우 석유의 대외의존도는 매우 높다. '대외의존'은 분야뿐만 아니라 상대국이 몰려 있는 경우도 있고 분산화되어 있는 경우도 있다. 또한 상품, 자금, 서비스, 정보, 인적자원 등 각 분야에 있어서도 '대외의존도'가 다르다.

'대외의존' 정도는 국가에 따라서 높은 나라와 낮은 나라가 있으며 동시에 양국 간 혹은 트랜스내셔널적인 교류에서 대칭적인 경우도 있고 비대칭적인 경우도 있다. 예를 들어 A국은 B국에 (상품 혹은 자금, 기타 등을) 의존하지만, B국은 A국에 그다지 의존하지 않는 비대칭적인 '대외의존'도 있으며, B국도 A국에 동일한 정도로 상호의존하는 대칭적인 '대외의존'도 있다. 트랜스내셔널적인 '대외의존'의 네트워크를 살펴보면 몇 개의 유형으로 나누어 볼 수 있다. 그 예를 〈그림 2-3〉과 같이 나타낼 수 있다.[19] 〈그림 2-3〉의 왼쪽 그림은 '대외의존'이 대칭하는 국가 관계를 나타낸 것이다. 이것은 어떤 의미에서 상호적인 '대외의존' 구조를 성립하고 있다. 〈그림

19) 이러한 의존 구조를 데이터에 기반하여 분석한 것으로 예를 들어 우라노 타쓰오(浦野起央) 외, 「변화하는 상호의존 세계의 실상(変化する相互依存世界の実像)」, 『아시아 경제(アジア経済)』 22巻 3号, 1981년 3월, pp.2-34이 있다.

2-3〉의 오른쪽 그림은 B, E는 A에 의존하고 C, D는 B에, F, G는 E에 의존하고 있는 계층적인 '대외의존'을 나타내고 있다. 여기서 C, D, F, G의 경우는 '상호'적이 아닌 '일방적'인 대외의존 구조가 성립되는 것이다.

'대외의존'의 네트워크는 다양한 요인에 의해 결정된다. 국가 규모를 포함한 생산요소의 부존 정도에 영향을 받을 수도 있고, 타국의 상품, 자금 등을 자유롭게 받아들이는 제도(예를 들어 경제적 지역통합)에도 영향을 받게 된다. 또한 이를 통하여 경제블록을 파악할 수 있다.

〈그림 2-3〉 대외 의존의 구조

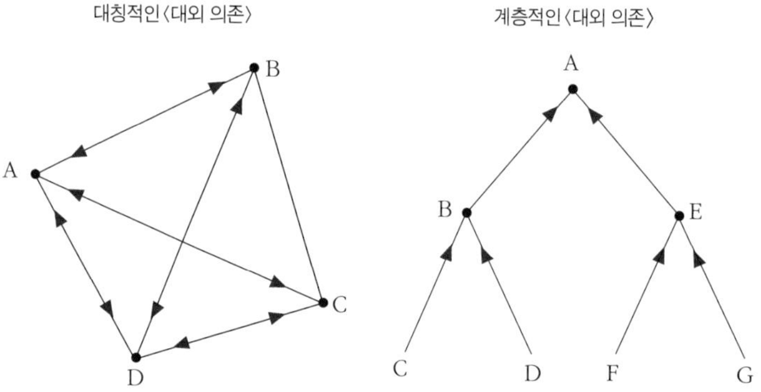

구조적 상호의존

트랜스내셔널적인 교류 증대와 '대외의존'의 심화는 '구조적 상호의존'이라고도 표현할 수 있다. 즉 각국의 경제는 상호 '의존' 및 '동시성(synchronization)'이 강화된다. 한 국가의 경제가 성장하면 상품의 흐름을 통하여 다른 국가 경제를 성장시킬 것이다. (전기) 통신 분야의 발전과 자유화는 경제 흐름 정보가 순식간에 세계에 퍼지고 자금을 유동시켜 환율에 반영한다. 각국의 고용은 더욱 해외시장에 의존하게 되고 물가 또한 국경을 넘어 '전도(伝導)'된다. 그런데 '대외의존'과 마찬가지로 '구조적 상호의존'에도 대칭적인 것과 비대칭적인 것이 있다.

우선 일반적으로 비대칭적 '대외의존'의 가장 큰 요인은 경제규모(예를 들어 GNP규모로 측정된 것)일 것이다. 물론 경제규모가 서로 다른 국가 간 경제교류(예를 들어 무역)는 경제규모가 작은 나라에 보다 많은 이익을 가져다 준다는 점은 주지의 사실이다. 그러나 국민경제의 연계성을 감안할 때 경제규모 차이에 따른 비대칭적 '대외의존'은 국민경제 간의 상호 영향력에 비대칭성을 초래할 것이다. 예를 들어 규모가 작은 나라가 규모가 큰 나라에 의존하고 있다고 하자. 규모가 작은 나라의 경제(예를 들어 경제성장)는 트랜스내셔널적인 교류를 통해서 규모가 큰 나라의 경제동향에 의해 크게 좌우될 것이다. 그러나 그 반대상황은 성립되지 않는다. 이러한 경우 규모가 큰 경제는 프랑수아 페로(Francois Perroux)가 주장하는 '지배적 경제(dominant economy)'라고 할 수 있다.[20] 예전에 자주 언급되었던 '미국이 재채기를 하면 일본은 폐렴을 일으킨다'는 표현은 이러한 관계를 잘 나타내고 있다. 비대칭적 관계는 '지배적 경제'가 규모가 작은 경제의 생사여탈(生死與奪) 권한을 쥐고 있다는 의미가 되며 이러한 구조 자체가 윤리적으로 비난 받을 여지가 있다. 그러나 경제규모는 인간이 마음대로 조정할 수 있는 것이 아니다(국가는 탄생 시초부터 불평등한 것이다). 따라서 경제규모 차이에서 생기는 비대칭적 '대외의존'은 당연한 것으로 생각하지 않을 수 없다. 이를 바탕으로 '지배적 경제'와 이에 의존하는 경제 사이의 이익 균형을 생각해야 한다. 이때 중요한 것은 '지배 경제'가 자신의 경제 안정을 추구하면서 동시에 이에 의존하는 작은 규모 경제에 끼치는 영향을 고려하면서 행동해야 한다는 윤리가 필요하다는 것이다. ('대국' 및 '소국'에 관한 설명은 4장을 참조).

물론 '구조적 상호의존'은 대칭적인 것이 될 수도 있다. 이는 트랜스내셔

---

20) F. Perroux, "An Outline of a Theory of the Dominant Economy," in G. Modelski, ed., *Transnational Corporations and World Order*, San Francisco: W. H Freeman, 1979, Chap. 8.

널적인 교류 증대와 심화에 따른 각국의 국민경제 시스템의 영향이 상호적이라는 것이다. 즉 한 나라의 경제성장은 다른 나라 경제에 영향을 주며 그 반대의 경우도 가능한 관계를 말한다. 일반적으로 상호의존이란 이러한 대칭적인 '구조적 상호의존'을 가리킨다. 그러나 '대외의존'에는 정도의 차이가 있으며, 또한 현재 국제시스템에는 경제규모의 차이가 큰 국가들이 병립하고 있기 때문에 모든 나라를 포함한 대칭적인 '구조적 상호의존'은 존재할 수 없다. 세계적으로 보면 단지 어느 특정 그룹이 속한 국가들 사이에 대칭적인 '구조적 상호의존'이 있으며 이 그룹과 다른 국가들 사이에는 비대칭적인 '구조적 상호의존'이 나타난다.

정책(행위) 레벨의 상호의존

'구조적 상호의존'에서는 트랜스내셔널적인 교류 증대와 심화에 따른 국민경제 간의 상호영향을 지적했는데, 그 중에서도 특히 각국이 채택하는 정책(목적과 수단)들의 상호작용 및 의존에 주목한 것이 '정책의 상호의존'이다. 예를 들어 한 국가가 재정을 확대하여 경제가 성장하고 수입이 증가했다고 하자. 그러면 다른 국가도 그 나라에 수출을 늘려 정책의 목적 중 하나인 경제성장이 촉진된다. 그 반대상황도 일어날 수 있다면 각국은 서로 정책적으로 협조하여 각국의 목적을 달성하려 할 것이다. 이러한 '정책 상호의존'은 기본적으로 대칭적인 '구조적 상호의존'을 상정한다. 왜냐하면 비대칭적인 '구조적 상호의존'에 있어서는 규모가 큰 국가의 경제행동이 규모가 작은 국가에 큰 영향을 주지만 그 반대상황은 일어나지 않기 때문이다. 따라서 정책 협조는 의미가 없다.

대칭적인 '구조적 상호의존'과 '정책 레벨의 상호의존'은 어떻게 다를까? 전자는 정책뿐 아니라 국민경제 전체의 상호의존 관계가 문제가 되고, 후자의 필요조건이 된다. 즉 '정책 레벨의 상호의존'은 대칭적인 '구조적 상호의존' 없이는 성립될 수 없다. 하지만 '정책 레벨의 상호의존'은 구조적 상호의존뿐 아니라 정책 레벨에 있어서 각국의 정책이 서로의 목표 달성에 큰 영향을 준다는 인식이 이루어지고, 또한 이에 대응하는 행동 양식이나 제도가 만들어질 때 성립한다.

정책적 상호의존의 유형

대칭적인 '구조적 상호의존'이 성립되고 각국의 목표달성이 타국 정책에 상호의존한다고 가정하자. 이때 문제가 되는 것은 국제사회(단 '정책의 상호의존' 상태에 있는 나라들)와 개별국가의 이익이 배반되는 경우이다.

이는 다음의 예를 통해 쉽게 이해할 수 있을 것이다. 예를 들어 A국과 B국이라는 비산유국 '사회'를 전제로 하자. A국, B국 모두 경제성장과 물가안정이 목표이다. 경제성장을 위해 양국 모두 적지 않은 석유를 소비해야 한다. 그러나 양국이 석유를 소비하면 할수록 석유가격은 상승하고 물가안정에 실패하게 된다. 이때 양국은 자국의 석유소비량을 통해 타국의 목표 달성에 큰 영향을 준다. 이러한 경우 A국과 B국은 두 개의 서로 다른 행동 양식을 생각해볼 수 있다. 첫 번째는 '비협력' 행동양식으로, 상대의 석유소비량을 주어진 것으로 전제하고 자국의 목표에 따라 자국의 석유 소비량을 결정한다. 물론 상대국도 같은 정책을 실시하므로 상대국의 석유 소비량을 주어진 것으로 한다고 해도 자국의 소비량은 상대의 석유소비량에 따라 변화한다. 따라서 상대국의 소비량이 변화하지 않을 경우 자국은 일정 소비량을 초과하지 않는 소비량이 정해질 것이다. 그리고 이때 상대국도 자국의 소비량을 변화시키지 않는 양국 간 소비량의 조합이 생겨났다고 가정해보자. 여기에는 일정한 균형이 성립되어 양쪽 모두 소비량을 변화시키지 않을 것이다. 이러한 균형점을 '내쉬 균형(Nash Equilibrium)'이라고 한다.

두 번째는 '협력' 행동이다. 자국 소비량이 상대의 목표 달성에 어떠한 영향을 줄지 생각하고 또한 그것이 자국에 어떠한 영향을 미칠 것인가 생각하는 과정이다. 이 과정에서 쌍방의 목표(효용함수)를 고려하여 더 이상 쌍방이 동시에 효용을 높일 수 없을 것이라고 하는 목표지점을 향해 행동한다. 이 지점(복수일 수도 있다)을 '파레토 최적(Pareto Optimum)'이라고 한다.

만약 '내쉬 균형'과 '파레토 최적'이 일치하면 문제는 없다. 각국은 상대국의 행동을 주어진 것으로 받아들이고 독자적으로 행동하면 된다. 그렇지만 이 둘이 다를 경우 각국은 협력하여 정책변경을 포함한 정책 협조를 실시하지 않으면 안 된다. 예를 들어 A국과 B국이 있다고 가정하고 각각 현재 소비량(X1, Y1)을 계속 유지할지, 그것보다 적게 소비할 것인지(X2, Y2)를 선택할 때, 만약 쌍방이 현재 소비량을 계속 유지했을 경우에는 양쪽 모두 그것보다 적은 X2, Y2라는 소비량을 선택하는 것이 양쪽 모두 보다 큰 편익을 얻을 수 있다고 하자. 그런데 B(A)국은 Y2(X2)로 소비량을 삭감하는데 A(B)국은 삭감하지 않고 X1(Y1)만큼 소비한다고 한다면 A(B)국가에는 가장 바람직한 결과를 얻지만 B(A)국가는 효용면에서 최저가 될 것이다. 이를 그림으로 나타내면 〈그림 2-4〉와 같은 게임이 된다(4가 가장 바람직하고, 3이 그 다음 그리고 1이 최저가 된다. 왼쪽 밑에는 A국, 오른쪽 위에는 B국이 선호하는 순번을 표시하였다). 〈그림 2-4〉는 유명한 '죄수의 딜레마(prisoner's dilemma)' 상황이다.[21] A(B)국 입장에서 보면 상대가 어떠한 선택을 해도 소비량을 삭감하지 않는 것이 이득이다. 따라서 '내쉬 균형'에 따르면 양쪽 모두 삭감하지 않는 것이 이득이 된다. 그러나 이것은 '파레토 최적'이 아니다. 양쪽 모두가 소비

21) '죄수의 딜레마'의 어원은 다음과 같다. 두 명의 죄수가 서로 정보를 교환할 수 없는 상태에서 조사받았다고 하자. 여기서 죄수는 각각 자백하느냐 마느냐라는 두 가지 선택이 가능하다. 양쪽 모두 자백하면 5년의 형을 받는다. 그러나 양쪽 모두 자백하지 않을 경우에는 1년의 형으로 끝난다. 여기서 취조관이 "만약 상대가 자백하지 않고 자기만 자백했을 경우 자신은 그대로 방면되지만 자백하지 않은 쪽은 10년의 형에 처해진다"고 말했다고 하자. 이렇게 되면 상대가 자백하든 하지 않든 자신은 자백하는 것이 유리하다. 따라서 양쪽 모두 자백해 5년의 형을 받는다. 그러나 양쪽 모두에게는 자백하지 않는 쪽(1년형)이 이득이다. 이를 '죄수의 딜레마'라고 한다.(역자주)

량을 삭감하면 양쪽 다 보다 좋은 결과를 얻을 수 있게 된다.

〈그림 2-4〉 죄수의 딜레마

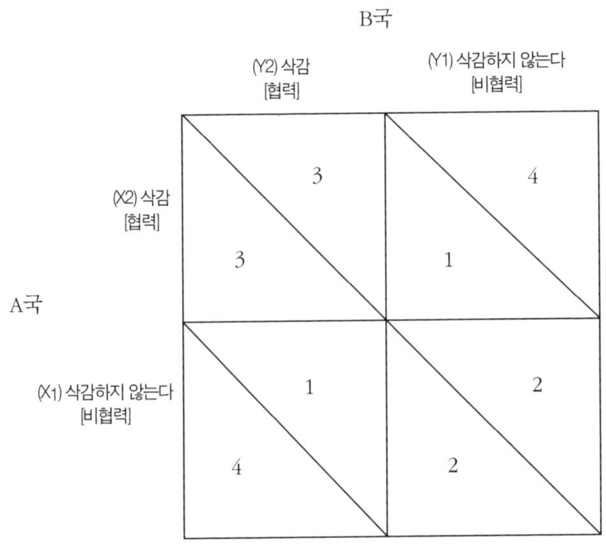

이상의 설명을 정리한 것이 〈그림 2-5〉이다. 우선 목표 달성을 위한 행위 일반(a)를 살펴보자.

(a)는 트랜스내셔널적인 교류가 약하고 각국이 다른 나라 행동에 관계없이 목표 달성을 위한 정책을 채택할 수 있는 경우이다. 혹은 비대칭적 '구조적 상호의존' 상태로 한 쪽은 타국에 전혀 영향을 받지 않고 목표 달성을 위한 수단을 취할 수 있으나, 다른 쪽은 상대 정책의 영향을 원래 주어진 것으로 받아들여야 하는데, 이 경우에 '정책적 상호의존'은 성립되지 않는다(b).

다음은 목표 달성이 타국 정책에 영향을 받는데 이것이 상호적일 경우이다(c). 이때 각국이 '마음대로' 행동했을 경우(d) (그 결과는 '내쉬 균형')와 '파레토 최적'을 추구하며 행동하는(협력) 경우(e)가 있다. 만약 '내쉬균형'과 '파레토 최적'이 동일한(혹은 '내쉬균형'이 '파레토 최적'의 일부인) 경우에는 '파레토 최적'의 어떤 값을 선택할 것인가라는 분쟁이 있기는 하나 국익과 국제사회의 이익 사이에는 모순이 없다(g). 그러나 '내쉬 균형'과 '파레토 최적'이 다른 경우에는 협력체제가 요구된다(h). 협력체제는 5, 6장에서 자세하게 분석하겠지만, 레짐이나 '세계정부'를 만들거나 혹은 상호주의를 완전히 받아들이는 (무정부) 등 다양한 종류의 협력체제가 존재한다.[22]

〈그림 2-5〉 행위 레벨의 상호의존

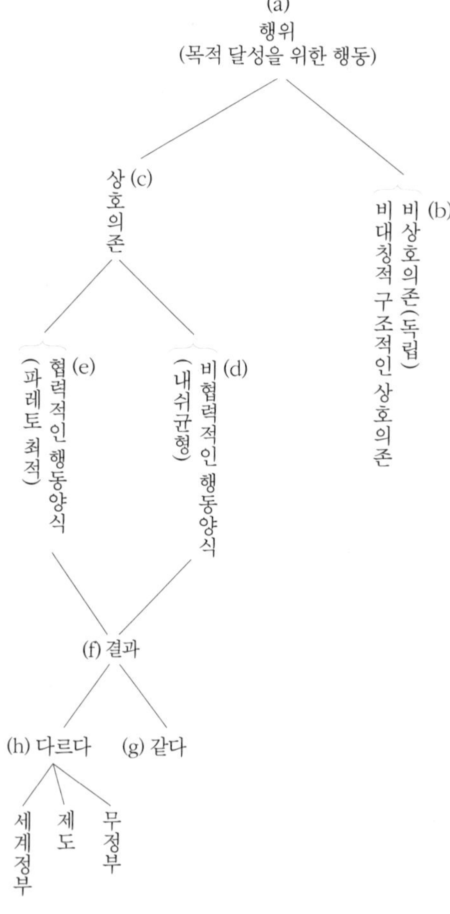

22) 코헤인도 이와 유사한 분류를 제시하였다. R. O. Keohane, 앞의 책, *After Hegemony*, p.53

〈그림 2-6〉 상호의존의 발전단계와 유형

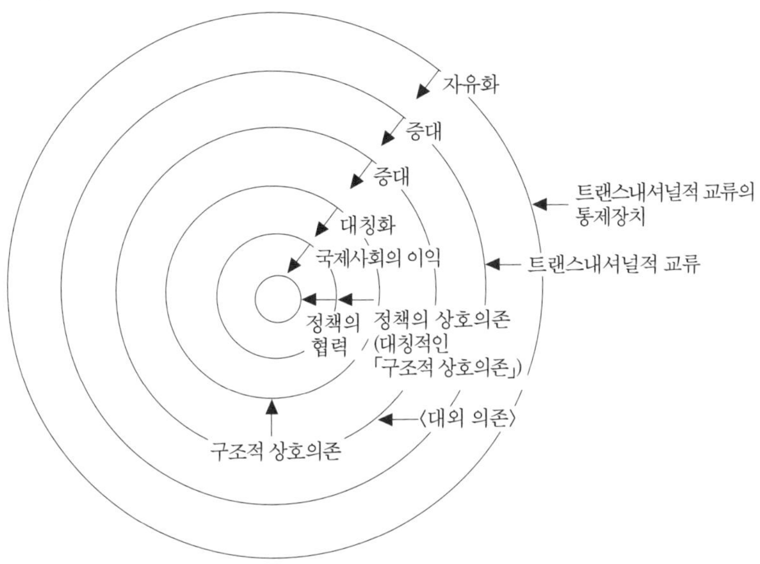

상호의존의 발전단계와 유형—정리

이 절에서의 논의는 〈그림 2-6〉과 같이 정리할 수 있을 것이다. 먼저 트랜스내셔널적인 교류의 통제장치와 관련한 문제이다. 이 통제장치를 굳게 닫은 상태가 지속되면 어떠한 의미의 상호의존도 존재하지 않는다. 이 통제장치가 완화되면 트랜스내셔널적인 교류가 발생하고 점차 증대될 것이다. 트랜스내셔널적인 교류가 증대되면 '대외의존'이 진행되고 대칭, 비대칭의 구별은 있으나 세계적 '대외의존'이 증대되어 간다. 또 '대외의존'이 증대되면 각국 국민경제가 밀접하게 연결되기 때문에 특정국가에서 일어난 경제적 이슈가 트랜스내셔널적인 교류를 통해 타국 경제에 큰 영향을 미치게 된다. 즉 '구조적 상호의존'이 나타나는 것이다. 이러한 '구조적 상호의존'에도 대칭적인 것과 비대칭적인 것이 존재한다.

대칭적인 '구조적 상호의존'하에서는 복수 국가 간 각국의 정책이 타국의 목표 달성에 큰 영향을 주는 '정책적 상호의존'이 나타난다. 그리고 '정책적 상호의존'에서 '파레토 최적'과 '내쉬 균형' 사이에 괴리가 발생했을 때 정책적 협력 및 이를 보증하는 체제가 필요하게 된다.

상호의존을 넓은 의미로 해석한다면 트랜스내셔널적인 교류에 따르는 모든 문제를 포함하는 것이라고 할 수 있다. 반대로 상호의존을 극히 좁은 의미로 해석한다면 대칭적인 '구조적 상호의존'에 포함된 '정책적 상호의존'이라고 할 수 있을 것이다.

3장
상호의존에 있어서의 국가와 정치과정

1. 상호의존과 국가

국가란[1] 영토와 국민을 '지배'하고 국민에게 안전, 복지 등의 가치를 공급하며 그 대가로 세금을 징수하는 추상적이고 일반적인 장치(구체적으로 이를 실시하는 것은 정부)이다. 그리고 국가는 대외 및 대내정책에 타국 그리고 보다 상위의 권위로부터 간섭받지 않는다. 이러한 의미를 '한자 뜻'대로 본다면 국가는 매우 '단단한 껍질'에 싸여 있으며, 이러한 국가들로 구성된 국가 시스템은 '단단한 볼'이 서로 부딪히는 이른바 당구공 이미지(Billiard Ball Image)를 가진다. 하지만 2장에서 살펴본 바와 같이 상호의존 세계에서는 국가・정부 간 경쟁이나 분쟁이 있더라도 서서히 국경조정조치가 제거되어 각 국가들 사이에 다양한 트랜스내셔널적인 교류가 그물망처럼 연결되어 '대외의존'이 강화되고, 자신의 목표를 혼자서는 달성할 수 없는 것처럼 자율성을 잃어가고 있다. 그리고 이러한 상호의존의 증대로 기업 등 '집단'이나 개인은 국경으로부터 해방되어 새로운 국제사회라고 일컬어지는 세계를 형성한다.

1) 예를 들어 이노구치 다카시(猪口孝), 『국가와 사회(国家と社会)』, 東京大学出版会, 1988 등을 참조.

국가 시스템과 경제 시스템— 양자 관계

먼저 국가 시스템과 경제 시스템(여기에서는 국경을 초월한 시장 메커니즘으로 정의한다)의 관계를 생각해보자.

월러스타인에 의하면 자본주의는 근대국가 시스템이 성립되고 나서 비로소 가능하게 되었다. 즉 제국(帝國)에 의해서 '전 세계'에 중앙집권적 정치권위가 존재하는 경우에 재화 · 자본의 흐름은 기본적으로 정치에 따라 결정되며, 개인이나 기업이윤이 최대화되거나 시장 메커니즘이 경제 기구의 역할을 한다는 것은 불가능하다. 하지만 정치권위가 분산된 국가 시스템에서는 어떤 나라가 시장 메커니즘을 제한하려고 했을 경우, 자본은 이윤을 추구하여 다른 나라로 이동하고 '전 세계'에 시장 메커니즘이 성립될 가능성이 만들어졌던 것이다.[2] 또한 데이비드 란데스(David S. Landes)[3]는 산업혁명이 다른 지역이 아닌 유럽에서 성공할 수 있었던 이유는 당시 유럽에 국가 시스템이 성립되어 있었기 때문이라고 생각했다. 왜냐하면 국가 시스템을 통하여 국가 간 경쟁이 기술 및 산업 경쟁의 형태로 나타나고 , 이것이 기술 이전을 촉진하여 산업혁명이 전파되었기 때문이다.

이렇게 정치권위가 분산화되어 있는 국가 시스템이 전 세계경제 시스템을 보다 자유롭게 하는 계기가 되는 것은 흔한 일이다. 이는 다시 언급하겠지만, 예를 들어 유로 시장(예를 들어 미국의 통제하에 있지 않은 달러)도 영국의 금융규제가 매우 완화되었기 때문에 성립되었다. 또 조세회피처(tax haven)도 정치권력이 분산화되고 있는 시스템에서 비로소 가능해진다. 게다가 각국은 금융제도를 타국보다 자유롭게 하거나 혹은 해외의 투자를 우대하는 등 자국의 경제 이익을 위해 경쟁하면서 결과적으로 전 세계경제 시스템을 보다 자유화시키는 큰 계기를 만들고 있다.

---

2) Wallerstein, 앞의 책, *The Capitalist World-Economy*.

3) D. S. Landes, *The Unbound Prometheus*, Cambridge: Cambridge U. P., 1969, Chap. 2.

하지만 국가 시스템이 경제 시스템을 항상 자유로운 방향으로 유도하는 것은 아니다. 국가라는 장치의 핵심이 오로지 국민에 의해서 유지된다는 점에서 경제 시스템을 비(非)자유화 방향으로 유도하는 경우도 많다. 예를 들어 2차 세계대전 이후만 보더라도 1960년대까지는 상품의 상호의존이 진전되고 관세 등의 장벽이 제거되었지만, 1970년대부터는 다양한 보호주의(수출자주규제, MFA[다국 간 섬유협정] 등)가 나타나 통상면에서 국가 시스템이 자유로운 경제 교류를 규제하려는 경우가 매우 많아졌다. 또한 자금의 움직임과 관련해서는 1960년대까지는 외환관리가 엄격했지만, 1970년대부터 1980년대에 걸쳐 자본이동 규제가 완화되고 국경을 넘어 이동하는 자금의 양은 방대해졌다. 하지만 1980년대 후반이 되자 이와는 반대로 직접투자에 대한 '보호주의'가 조금씩 엿보이기 시작한 것은 주지의 사실이다.

이상에서 알 수 있듯이 국가 시스템은 기본적으로 경제 시스템을 자유화하는 계기가 되기도 하고 반대로 비자유화로 전환시키는 계기가 되기도 한다. 지극히 양면적인 의미를 가지고 있다.

알몸이 되는 국가?

앞 장에서 밝힌 상호의존의 진전에 의해서(혹은 이를 촉진시키기 위해서) 국가는 관세 등 국경조정조치를 '철폐'하고 금융, 재정정책을 정부 간 협조의 수단으로서 활용하며 제도(예를 들어 은행의 자기자본 비율) 또한 국제적인 조화를 추구하는 경향을 강하게 보인다.

국가 기능에 있어서 어떤 기능은 다른 나라와의 교섭이라든지 압력에 의해서 결정되는 것이 아니라 자국의 판단(그리고 자국의 이익만을 고려한 판단)에 따라 결정되며 침범할 수 없는 '주권' 범위 안에 있다고 생각한다. 이것을 국가의 핵심적인 기능이라고 하자. 또 어떤 분야는 타국과의 교섭에 의해 결정하는 분야가 있을 것이다. 이것을 협조의 대상이 되는 기능이라고 하

자. 또한 (위의 두 기능과 반드시 배타적인 관계에 있는 것은 아니지만) '철폐'가 가능한 기능도 있을 수 있다(예를 들어 관세—그러나 이 기능을 다시 부활시킬 수 있다는 의미에서 '주권'은 유지된다).

그런데 이러한 (1) '철폐'가 가능한 기능, (2) 협조의 대상이 되는 기능, (3) 국가의 핵심적인 기능은 시대와 국가별로 그 내용이 달라진다. 상호의존의 세계에서는 (3)의 기능이 축소되고 (2)와 (3)의 기능이 증대한다는 점이 그 특징이라고 할 수 있다. 이것을 국경조정조치, 정책, 국내의 제도로 나누어 예시를 들어 고찰(상호의존이 신전됨에 따라 국경조정조치가 완화되고 이어서 정책과 제도가 협조의 대상이 된다고 가정하자)하고자 한다(〈표 3-1〉 참조).

〈표 3-1〉 상호의존 진화에 따른 국가 기능의 변화

상호의존의 진전에 따른 추이 ←

상호의존의 진전에 따른 심화 ↓

	(가) '철폐'	(나) 협조의 대상	(다) 핵심적인 기능
(a) 국경조정조치	관세 외환 관리	수입 수속 · 기준	이민법 (입국관리법)
(b) 정책	(농업 보조금 산업 정책)	금융정책 재정정책	사회 복지 정책
(c) 국내의 제도		은행 제도 지적소유권 세제	세제 통화 발행권

우선 국경조정조치의 전형적인 예로 관세를 살펴 보자. 관세는 일찍이 국가의 주요 재원이었으며(20세기 초반까지 미연방정부의 세입 중에서 관세가 차지하는 비중은 매우 커서 한때 80% 가까이 차지하기도 했다) 침범해서는 안될 주권 범위 안에 있었다. 하지만 GATT 체제에서 관세는 체계적으로 국제적 교섭의 대상이 되어왔고 지금은 선진국들의 경우 매우 낮아져서 상품의 국경조정조치로서는 그다지 중요하게 여기지 않게 되었다. 또한 외환

관리도 고정환율제도에서는 매우 중요한 국경조정수단이었지만, 변동환율제도에서는 자본이나 금융의 자유화가 세계적인 추세가 된 현재, 대다수 선진국에서 '철폐'된 (또는 철폐되고 있는) 기능으로 바뀌게 되었다. 또한 직접투자와 관련해서도 외자규제 등 아직 약간 남아있기는 하지만 규제 정도가 완화되고 있다. 이와 같이 국경조정조치는 자유화 나아가 '철폐'의 경향을 띠고 있으며 수입수속절차, 인증 기준(예를 들어 위생 기준, 절차) 등에서도 '투명성' 및 '조화'를 추구한다. 물론 이러한 상황 속에서 EC지역 내 교류 등 예외를 제외하고 인적자원 교류, 특히 외국 노동자의 이동은 아직까지도 각국의 핵심 분야로 남아 있다.

마찬가지로 현재 금융 및 재정정책도 국가 간 중요한 협조 대상이 되었고 지금까지 각국의 핵심 기능 분야였던 산업 정책, 농업 정책 등도 국제 교섭무대에 등장했다. 예를 들어 미국의 경우, 일본 등 외국의 산업보조정책이 수출로 이어질 때는 이를 불공정 무역관행의 하나로 문제삼는다. 예를 들어 미국의 세입법에서는 간접적으로라도 외국 정부의 지원을 받아 미국에 수출한 상품에 대해 공제를 인정하지 않는다. 또한 우루과이라운드 교섭에서 미국은 농업 보조금 철폐를 제안하였다. 물론 현재까지도 수많은 정책이 협조의 대상(예를 들어 사회보장정책 등)이 되지 못하고 있지만 향후 상호의존에 따라 협조의 대상이 되는 정책분야가 증가할 것이다. 또한 현재 직접협조의 대상이 아닌 정책이나 간접적으로 정부 간 협조에 크게 좌우되는 정책들도 늘었다. 예를 들어 통화 발행량은 금리정책의 국제적 협조 혹은 환율안정을 위한 개입 등으로 이미 자국에서도 자국의 이익만을 위한 결정을 할 수는 없게 되었다.

국내제도와 관련해서도 최근 다양한 분야에서 국제적 제도의 조화가 진행되었다. 앞에서 언급한 은행의 자기자본 비율의 국제적인 조화도 그 예이다. 또한 컴퓨터 프로그램 혹은 반도체 설계 등의 지적소유권 보호에도 국제적 제도 조화가 현재 이루어지고 있다. 앞으로 금융업, 전기통신 등 서비스 분야의 무역이 확대되면서 단지 국가 간 규율뿐만 아니라 국내 제도의 조화가 반드시 필요해질 것이다. 국내 제도에서 세제 및 세율은 분명 국가의 핵심 기능으로 외국과의 교섭에 의해서 결정되는 것이 아니다. 하지만 예를 들어 미국의 합산과세[4]는 '외압'으로 폐지되었다. 또 EC의 1992년 '완전통합'을 위한 움직임 속에서 간접세(부가가치세 등)의 조화를 추구하고 있다.

〈그림 3-1〉 알몸이 되어가는 국가

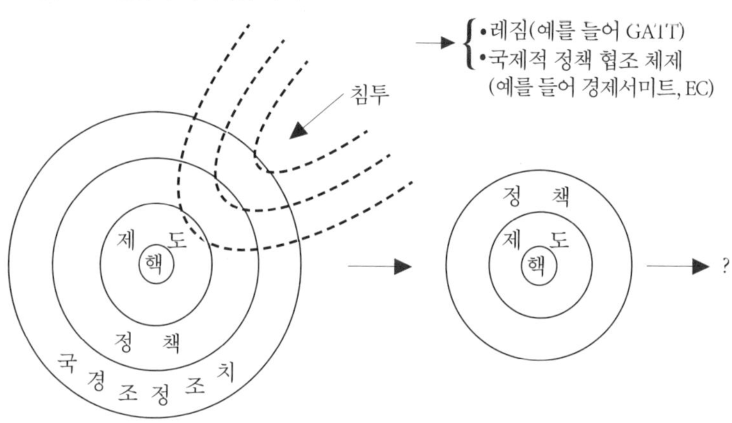

이는 '완전통합'에서는 이동(수송)의 자유화를 추구하게 되므로 각국의 간접세 세율이 지나치게 차이가 나면 상품의 흐름이 간접세가 낮은 쪽으로 치우치는 것을 방지하는 것을 목적으로 하는 것이다. 이와 같이 지금까지 국가의 핵심 기능이라고 여겨지던 제도가 상호의존의 진전에 따라 협조의 대상으로 전환되고 있다.

다시 〈표 3-1〉로 돌아가 보자. 앞에서도 지적했듯이 국가의 기능은 상호의존이 진전됨에 따라 지금까지 핵심적이라고 여겨지던 기능들이 점점 협

4) 어떤 주가 그 주에서 활동하는 기업에 과세할 경우 기업이 외국에서 올린 수익에 대해서도 과세하는 방식.

조의 대상이 되고, 나아가 분야에 따라서는 '철폐'의 대상이 되기도 한다. 물론 국가가 존재하는 한 재정, 금융정책이 '철폐'되는 일은 없을 것이다. 그리고 국내 제도 대다수도 제도의 성격상 '철폐'라기보다는 이 제도들은 다국 간 협조 등을 통해 조정되고 조화를 이루게 된다.

만일 아주 단순화시켜 국경조정조치는 정책보다 그리고 정책은 제도보다 '철폐'하기 쉬우며 또한 국제적인 협조·조화에 도움이 된다고 가정해보자. 그렇다면 국가의 기능은 〈그림 3-1〉과 같은 동심원으로 나타날 수 있다. 이러한 국가 기능의 배치는 외부로부터 서서히 침투되거나 '철폐'되고 혹은 국제적인 협조·조화에 도움을 주게 된다. 예를 들어 국경조정조치 전부가(혹은 그 주요부분이) '철폐'되었을 경우, 국가는 직접 정책이나 제도를 통해 외부 상황에 대처해야 한다. 그리고 이때 정책의 상당수는 국제적 협조의 대상이 될 것이며 제도 또한 국제적인 조화를 이루기 위한 방향으로 나아가게 될 것이다.

물론 '철폐'된 국경조정조치는 '없어져'버리는 것이 아니라 GATT 등 국제적 협정에 의해 다시 활용될 수 있으며, 정책의 협조 및 제도의 조화도 국제적 합의나 기구 등에 의해 유지된다.

국제사회의 변화

국가는 이와 같이 점점 '알몸'이 되어 가는 경향이 있지만 일방적인 것은 아니다. 비록 파행적이기는 하지만 다른 국가(혹은 다수의 국가)들도 동시에 국경조정조치를 '철폐'하거나 정책에 관한 국제 협조에 동조하고 제도를 국제적인 조화에 맞추고 있다. 이는 단지 자국이 다른 나라에 개방되는 것만을 의미하는 것이 아니라 자국의 국민 및 기업 등이 다른 나라에서 활동할 수 있는 분야를 넓히는 것으로 해석할 수 있다.

이러한 세계에서는 국가 및 국가 시스템뿐만 아니라 국경으로부터 '해방'된

기업(나아가 다양한 사회집단)이나 개인으로 이루어진 국제사회도 크게 변화될 것이다. 국경조정조치의 완화와 '철폐', 또 제도의 조화로 기업의 활동범위는 세계화되었다.[5] 그리고 기업의 전략도 크게 바뀌었다고 볼 수 있다. 이전에는 국제 활동을 하는 기업은 '다국적기업'으로 특별한 범주에 속하였으며 특별한 분석틀 안에서 연구되었다. 하지만 상품, 자금, 정보, 인적자원이 자유롭게 국경을 넘어 이동하는 시대가 되면서 모든 기업이 '한 국가의 시장'이 아니라 '전 세계 시장'에서 활동해야만 했다. 오마에 겐이치(大前研一)가 『트라이어드 파워(*Traid Power*)』[6]에서 지적하듯이 기업이 제품의 생산, 판매를 고려할 때 애초부터 판매시장으로 구매력이 있고 소비 패턴이 유사한 미국, 일본, 유럽 시장을 동시에 생각하지 않으면 안 된다. 그리고 경쟁자도 '전 세계 시장' 범주에서 생각해야 한다. 따라서 생산 거점은 세계적으로 확대되었고, 부품은 세계 여러 나라 공장에서 조달되어 어느 한 공장에서 조립되는 것이 일반적인 것이 되었다(글로벌 팩토리[7]). 그리고 생산, 판매, 자본 등의 협력은 다양한 국적의 기업들 사이에서 이루어지며, 국제적인 경쟁도 국가 대 국가 혹은 어떤 나라의 기업 대 다른 나라의 기업(예를 들어 일본 기업 대 미국 기업)과 같이 형태가 뚜렷이 드러나는 시대와는 다소 거리가 멀다.

기업은 세계화된 경제에서 국가 시스템과 경제 시스템이라는 역동적 관계 속에서 이윤 증대 및 경영 안정을 추구해야 한다. 예를 들어 보호주의로 인해 상품의 흐름이 어떤 나라에서 제약을 받게 되면 그 나라의 직접투자를 통해 현지에서 공장을 만들고 그곳에서 생산된 것을 현지에(또는 외국에) 판매하게 된다. 1981년 일본에서 미국으로의 자동차 수출자주규제가 실시된 뒤, 또 일본의 대미 '자동차수출자주규제' 현지 제로제품 혹은 국산품사

5) 이른바 '국경없는 경제(Borderless Economy)'이다. 나카타니 이와오(中谷巌), 『보더리스 이코노미(ボーダーレス・エコノミー)』(日本経済新聞社, 1987).

6) 오마에 겐이치(大前研一), 『3인조 파워(トライアド・パワー)』(講談社, 1985).

7) J. Grunwald and K. Flamm, *The Global Factory*, Washington, D. C.: Brookings, 1985.

요청법안(Local Content Act)에 맞추어 일본의 자동차 기업들이 잇달아 미국에 공장을 설립한 사실을 지금도 생생히 기억한다. 1992년의 EC '완전통합'을 앞두고 그 전에 미리 EC시장에 진출하려 했던 미 · 일 기업들 또한 바쁘게 움직였다.

또한 기업은 투자대상지를 고를 때 현지 정부의 정책, 제도 등 가능한 한 유리한 곳을 찾아 투자하거나 활동 거점을 두게 될 것이다. 일반적으로 보다 자유로운 활동이 보장되는 곳에 투자할 것이다. 또 세제 등이 유리한 곳(극단적인 예로 조세회피지)을 활동의 장소로서 찾게 될 것이다. '전 세계 시장'에서 국가/정부 시스템이 존재함으로써 발생하는 공간(空間)적 정책이나, 제도의 차이는 기업의 투자대상지 선택을 크게 좌우하는 요인이 될 것이다. 역으로 말하자면 국가 · 정부는 '전 세계 시장'에서 정책 및 제도를 통해 '기업 유치 경쟁'을 한다.

'세계화된 시장'에서 기업이 외국에서 활동하는 것은 어떤 의미에서 민간 차원의 '문화 교신' 기능을 수행하고 있다고도 할 수 있다. 그러나 이 기능이 반드시 원만하게 이루어지는 것만은 아니다. 오히려 문화 마찰 혹은 정치 마찰의 직접적인 혹은 간접적인 원인이 된다. 국경을 경계로 현재는 국경 내 다른 문화, 관습, 행동 양식을 가진 개인 혹은 기업 등 집단 간 마찰이 일상화되는 경향이 있다.[8)]

나아가서는 국경 내 개인 간 혹은 (기업을 포함한) 집단 간 마찰이 정부 간 분쟁으로 전환되는 경우도 있다. 예를 들어 일본의 건설업계에 폭넓게 나타나는 '담합'이라는 상습적 관행(단 이것은 일본의 법률적 해석으로도 위법이지만)은 시장접근을 시도하는 외국기업을 문제 삼아 미 · 일 정부 간 교섭의 과제가 되었다. 자유로운 시장의 기준에서 보았을 때 이를 저해하는 관행이

---

8) 이러한 점에 대해서는 야마카게 스스무(山影進) 편, 『상호의존 시대의 국제마찰(相互依存時代の国際摩擦)』(東京大学出版会, 1988).

나 행동 양식은 외국 기업(현지의 문화, 관습, 행동 양식을 반드시 받아 들여야 한다고 생각하지 않는다)이 활동하면서 극히 정치화되어 정부 간 분쟁의 씨앗이 되기도 한다. 즉 국가 · 정부 차원에서 국경조정조치를 '철폐'하여 사회는 직접 외부 세계와 접하게 되고, 그 사회에 있어서의 관행 및 행동 양식 또한 구조 그 자체가 단지 당사자끼리의 분쟁으로 끝나는 것이 아니기 때문에 국제 정치과정을 통해 변용이 요구되는 것이다.

2. 상호의존에서의 정치과정

세 가지 레벨과 연계정치 (Linkage Politics)

국제정치과정을 살펴볼 때 일반적으로 서로 다른 세 가지 레벨을 생각해 볼 수 있다.[9] (1) 국제시스템, (2) 국가(정부), (3) 국내라는 세 레벨이다. 국제시스템이란 복수 국가 간 상호작용에 초점을 맞추어 분석하는 것이다. 국가가 서로 경제 교류에 관한 룰을 만들거나 정책 조정을 요구하며 상호작용하는 것이 여기에 해당된다. 또한 GATT, 경제서미트, G7 등의 '국제 조직'도 이 레벨에 해당한다. 국가 레벨이란 국가 그 자체에 초점을 맞추어 대외적인 행동을 분석하는 것을 말한다. 국내 레벨이란 국민의 정치 의식까지 포함하여 국내 여러 집단의 행동을 분석하는 것이다. 케네스 월츠는 이러한 개인까지 포함하는 즉 인간의 특성을 중시하는 레벨을 국제 정치의 제1 이미지(first image)라고 정의하고, 국가의 레벨 즉 국가[내]의 요인에 의해서 한 국가의 국가의 대외 행동이 결정된다는 제2 이미지(second image)로 그리고 국가 · 정부 간의 상호작용 즉 국제시스템의 특성을 중시하는 제3 이미지

9) 국제정치의 세 가지 레벨에 대해서는 Kenneth N. Waltz, *Man, the State and War*, NY: Columbia U. P., 1954. J. D. Singer, "The Level of Analysis Problem in International Relations," in K. Knorr and S. Verba, eds., *The International System*, Princeton: Princeton U. P., 1961, pp. 77-92.

(third image)라고 정의했다.[10)]

전통적 국제정치학에서는 제3 이미지 내지는 제2 이미지가 주류였다(이를 상징적으로 전자를 국제 정치[international politics], 후자를 대외 정책[foreign policy]이라 한다).[11)] 전자의 전형적인 예는 모겐소 이론이다.[12)] 그에 따르면 국가는 힘이라고 정의된 국익을 최대화하기 위하여 행동하며 국제정치는 그 상호작용으로 성립한다. 따라서 국제정치학의 목적은 이러한 국가 행동의 '합리성' 해명과 체계화에 있다고 보며, 외교는 내정과는 확연하게 구별되며 국가는 정합적인 목적(특히 힘으로 정의된 국익)을 가지고 다른 나라와 상호작용 한다는 것이다. 이러한 제3 이미지에 반하여 월츠는 제2 이미지의 대표적인 것으로 마르크스주의 제국주의 이론을 예로 들어 설명하였다.[13)] 즉 자본주의 국가에서 이윤이 체감(遞減)되면 그 나라는 다른 나라(혹은 식민지)에 자본을 투입하게 되고 이때문에 다른 (자본주의) 국가와 대립하게 된다는 가설이다. 이는 국가의 대외 정책, 국가 간 상호작용이 국내 요인에 의해서 규정되는 인사이드 아웃(내부요인의 외부화)이라는 제2 이미지의 국제정치관을 나타낸 것이다.

정책결정론에서도 이러한 제3 이미지와 제2 이미지의 구분은 명확하다. 대표적인 예로 유명한 그래이엄 앨리슨(Graham Allison)의 세 가지 모델을 살펴보자.[14)] 앨리슨의 세 가지 모델이란 (1) 합리적 행위자 모델(rational actor model), (2) 조직과정 모델(organizational process model) 그리고 (3) 관료정치 모델(bureaucratic politics model)을 말한다. '합리적 행위자 모델'

10) Waltz, 앞의 책, *Man, the State and War*.

11) 예를 들어, J. N. Rosenau, ed., *International Politics and Foreign Policy*, NY: Free Press, 1968, Introduction.

12) H. J. Morgenthau, *Politics among Nations*, NY: Knopf, 1948.

13) K. Waltz, *Theory of International Politics*, Reading: Addison-Wesley, 1979.

14) G. T. Allison, *Essence of Decision*, Boston: Little, Brown, 1971. (미야자토[宮里] 옮김, 『결정의 본질(決定の本質)』, 中央公論社).

이란 국가 · 정부가 단일 행위자로 정합적인 목적을 가지며 그 목적을 달성하기 위해서 최적의 수단을 채택한다고 상정하는 것이다. 이는 극히 고전적인 제3 이미지의 모델이나. '조직과정 모델'이란 국가 · 정부의 행동을 행정조직에 내재된 행동양식으로 간주하고 특히 대외 문제가 일어날 때마다 표준화된 운영 절차(SOP: Standard Operating Procedures)가 반복, 적용된다고 보는 것이다. '관료정치 모델'이란 국가 · 정부를 정합적 목적을 가진 단일 주체로 보지 않고 다양한 권한과 분야를 가진 관료조직으로 분할되어 있다고 간주하는 것이다. 그리고 각각의 관료조직은 고유한 조직의 이익 · 목적을 가지고 행동한다. 그러므로 국가의 정책결정과정은 관료조직의 이익을 각 관료조직의 '장(長)'에게 맡기고, '장'들 사이의 줄다리기 형태가 나타난다고 보는 것이다. 그리고 이 줄다리기에서 어떤 정책을 지지하는 '장'의 연합이 지배 세력이 되었을 때 이들이 지지하는 정책이 그 나라의 정책으로 채용된다. 이것은 '조직과정 모델'과 함께 국내 여러 상황이 그 나라의 대외정책을 결정한다는 제2 이미지의 국제정치관에 따른 것이다.

그러나 특히 상호의존 세계 정치에서는 제3 이미지론에서 주장하는 내정과 외교를 엄격하게 구별하기 어려우며 또한 국가의 대외정책이 국내의 여러 상황만으로 결정된다는 제2 이미지만으로 설명하기도 어렵다. 상호의존에서 정치과정은 국제시스템, 국가, 국내라고 하는 세 가지 레벨에 따라 각각 정치를 분석하고 동시에 이들 서로 다른 레벨 간의 수직 관계(상호작용)를 분석할 필요가 있다. 이렇게 다른 레벨 간 상호작용이라는 정치 현상을 일반적으로 '연계정치(Linkage Politics)'라고 한다.[15] 이 내용을 〈그림 3-2〉

15) J. N. Rosenau, ed., *Linkage Politics*, NY: Free Press, 1969. (특히 그 중에서도 J. D. Singer, "The Global System and Its Subsystems," Chap. 2). 또 정부를 중심에 두고 국제 관계와 국내정치 두 레벨의 요인을 동시에 고려하는 어프로치에 대해서는 R. D. Putnam, "Diplomacy and Domestic Politics: The Logic of Two-Level Games," *International Organization*, 42(3), 1988, pp. 427-60.

를 통해 살펴 보자.

우선 세 레벨의 정치를 각각 (1) 국가/정부 간의 정치('국익'에 따른 정치), (2) 관료 정치('관청의 이익'에 따른 정치) 그리고 (3) 국내정치('집단 이익'에 따른 정치)라고 부르기로 하자.

〈그림 3-2〉 상호의존 정치 레벨

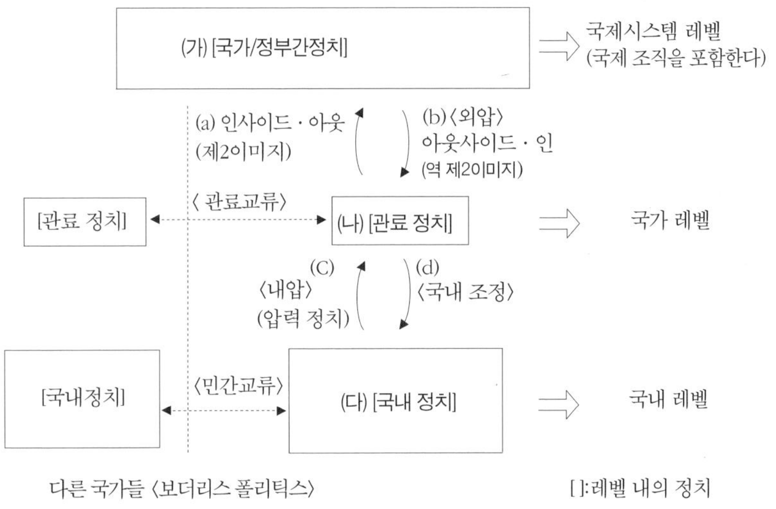

〈그림 3-2〉에 의하면 다른 레벨 간 상호작용을 논리적으로 네 가지 유형으로 정리할 수 있다.

(1) **내압/투사형 정치**: 인사이드 아웃(Inside-Out])(a)과 '내압'(c)의 조합

이것은 월츠의 제2 이미지 국제정치관에 대응하는 것이다. 즉 국내 여러 집단의 이익이 정부 정책결정에 큰 영향을 주며 이것이 국제시스템에 투사(投射)된다. 물론 국제시스템에 투사되는 정도는 그 나라의 영향력에 좌우될 것이다.

(2) **외압/반응형 정치**: '외압'(b)과 '국내 조정'(d)의 조합.

이것은 역 제2 이미지(second image reversed[16]— 외부요인의 내부화)의 전형적인 예이다. 즉 외부 '압력'에 의해 그 나라 정치가 좌우되며 정부는 이 '외압'에 따라 국내 여러 집단을 조정하게 된다.

(3) **내/외압 조정(충돌)형 정치**: '외압'(b)과 '내압'(c)의 조합.

'외압'에 대항하는 국내 집단의 '내압'이 강하게 작용하여 정부는 '내압'과 '외압'을 조정하는 역할을 하게 된다. 이와 같은 정치형태의 결과는 다양할 것이다. 만약 '내압'에 대한 정부의 '국내 조정' 능력이 비교적 높다면 '외압/반응형'의 정치에 가까울 것이다. 정부의 대외적인 영향력이 강하다면 오히려 '내압/투사형'에 가까울 것이다. 그러나 '국내 조정' 능력도 낮고 대외 영향력도 강하지 않다면 '외압'과 '내압'이 서로 맞서게 되고 결과적으로 아무런 정책변화도 줄 수 없는 현상 유지 상태로 이어질 것이다.

(4) **정부 주도형 정치**: 인사이드 아웃(Inside-Out)(a)과 '국내 조정'(d)의 조합.

이러한 정치형태는 정부가 일련의 목표를 가지고 이를 대외적으로 달성하려고 행동하는 것과 동시에 그 목표에 맞추어 국내 각 집단을 조정하는 것이다. 이 형태는 고전적 국제정치, 정책결정론 이미지(제3 이미지)에 매우 가깝다. 그리고 이러한 정부 자체의 목적을 '국익'이라고 할 수도 있을 것이다. 상호의존 세계에서는 국내 여러 집단 간의 이해 관계와 '관청 이익' 대립 등으로 '국익'이 불투명해지거나 혹은 존재하지 못한다. 예를 들어 '내압/투사형', '외압/반응형', '내/외압 조정형' 정치 모두 정부의 목표가 명시적으로 정립되어 있는 것은 아니다. 하지만 상호의존 세계에서 정부(국가)는 그 자

16) P. Gourevitch, "The Second Image Reversed," *International Organization* 32(4), 1978, pp. 881-912.

체의 목표('국익')를 가질 수 있다. 예를 들어 천연자원 획득,[17] 인플레 억제, 물가안정 등 거시경제 목표가 그것이다.

상호의존 세계의 정책결정에는 이상의 네 가지 형태(혹은 요인)가 존재하며 실제로 여러 형태가 한데 섞여서 분포되기도 한다. 그렇다고 해도 빈도로 따진다면 (1)에서 (3)까지의 유형이 많이 나타난다. (1)에서 (3)까지는 다른 레벨 간 연계를 전제로 하고 있으며 연계가 강해질수록 내정과 외교의 구분은 불가능해져서 결국 융합되게 된다. 베이리스 매닝(Bayless Manning)은 이러한 현상을 인터메스틱 폴리틱스(intermestic politics)라고 정의했다.[18] 즉 국제정치(international politics)와 국내정치(domestic politics)의 융합을 의미한다. 나아가 상호의존 세계에서는 각국 행정부 간 관계도 밀접해지고 각국 정부 관료들 사이에 항상(恒常)적이며 개인적인 관계도 형성된다(관료교류). 또 서로 각국 집단 간 관계도 밀접해진다(민간 교류). 단지 수직적으로 내정과 외교가 융합하는 것이 아니라 수평적으로도 관료 교류, 민간 교류를 통해 관계가 발전하면서 국가 관계가 상호 침투적으로 변해가는 것이다('보더리스 폴리틱스[borderless politics]').[19]

이어 위에서 간단하게 설명한 '내압/투사형', '외압/반응형' 그리고 '내/외압 조정형'이라는 상호의존 세계에 자주 등장하는 정치형태를 조금 더 자세히 고찰해보자.

---

17) 예를 들어 S. D. Krasner, *Defending the National Interest*, Princeton: Princeton U. P., 1978.

18) B. Manning, "The Congress, the Executive and Intermestic Affairs," *Foreign Affairs* 55, 1977, pp. 306-24.

19) 상호 침투의 정책결정에 관해서는 구사노 아쓰시(草野厚), 『미일 오렌지 교섭(日米オレンジ交渉)』(日本経済新聞社, 1983). 동저자, 「미국에 있어서의 일본 기업의 로비(米国における日本企業のロビイング)」, 『국제문제(国際問題)』, 330호, 1987, 18-34쪽. 또한 Chung-In Moon, "Complex Interdependence and Transnational Lobbying," *International Studies Quarterly* 32, 1988, pp. 67-89.

내압/투사형 정치

'내압/투사형' 정치란 어떤 문제를 놓고 긴밀한 이해 관계에 있는 국내 집단이 조직화되고 이들 집단이 정부에 압력을 가하여 국제 정치에 큰 영향을 끼치는 정치양식이다. 그 전형적인 예가 엘머 에릭 샤츠슈나이더(Elmer Eric Schattschneider)가 세밀하게 분석한 미국의 1930년 스무트-홀리법(Smoot-Hawley Act)의 정치 과정이다.[20] 이 과정에서 높은 관세부과로 자국 상품의 보호를 요구하는 다양한 집단이 정부(의회)에 압력을 가했다. 또한 자기 산업에 높은 관세를 인정받기 위해서 다른 산업의 높은 관세를 허용 내지 촉진시키려고 하는 메커니즘을 통해 최종적으로는 평균 60%를 넘는 높은 관세법이 제정되었다. 그리고 이 법안은 다른 국가들 혹은 국내 자유무역파의 반대에도 불구하고 성립되었다. 기본적으로 자유방임주의 지향이 강했던 공화당 후버(Herbert C. Hoover) 대통령은 이를 저지할 의사도 리더십도 없었다. 결국 이 높은 관세법은 다른 국가들의 보호주의를 부추겨 대공황에 박차를 가함으로써 국제시스템에 커다란 영향을 끼쳤다.

오늘날 미국의 대외경제정책 결정과정을 보면 '내압/투사형' 정치 색채가 매우 강하다. 예를 들어 1988년의 포괄통상법(Omnibus Trade and Competitiveness Act of 1988)을 보더라도 301조 강화, 관세법 337조 개정(지적소유권 보호와 관련하여 국내 산업의 손해라는 요건을 충족시키지 못하더라도 외국에 보호조치를 취할 수 있다고 하는 조항) 등 국내 이익집단(혹은 특정 기업)의 압력에 큰 영향을 받는 것을 알 수 있다.

물론 '내압/투사형' 정치가 모두 보호주의로 연결되는 것은 아니다. 이는 국내 여러 집단 간 힘의 관계에서 비롯되기도 한다. 예를 들어 자유무역을 지향하는 집단이 그 사회에서 지배적인 위치에 있고 현행 정책 또한 자유무역을 지향한다면 '내압'은 없을 것이다(혹은 매우 약하게 조직화되어 있을

20) E. E. Schattschneider, *Politics, Pressures and the Tariff*, NY: Prentice-Hall, 1935.

것이다). 2차 대전 이후부터 1960년대까지 미국은 이러한 상황에 놓여 있었다고 할 수 있다.[21] 그러나 전체적으로 미국의 (산업)경쟁력이 저하되면 자국 상품의 보호를 요구하는 집단의 힘이 강해지고 보호주의 '내압'이 강해진다. 그리고 자유무역파는 지배적인 위치에 있을 때는 조직 활동을 하지 않아도 되었지만, 1970년대 중반 이후 조직화를 시도하면서 보호주의에 대항하기 시작한다.[22]

외압/반응형 정치

'외압/반응형'[23] 정치란 국제시스템 레벨의 움직임이 국가 정책(제도) 변경을 요구하는 압력이 되고 국가(정부)는 이를 전제로 국내 이해집단을 조정·설득하는 정치 양식이다. 여기서 '외압'에 대응하는 방식에 따라 첨예한 관료정치적 대립이 발생하고 국내 각 집단 간 대립도 격렬해진다(이때 '외압'에 반대하는 이익집단의 힘이 매우 강할 경우 다음 항에서 설명하는 '내/외압 조정형' 정치가 된다).

상호의존 세계에서는 특정 국가, 혹은 다수의 국가들(국제적인 협조 기관을 포함)로부터 '외압'이 들어오는 것이 일반적이다. 예를 들어 일본은 미국으로부터 '항상적으로' 시장개방 '외압'을 받고 있다. 미국 역시 재정적자나 합산 과세 등과 관련하여 다른 국가들로부터 '외압'을 받고 있다. 또한 GATT, 경제서미트 협의, 약속 등도 참가국의 '외압'이 된다.

전통적 국제정치학 혹은 정책결정론에서는 '외압'이라는 개념은 존재하지 않거나 일반적인 것이 아니라 영향력(influence)의 하나로 취급되었을 것이

21) R. Bauer, et al., *American Business and Public Policy*, Chicago: Aldine-Atherton, 1972.

22) I. M. Destler and J. S. Odell, *Anti-Protection: Changing Forces in United States Trade Politics*, Washington, D.C.: Institute for International Economics, 1987.

23) '외압'은 일본에서 자주 사용되는 말이지만 예를 들어 경제서미트의 정치과정을 분석한 퍼트남·베인은 외부압력을 그 정치과정의 특색 중 하나로 들고 있다. Putnam and Bayne, 앞의 책, *Hanging Together*.

다. 즉 두 국가 A와 B가 있다고 할 때, A는 B의 (대외적인) 행동을 A가 원하는 방향으로 조정하기 위해서 다양한 수단을 동원하게 된다. 일본에 시장개방을 요구할 때 미국이 사용하는 다양한 수단은 이러한 영향력 행사의 한 예로 볼 수 있다(4장에서는 이런 관점에서 상호의존의 힘을 고찰하고자 한다). 그러나 만약 '외압'이 단순히 이와 같은 것만을 의미하는 것이라면 굳이 학문적인 용어로 '외압'이라는 말을 사용할 필요는 없을 것이다.

그렇다면 '외압'과 '영향력'의 차이는 어디에 있을까. 첫째, 가장 중요한 점은 '외압'의 대상(목적)이 상대국의 (대외) 행동을 조정할 뿐만 아니라 국내사회, 경제정책, 제도와도 관련한다는 점이다. 둘째, '외압'의 대상을 두고 국내에서 찬성파와 반대파가 크게 대립하는 것이 통상적인 일이다. 즉 A가 B에 '외압'을 행사하려 할 때, B의 국내에는 A의 요구에 찬성하는 집단 및 정책결정자(관료조직)가 있을 것이며 또한 이에 반대하는 집단도 있다. 따라서 '외압'은 반드시 국내의 정치과정(政爭)을 거치게 되며 이를 통해 그 결과가 나타난다. 즉 '외압'을 행사하는 측도 상대국 국내 정치에 주의를 기울여 '외압'을 행사할 적절한 시기, '외압'의 강도, '외압'을 행사하는 방법에 신경을 많이 쓰게 된다.

내/외압 조정형 정치

현실에서 순수한 형태의 '내압/투사형' 혹은 '외압/반응형' 정치가 발생하는 일은 그다지 많지는 않을 것이다. 만약 '내압/투사형' 정치만 존재한다면 국가(정부)는 단순히 국내 여러 집단들 간 힘의 관계에 좌우되는 대외적인 이익 대변인에 불과할 것이다. 또한 '외압/반응형' 정치만 존재한다면 국가(정부)는 외부의 요구를 내부화하는 매국노(아마야 나오히로[天谷直弘]의 '라샤멘'을 상기해 보자[24])에 지나지 않을 것이다. 그러나 상호의존의 정

---

24) 아마타니 나오히로(天谷直弘), '저렴한 내셔널리즘을 배척한다(ソープ・ナショナリズムを排す)', 『문예춘추(文芸春秋)』, 1981년 7월호, 특히 p. 326.

치는 '내압/투사형' 정치와 '외압/반응형' 정치의 혼합 형태를 취하는 경우가 많다. 어떤 국가든 '내압'형 정치에 직면하기도 하고 '외압'형 정치에 직면하기도 할 것이다. 또 어떤 문제는 국가/정부가 '외압'과 '내압' 모두를 받아들여 조정하지 않으면 안된다. 로제크란스는 상호의존 국가를 '조정국가(meditative state)'라고 정의했다.[25] 말하자면 국가는 외부 대변자이며 내부에서는 매국노와 같아서 전체적으로는 내부 요구를 외부로, 또 외부의 요구를 내부로 '번역'하는 역할을 담당하고 있다. 이러한 정책 결정에서 '조정국가'라는 이미지는 다국 간 교류에서 내부와 외부를 조절하는 '게이트 키퍼(Gatekeeper)'로 국가 · 정부의 이미지와도 겹친다.

하지만 '조정국가'라고 해도 어떻게 '외압'과 '내압'을 조정할 것인가는 매우 어려운 문제이다. 그리고 이는 '관료정치' 등 정부 내 정치에 민감하게 반영된다. 단순하게 말하면 행정부 내부에도 '내압'과 '외압'을 반영하는 부서가 따로 존재하며 이들 부서 간 분쟁도 심각하다.[26] 일찍이 일본의 경제외교는 '두 줄기(일본이 니혼[二本]으로 발음되는 점을 빗댄 용어) 외교'로 불렸다. 즉 외무성은 대미 관계를 중시하여 미국의 '외압'에 자주규제 등을 신속하게 실시하려고 했던 것에 반하여, 통산성은 국내 업계 의향을 반영해 외압에 반대함으로써 일본 외교는 분열되어 있었다. 아마 이러한 양상은 다른 국가도 마찬가지일 것이다. 여기서 미 · 일 자동차 마찰을 예로 들어 미국의 '관료정치'를 살펴 보자.

1981년 4월 미 · 일 자동차 마찰은 중요한 고비를 맞았다. 미국 정부는 일본의 자동차 수입에 최종적으로 어떠한 태도를 취할 것인지 결정해야 했다. 미국 정부는 대외경제각료회의를 열어 결정하려고 했으나 합의는 좀처럼

25) Rosecrance, 앞의 책, *The Rise of the Trade State*, pp. 222-25.

26) 단 이 패턴은 미 · 일 자동차 마찰에서는 역전되었다. 즉 통산성은 이른 단계부터 자주규제 운운했지만, 이에 반해 외무성은 미국에서 그러한 요구를 하지 않는데 일본에서 자주규제를 하겠다고 나서는 것에 반대했다.

이루어지지 않았다. 상무성, 운수성 등 국내 산업과 밀접한 관계를 맺고 있던 관련부처는 수입제한을 강력히 주장했다. 그러나 당시 레이건 정권의 가장 큰 정치적 과제는 인플레이션 억제였기 때문에 행정관리예산국, 대통령경제자문위원회, 재무성은 자동차 수입규제에 의한 인플레이션 촉진 효과를 우려하여 수입제한 정책을 강력하게 반대했다. 또한 국무성은 이 문제가 미・일 관계에 악영향을 끼칠까 우려하였다. 미국무역대표부(USTR)는 기본적으로 각 부처 간 조정을 위해 힘을 쓰고 있었다. 이러한 상황에서 미국 정부는 끝내 최종 결정을 내리지 못하였다. 비결정의 결정이었다.[27] 그리고 수입규제(혹은 미국이 일본에 수출자주규제를 요청하는 것)에 강력히 반대한 데이빗 스톡맨(David Stockman) 행정관리예산국 장관은 "단 일본이 자의적으로 자주규제를 실시한다면 이는 미국 정부가 관여할 바가 아니다"라고 밝히고, 1981년 4월 하순 빌 브록(Bill Brock) 미국무역대표부 대표가 일본을 방문하여 일본의 대미 자동차 자주규제의 기본틀을 완성시켰다.

이러한 '관료정치' 속에서 '내압', '외압' 그리고 국가의 전체 이익(예를 들어 인플레이션 억제)이 각 담당 부처에 맡겨져 첨예하게 대립하고 있었음을 알 수 있다. 또한 '정부 내 정치'는 '관료정치'에만 국한되지 않는다. 국회(의회)도 커다란 역할을 한다. 예를 들어 미국에서 특히 통상은 헌법상 의회의 권한이기 때문에 행정부와 의회(입법부)의 힘 관계[28]에 따라 최종 정책이 결정된다. 그리고 일반적으로 행정부가 '외압' 혹은 전체의 이익을 그리고 의회가 '내압'을 대표한다고 할 수 있다. 미・일 자동차 마찰에서도 의회의 보호주의 움직임이 강하였고 수입제한을 위한 법안이 잇달아 도입되었다. 그리

---

27) 예를 들어 H. Rowen, "Strange Bedfellows Vie, Jostle as Reagan's Economic Advisers," *Washington Post April* 26, 1981, p. G1.

28) 로버트 패스터(Robert A. Pastor)는 인터 브랜치 폴리틱스(Inter-Branch Politics)라고 명명. R. A. Pastor, *Congress and the Politics of U. S. Foreign Economic Policy: 1929-1976*, Berkeley: U. of California Press, 1980

고 일본이 자주규제 정책을 결단하게 된 중요한 이유는 미 의회에서 지극히 제한적인 법안이 통과될 가능성이 높았기 때문이었다.

상호의존에서 '정부 내 정치'는 거의 모든 분야에서 나타난다. 그리고 정부는 관할권을 달리하는 부처로 나뉘기 때문에 분야에 따라서 '관료정치' 참가자도 달라진다(이는 의회 · 국회에서 각 위원회, '족의원'[29]에서도 마찬가지일 것이다). 일본을 보더라도 통상 분야에서 주로 통산성(현재 경제산업성)과 외무성이 주된 행위자였다. 그러나 통화 및 금융 분야에서는 대장성 · 일본은행이 주된 행위자가 되고 정보 분야에서는 우정성, 문부성(저작권), 통산성 등이 중심이며, 또한 인적자원 분야에서는 법무성, 노동성, 경찰청, 외무성 등이 중심이 된다. 그리고 상호의존이 상품→자금→서비스→정보→인적자원으로 확대되면서 각 부처가 '외압', '내압' 그리고 전체 이익을 위한 조정 역할을 수행하게 된다. 이미 '외교=외무성' 시대는 끝났다. 즉 각 부처 모두가 상호의존의 정치와 밀접하게 관련하는 시대로 변화되고 있는 것이다.

국가의 형태?

이상 상호의존 세계에서 전개되는 정책결정의 형태로 '외압/반응형', '내압/투사형', '내/외압 조정형'을 살펴보았다. 이러한 형태의 정책결정은 국가나 분야에 따라서 다양하게 분포되어 있다. 하지만 한 국가에서 특정형태의 정책결정이 빈번하게 나타날 때 그 나라를 '외압/반응형 국가', '내압/투사형 국가', 혹은 '내/외압 조정형 국가'라고 부를 수 있을 것이다. '외압/반응형 국가'[30]란 그 나라의 정책결정이 주로 외부(국제시스템, 혹은 특정 국가로부터) 요구에 반응하는 형태로 이루어지는 것을 말한다. '내압/투사형 국가'란

---

29) 이노구치 다카시 · 이와이 도모아키(岩井奉信), 『'족의원' 연구('族議員'の研究)』(日本経済新聞社, 1987).

30) 예를 들어 K. E. Calder, "Japanese Foreign Economic Policy Formation: Explaining the Reactive State," *World Politics* 40: 4, July 1988, pp. 517-41.

그 나라의 대외 정책이 국내 '내압'으로 정해지며 이것이 다른 국가들에 영향을 끼치게 되는 형태를 말한다. '내/외압 조정형 국가'란 이들 두 형태가 혼합된 형태로 나타나는 국가이다. 여기서 주목해야 할 것은 '내압/투사형 국가'와 '외압/반응형 국가' 두 형태의 극단적인 모습이다. 그 대표적인 예와 그러한 형태를 취하는 이유를 생각해보자.

'내압/투사형 국가'의 전형적인 예는 앞에서 본 것처럼 미국일 것이다. 2차 대전 후 미국은 자유경제를 표방하여 이를 국내적으로 정비함과 동시에 다른 국가들에세 자유경제체제를 따르도록 항상 '압력'을 행사해왔다. 예를 들어 최근에도 전기통신 분야의 자유화를 지지하고 이 분야 기업들의 압력을 받아 다른 국가들에게 자유화를 강요하고 있다. 또한 지적소유권 분야에서도 자국 컴퓨터 소프트웨어 보호 규제를 강화하고 동시에 다른 국가들도 그러한 (정책)노선에 따라줄 것을 요구하고 있다. 물론 그 배경에는 IBM이나 듀폰(Dupont) 등의 이익집단(혹은 이익 기업)이 분명히 존재한다. 이와는 반대로 통상에 관한 보호주의 조치도 다양한 이익집단의 압력으로 정책이 채택되는 것 또한 사실이다. 물론 미국의 경우에도 합산 과세 및 재정적자 문제와 관련하여 '외압'이 작용하고 이에 반응하는 경우도 있지만, 전체적으로는 '내압/투사형' 국가라고 할 수 있을 것이다.

'외압/반응형 국가'의 전형적인 예는 일본이라 할 수 있다.[31] 일본은 최근 중간소득(中所得) 국가들의 누적채무 문제(누적채무의 채권화 등을 포함), '미야자와 구상(宮沢構想)'[32] 등을 통해 주도적인 역할을 하게 되었지만, 제2차 대전 이후부터 오늘날까지 기본적으로 '외압/반응형' 정책결정과정을 보

31) 단 일본은 오히려 '내/외압 조정형 국가'일지도 모른다.

32) 당시 미야자와 대장성 장관은 선진 7개국 정상회담에서 아시아 제국의 경제회복을 지원하기 위하여 일본이 300억 달러 규모의 자금을 창설할 계획을 명확히 하였다. 소위 미야자와 구상(Miyazawa Plan)은 일본 수출입은행에 의한 직접융자 및 엔차관 활용 외에 지원 대상국이 국제시장에서 자금을 조달할 경우, 재무보증·이자지급 등을 통해 아시아 제국의 고용대책 및 불량채권 해소를 목적으로 하였다.(역자주)

여 왔다고 할 수 있다. 통상 혹은 금융 자유화 과정 등이 그 전형적인 예이며, 근래에 와서도 건설시장개방, 쌀 개방 문제 등에서도 '외압/반응형' 정책결정을 쉽게 찾아볼 수 있다.

그렇다면 '내압/투사형 국가'와 '외압/반응형 국가'의 차이는 어디에서 오는 것일까. 이는 각 국가의 국제적 지위, 경제 발전단계, 정책결정 기구의 형태 또는 정치 문화 등 다양한 요인에 의해서 결정될 것이다.[33] 예를 들어 전후 미국은 패권적 지위를 차지하여 국내적으로도 비교적 가장 자유로운 경제 시스템을 갖추게 되었고 경제 발전도 다른 국가들과 비교가 되지 않을 정도였다. 또한 정책결정(혹은 정치)에서도 미국이 적극적으로 주도권을 쥐고 리더십을 발휘하는 것이 높이 평가되는 풍토였다. 이러한 조건에서 다른 국가들에 자유화를 요구할 때 '내압/투사형' 정책결정을 한 것은 당연한 것일지도 모른다. 상대적 지위가 저하된 오늘날에도 이러한 양상은 변하지 않았다. 즉 보호주의 조치와 관련해서도 '내압/투사형' 정책결정 형태를 보이고 있다. 이러한 미국과는 대조적으로 일본(그리고 NIES－단 홍콩 등의 예외 존재)은 제2차 대전 이후 정치적, 경제적으로 낮은 지위에서 보호주의 조치를 취하면서 경제발전의 길을 걸어 왔다. 이러한 과정에서 국가들은 선진국과 마찰을 일으켰고 이에 대처하기 위하여 또는 보다 넓은 국제경제 시스템에 참가하여 활동하기 위해서 자국 시장을 자유화시켜 왔다. 물론 논리적으로 이러한 국가들은 자발적으로 시장을 자유화할 수도 있었을 것이다. 하지만 대부분 '외압'이 있었고 이에 반응하는 형태로 시장의 자유화가 진행되었다. 그 이유는 다음 몇 가지로 정리해볼 수 있다.

첫째는 자국 지위에 관한 이미지가 타국이 보는 이미지와 다르다는 것이다. 즉 자국의 상대적 지위가 향상되어도 자국은 아직도 '소국' 이미지를 가지고 있는데 다른 나라들은 이미 '선진국'이 되었다고 보는 경우도 간혹 있다. 이렇

33) Calder, 앞의 논문, "Japanese Foreign Economic Policy Formation," p. 526.

게 이미지에 차이가 나는 것을 보면 '외압/반응형' 양식을 취하게 되는 것도 당연하다. 또 일본이나 NIES 국가들에 있어서 시장자유화는 기득권의 이익 체계를 무너뜨릴 수도 있기 때문에 좀처럼 자발적으로는 보호주의 장치를 철폐할 수 없어서 '외압'이 정치역학상 필요했다고 할 수도 있다. 물론 자발성 정도에는 차이가 있으며 이는 국내 정치제도 또는 정치문화 등의 영향이 클 것이다(예를 들어 그다지 강한 리더십이 발휘되지 못하는 일본의 정치 형태를 떠올려 보자).

3. 국제적인 이슈 다이나믹스

위에서 상호의존 세계의 정책결정과정을 고찰해보았다. 이 장에서는 상호의존 세계에서 정부 간 정치과정을 분석하고자 한다. 그러나 여기서는 각국의 정부 사이에서 다루는 문제가 어떠한 역학 관계를 통해 결정되는지 정면으로 다루지는 않을 것이다. 이 절에서는 국제적 이슈 다이나믹스라는 관점에서 각국 정부 사이에서 어떠한 문제가 어떻게 다루어지는지를 밝히고자 한다.

이슈(Issue)[34)]

상호의존 정치에서 양국 간이든 다국 간이든 그들 간에 채택되는 문제(이슈 issue)는 크고 작은 문제들과 연관되어 여러 방면에 걸쳐서 또한 시간이 경과됨에 따라 크게 변화한다. 예를 들어 1975년부터 열리고 있는 선진국 정상회담을 보더라도 이 회담에서 다루는 문제는 통화, 에너지, 스태그플레이션, 통상, 과학기술, 미국 재정적자 등 다방면에 이르며 또한 시간이 흐름

---

34) 조금 문맥은 다르지만 다음의 논문을 참조. J. A. Vasquez and R. W. Mansbach, "The Issue Cycle: Conceptualizing Long-term Global Political Change," *International Organization* 37(2), Spring 1983, pp. 257-67.

에 따라 크게 변화되어 왔다. 남북 문제에서 1970년대 중반의 신 국제경제질서(NIEO) 문제에서 1980년대의 누적채무 문제까지 이어지고 있으며 또한 신흥공업국지역군(NIES— Newly Industrializing Economies) 문제도 다루면서 적어도 표면적 이슈는 크게 변화되어 왔다.

이러한 이슈의 변천을 '이슈 사이클(Issue Cycle)'이라고 가정해보자. '이슈 사이클'을 단순화하면 (1) 어떤 현상이 문제로 인식된다 (2) 정책과제('어젠다')가 된다 (3) 해결을 위해 다양한 수단이 모색된다 (4) 어떠한 수단(혹은 조합된 수단)을 채택할 것인지 선택 및 결정이 이루어진다 (5) 실행된다 (6) 실행에 옮겨진 수단이 문제 해결에 어느 정도 도움이 되었는지 평가한다 (7) 충분히 성과를 거두고 문제가 해결되었다고 인식되면 그 문제에 대한 '이슈 사이클'은 종료된다. 단 충분한 성과에 도달하지 못하고 문제해결이 아직 미흡하다고 인식되었을 경우에는 다시 그 문제에 대한 '이슈 사이클'이 반복된다. 이러한 '이슈 사이클'을 나타낸 것이 〈그림 3-3〉이다.[35] 물론 모든 문제에서 이러한 '이슈 사이클'이 완결되는 것은 아니다. 어떤 문제는 정책(정치)과제('어젠다')가 되지 못하고 끝나 버릴 것이고, 혹은 해결책을 모색하는 단계에서 끝나 버릴지도 모른다.

〈그림 3-3〉 이슈 사이클

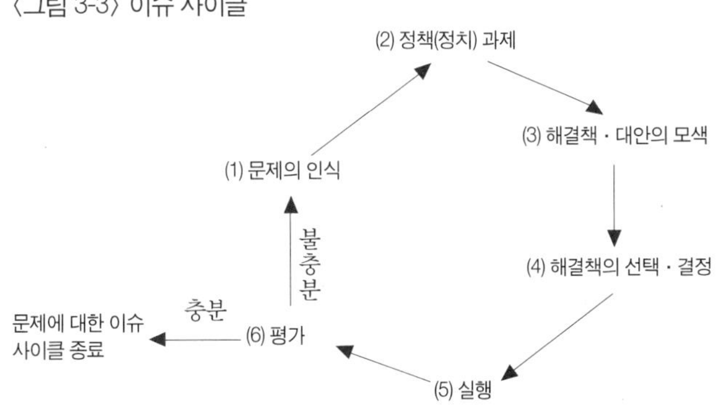

35) 다음을 참조. G. Brewer and P. de Leon, *The Foundations of Policy Analysis*, Homewood: Dorsey, 1983.

〈그림 3-3〉에 나타난 '이슈 사이클'에서 (예를 들어 경제서미트 등에서의 이슈) 다국 간 정책 결정을 보면 (3)에서 (6)까지는 이 책 6장 2절에서 설명하는 정책 협조 문제이다. 따라서 이하에서는 (1)의 '문제 인식'과 (2)의 '정치과제 – 어젠다'를 고찰하고자 한다. 이것은 상호의존 세계의 정부 간 정치 '전초전'에 대한 고찰이다.

문제의 인식 – 사이버네틱 모델(Cybernetic Model)

과연 무엇이 문제인가에 대한 인식은 당연히 그것을 인식하는 주체의 평가 기준에 의존한다. 국가(정부)의 평가 기준은 경제성장, 물가안정, 고용 또는 안전보장 등이 될 것이다. 이러한 기준에서 경제 시스템의 움직임 또는 외국 정책 등이 국가 기준을 크게 위협했을 경우 국가는 그것을 '문제'로 인식하게 될 것이다. 물론 국내 여러 집단 혹은 각 부처들은 각각 다른 평가 기준을 가지고 있을 것이다. 그리고 어떠한 현상을 문제로 인식할 것인지는 각 집단에 따라 달라질 것이다. 따라서 어떤 현상이 국가 · 정부 차원에서 해결해야 할 문제로 인식되기 위해서는 국내 혹은 정부 내 정치과정을 거치지 않으면 안 된다.

상호의존 세계에서 국제적으로 '이슈'(문제로 인식되는 현상)화 되는 것은 일반적으로 '불균형'의 문제라고 할 수 있다. 여기서 '불균형'이란 단지 그것이 각국의 목표달성을 위협하는 것뿐만 아니라 시스템 전체의 안정 및 정통성을 위협하는 것으로 인식되는 것이다. '불균형' 판정은 추상적으로 (각국 목표 달성에 큰 영향을 주는) 중요한 변수가 일정 (허용 가능한) 범위에 있는지에 대한 문제이다. 만약 허용 가능한 범위 안에 있다면 '불균형'은 존재하지 않는다. 또한 그 변수의 값이 일정 범위에서 벗어났더라도 (1) '허용 가능한 범위'로 수렴될 수 있는지(동학적인 '균형'), 혹은 (2) 점점 괴리(일탈)되는지(동학적인 '불균형')가 문제가 된다.

여기에서 어떠한 변수가 문제가 되는지는 각국의 목표에 따라 정해지며 또한 그 변수의 움직임은 경제적 혹은 정치적 메커니즘으로 결정된다. 가장 쉬운 예로 어떤 상품의 가격이 수급 관계에서 결정되는데 이것이 외부 교란에 의해서 급등(급락)하고 각국의 경제성장 혹은 인플레이션 억제라는 목적에 큰 위협이 되는 경우이다. 예를 들어 식량의 경우 수요 그 자체는 단기적으로는 그다지 변하지 않더라도 곡창지대에 흉작이 발생하면 공급은 저하되고 가격은 상승한다. 또한 식량 재고량도 감소하여 어떤 의미에서 세계적 식량안보가 '이슈'화 된다.

이와 같이 매우 단순한 메커니즘으로 생기는 '불균형'은 예를 들어 석유(에너지 위기) 등도 해당된다. 보다 복잡한 예로는 미 · 일 간 무역 불균형, 미국 대외채무 증대 등을 들 수 있다. 가치기준에 따라서도 다르겠지만 남북격차도 '불균형'이라고 할 수 있다.

다시 말해 상호의존 정치에서 이슈가 되는 '불균형'이란 국가의 기본 목표 또는 국제경제 시스템 안정이라는 측면에서 매우 중요한 지표(변수)가 '허용 가능한 범위'를 넘어선다는 것이다. 반대로 이 지표가 '허용 가능한 범위' 내에서 움직이는 동안은 이슈화되지 않으며 그 범위 밖으로 벗어나 이슈화되어도 다시 '허용 가능한 범위'로 돌아오면 (혹은 돌아오고 있다면) 진정될 것이다. 이렇게 본다면 '문제 인식'의 메커니즘은 존 스타인브루너(John D. Steinbruner)가 말하는 '사이버네틱 모델(cybernetic model)'에 가깝다.[36] 즉 정부는 다양한 문제 영역에 의도적으로 혹은 암묵적으로 기본 변수를 두고 그 움직임의 '허용 가능한 범위'를 설정해둔다. 그리고 기본 변수의 값이 그 범위 내에 있다면 (전혀 반응하지 않음을 포함하여) 별다른 반응을 보이지

---

36) J. Steinbruner, *The Cybernetic Theory of Decision*, Princeton: Princeton U. P., 1974. J. Rosenau, "Before Cooperation: Hegemons, Regimes, and Habit-Driven Actors in World Politics," *International Organization* 40, Autumn 1986.

않는다. 그러나 기본 변수의 값이 '허용 가능한 범위'를 넘게 되면 관심과 에너지를 투입하기 시작하며 그 문제를 합리적으로 해결하려는 행동을 하게 된다. 말하자면 자동온도조절 장치와 같은 메커니즘이 존재한다는 것이다. 최근 선진국 정상회담 혹은 GATT 회동에서 일정 지표를 설정하고 이들 지표 변화를 감시하려는 움직임이 보인다(상세한 내용은 6장 2. 정책 협조를 참조할 것). 이것은 위에서 말한 자동온도조절 장치와 같은 메커니즘을 다국 간 틀로 명시화하려는 것이다. 이러한 행동 패턴은 단지 비용 문제뿐 아니라 (기본 변수의 값이 '허용 가능한 범위' 내에 있다 하더라도 항상 에너지를 소모하여 합리적으로 행동하려고 하면 비용이 높아진다) 인간의 심리 메커니즘과도 일치한다고 할 수 있다.

상호의존 세계에서 이슈가 되는 문제들은 이러한 '불균형'에서 나오지만 이것이 문제의 전부는 아니라는 것 또한 분명한 사실이다. 그 중에서도 중요한 것은 상호의존 그 자체를 규정하는 룰 설정 또는 재편성의 문제이다(이 부분은 5장 3절의 국제 레짐에서 자세하게 설명한다). 룰 설정 및 재편성이 이슈가 되는 몇 가지 이유를 들어보자. 첫째로 지금까지 설명한 것처럼 실물경제의 '불균형' 때문에 새로운 룰이 설정되거나 혹은 룰이 변경된다. 금태환 제도에 따라 고정환율제가 미국의 금 보유량과 외국의 달러 보유량 간 '불균형'에 의해 불안정해졌고 변동환율제라는 새로운 룰이 만들어졌던 사실이 그 예라 할 수 있다. 혹은 1차 산업 상품 가격의 불안정성을 회피하기 위해서 가격 안정 기금이라는 새로운 룰(기구)을 만들려는 것도 그 예이다. 또한 룰의 설정이나 재편성은 반드시 '불균형'에 기인하거나 직접 그것을 해결하기 위해서 이슈화되는 것만은 아니다. 예를 들어 패권적 지위에 있는 나라가 자국 이익을 위해서 룰을 설정하는 경우에도 이슈화된다(예를 들어 미국에 의한 자유무역체제 성립).

정치적인 어젠다로의 전개

어떤 '불균형'이 한 국가 혹은 많은 국가에서 '문제'로 인식되었다고 하자. 상호의존 세계에서는 그 '문제'를 해결하기 위해서 일반적으로 타국 또는 국제적인 협력이 필요하다. 따라서 '문제'를 인식한 국가는 문제 해결을 위해서 타국에 협력을 요청하게 될 것이다.

여기에서 문제가 되는 것은 양국 간이든 다국 간이든 어떤 '문제'가 해결해야 할 이슈로서 즉 '어젠다'로서 실제로 국제무대에서 채택될 것인가 하는 점이다. 국제무대에서 특정 문제가 이슈로 채택될 것인지 아닌지는 문제 자체의 특징과 그 문제를 둘러싼 각국의 이해 관계 및 힘의 관계에 따라 정해질 것이다. 예를 들어 그 '문제'가 대다수 주요국가들 사이에서 공통적인 큰 '문제'로 인식되었을 경우에는 문제 해결방법은 별도로 하더라도 '어젠다'로 채택될 것이다. 하지만 문제가 해당 분야에서 주도 역할을 하는 국가에 그다지 중요하지 않거나 혹은 국제적 '어젠다'로 채택되는 것이 주도국에 유리하지 않을 경우 이 '문제'가 '어젠다'가 되는 일은 없을 것이다. 예를 들어 1980년대 전반 달러고(高) 및 그 배후였던 미국의 거대한 재정적자를 다른 국가들이 국제적인 '어젠다'로 선정하려 하였으나, 레이건 정권은 이 문제를 주요국 정상회담 등 국제 무대에서 '어젠다'로 채택되기를 거부하는 데 성공했다. 반대로 주도국이 '문제'로 인식했을 경우에는 다른 국가들의 저항을 극복하고 국제적 '어젠다'로 채택될 가능성이 크다. 예를 들어 1986년에 발족한 우루과이라운드에서 서비스 무역, 지적소유권과 관련된 새로운 룰 제정이 '어젠다'로 채택되었는데 이는 주도국인 미국이 이들을 '문제'라고 인식하여 국제적인 '어젠다'로 설정하려고 했기 때문이다.

이와 같이 어떤 '문제'가 국제적 '어젠다'가 되려면 영향력 분포가 매우 중요한 작용을 하기 때문에, 각국은 그들이 인식한 문제가 가능한 한 유리하게 국제적 '어젠다'로 채택될 수 있도록 해당 문제를 다룰 무대(Forum)를 선택할 것이며 또한 그러한 무대를 만들려고 할 것이다. 미국이 서비스 무역의 핵심 중 하나인 전기통신(특히 부가가치 통신)에서 유엔 방식이라 할 수 있는 국제전기통신연합(ITU: International Telecommunication Union)보다 선진국이 주도권을 쥐고 있는 GATT를 교섭의 장으로 '어젠다'를 설정하려는 것도 그런 이유이다. 물론 주요 선진국으로 구성된 주요국 정상회담에서는 남북격차 시정 등의 문제가 우선 순위가 높은 '어젠다'로 채택될 리는 없다. 반면 개발도상국들은 영향력이 가장 크다고 생각되는 유엔 기관인 ITU 무대에서 이 문제를 국제적 '어젠다'로 설정하고자 할 것이다.

4장

상호의존에 있어서의 힘과 국제시스템

1. 상호의존에서의 힘

일찍이 케네스 볼딩은 사회 시스템을 협박 시스템, 교환 시스템 그리고 사랑/증여(통합)의 시스템으로 나누어 설명하였다.[1] 협박 시스템이란 상대를 (군사력을 포함하는 수단으로) 위협하여 자신의 목적을 달성하는 시스템이다. 교환 시스템은 자신에게 이득이 되는 것과 상대에게 이득이 되는 것을 교환하여 목적을 달성하는 시스템이다. 그리고 사랑/증여(Love and Grant)의 시스템은 상대에게 대가를 바라지 않고 자신(그리고 상대)에게 가치 있는 것을 주려는 시스템이다. 이렇게 보면 상호의존 세계는 당연히 교환 시스템의 세계이다. 물론 여기에는 원조 등 사랑/증여의 시스템이 포함되어 있다(단 원조가 정말로 사랑/증여인가라는 문제는 남게 된다).

그러나 이보다 주의 깊게 봐야 할 점은 상호의존 세계가 교환 시스템을 전제하면서도 협박 시스템을 포함한다는 것이다. 물론 상호의존 세계에서 군사력이 직접 사용될 가능성은 매우 낮지만(이런 의미에서 상호의존 세계는 1장에서 설명한 도이취의 '다원적 안전보장 공동체'라고 할 수 있다), 자신의

1) K. E. Boulding, "Toward a Theory of Peace," in R. Fisher, ed., *International Conflict and Behavioral Science*, NY: Basic Books, 1964, Chap. 4.

목적 달성을 위해 필요하다고 판단되면 상대의 가치를 박탈하는 협박이 사용된다(물론 가치를 부여하여 자기 목적을 달성하는 경우도 있다). 이러한 경우 그 목적은 다방면에 걸쳐 단지 상대 행동을 조정하거나 그 제도를 바꾸려고 하는 것뿐만 아니라 보다 넓게 자국의 목적과 일치하는 국제질서를 형성하는 데 있다.

힘(Power)의 정의[2)]

앞 장에서 살펴본 바와 같이 힘(power)이란 자신의 목적에 부합하도록 상대 행동을 조정하는 것이다. 이 경우 상대 의지와는 반대로 자신의 목적을 달성하려고 하는 경우도 있고, 반면 상대 의지를 존중하면서 혹은 상대 이익을 촉진시키면서 상대방의 행동을 조정하는 경우도 있다. 전자를 '권력적' 힘의 행사라고 한다면 후자는 '정치적' 힘의 행사라고 할 수 있다. 상대의 행동을 조정할 때에는 어떠한 형태로든 수단이 이용된다. 그리고 이러한 수단에는 설득, 경제 수단, 군사적 수단 등 다양한 형태가 존재한다.

앞서 몇 차례 말한대로 상호의존 세계에서 생각할 수 있는 목적이란 기본적으로 국민 복지(경제성장, 고용, 물가안정 등)를 향상시키는 것이며, 안정된 국제금융제도, 무역제도 등을 창립하거나 유지하는 것이다. 따라서 상호의존 세계에서는 경제 목적을 달성하기 위해 설득 내지는 경제 수단을 이용한 힘의 행사가 자주 발생한다. 또한 군사적 수단을 사용하여 경제 목적을 달성하려는 경우도 있다. 예를 들어 미국이 방위 문제와 무역 문제를 연관시켜 일본 시장개방을 강요하는 경우 등도 이에 해당한다. 반대로 경제적 수단을 통하여 정치 · 안전보장상의 목적을 달성하려는 경우도 있다. 그 전형적인 사례가 제4차 중동 전쟁에서 아랍 국가들이 석유수출입 금지라는 수단으로 이

2) 힘의 정의에 관해서는 R. A. Dahl, "The Concept of Power," Behavioral Science 2, July 1957, pp. 201-15. 또 K. W. Deutsch, *The Analysis of International Relations* (2nd ed.), Englewood Cliffs: Prentice-Hall, 1978, Chap. 3.

스라엘에 대한 서방 국가들의 정책변경을 강요한 것이다. 사실 군사적 수단으로 정치·안전보장상의 목적을 달성하고자 하는 일은 상호의존 세계에서는 일어나지 않는다(단 상호의존 세계에 큰 영향을 줄 것이다. 미·소 '신 냉전' 혹은 이란·이라크 전쟁이 국제경제에 끼친 영향을 상기해보자).

어떤 국가가 목적을 이루기 위하여 어떤 수단을 취했을 때, 성공하는 정도를 힘의 양이라고 한다. 물론 이것은 어느 정도 성공했는가 뿐만 아니라, 힘을 행사했을 경우의 비용(혹은 힘을 행사하는 데 사용된 자원을 다른 목적으로 사용했을 경우 상정한 기회비용) 그리고 성공이 가져온 편익을 고려해서 평가해야 한다. 또한 어떤 국가가 행사한 힘의 양은 문제 영역 및 상대국에 따라서 다를 것이다.

어떤 국가는 많은 문제 영역에서(이를 힘의 범위라고 한다) 또한 많은 국가들을 상대로(힘의 도메인[domain]이라고 한다) 힘을 행사할 수 있지만, 이것이 모든 국가들에 해당되는 것은 아니다. 어떤 국가가 힘을 행사하기 위해 수단을 사용할 때는 다양한 자원이 이용된다. 예를 들어 설득이라는 수단을 사용하는 경우에는 지적(知的)인 장치(경제모델에서 정통성까지)가 필요할 것이다. 그리고 경제적 수단을 사용할 경우 경제력, 시장 규모 등의 자원이 필요할 것이다. 이러한 자원을 힘의 기저(基底)라고 한다. 이 기저가 크면 클수록 그 나라의 잠재적 힘의 양, 범위 또는 도메인이 커질 것이다.

취약성

상호의존이 발전하면서 (군사력을 기반으로 하지 않는) '새로운' 힘의 근원이 생겼다. 이를 코헤인과 나이는 '취약성'(vulnerability) 또는 '민감성'(sensitivity)이라는 용어로 설명하였다.[3] '취약성'이란 상호의존이 단절되었

3) Keohane and Nye, *Power and Interdependence*, Chap. 1. 비대칭 상호의존에 따른 힘의 행사에 관해서는 R. H. Wagner, "Economic Interdependence, Bargaining Power, and Political

을 때 입는 손해의 크기이다. 예를 들어 일본은 산유국이 석유 수출을 단절(혹은 제한)했을 경우 큰 손해를 입을 것이다. 물론 이 '취약성'은 의존의 크기 및 국내·외 대체물 유무에 따라서 크게 달라질 수 있다. 예를 들어 일본은 석유의 대외의존도가 매우 높으며 국내의 석유 대체자원이 불충분하다. 반면 미국은 일본에 비해서 석유의 대외의존도가 높지 않고 국내에 석유나 셰일가스(含油 shale)[4] 등 대체물이 풍부하다. 따라서 미국은 일본보다 '취약성'이 낮다고 할 수 있다.

하지만 이와 같이 비대칭적 '취약성'을 정치적 힘의 관계로 전환하는 것은 석유뿐 아니라 다방면에서 볼 수 있는 현상이다. 예를 들어 통상의 경우, 미국은 자국에 거대한 시장을 보유하고 있기 때문에 타국에 그다지 의존하지 않지만 다른 많은 국가들은 미국에 크게 의존하고 있다. 따라서 미국이 자국 시장을 폐쇄한다는 위협은 미국 시장에 의존하는 다른 국가들에 치명적인 정치 수단이 된다(6장 1. 상호주의에 의한 질서 참조).

만약 '취약성'이 상호의존 세계의 정치에서 매우 중요한 힘의 근원이 된다면, 각국이 세울 수 있는 전략 중 하나는 자국의 (상대국에 대한 상대적인) '취약성'을 낮추고 반대로 자국에 대한 상대국의 '취약성'을 높이는 것이다. 예를 들어 전자의 경우 (분야에 따라 다양한 수단이 있을 수 있지만) 의존 상대를 다원화한다든지 혹은 반대로 자국에 대한 상대국의 의존도와 그에 따른 '취약성'을 높임으로써 상호의존 관계를 더욱 증대시켜 간다. 미국은 제1차 오일 쇼크에 대응하기 위해서 우선 에너지 자급률을 높여 산유국의 '취약성'을 낮추고자 '독립 프로젝트(Project Independence)'를 고안해내었다. 그러나 이것은 이후 아랍 산유국과의 개발 협력, 오일머니 '인수' 등 아랍 산유국의 대미 의존을 높이고 '취약성'의 '대칭화'를 추구하는 '상호의존 프로젝

Influence," *International Organization* 42(3), 1988, pp. 461-83.

4) 층층이 쌓인 진흙에서 물기가 빠진 암석인 '진흙퇴적함층(셰일)'에 함유된 가스를 말한다.

트(Project Interdependence)'로 바뀌었다. 자국에 대한 상대국의 '취약성'을 높임으로써 자국의 힘을 키우는 예도 자주 볼 수 있다. 그 전형적인 예가 아랍 산유국들의 '석유 카르텔'에 자극을 받은 개발도상국들이 주석 및 그 외 천연자원 카르텔을 만들어 선진국에 대응하는 힘을 키우려 했던 것이다. 이를 '취약성'의 '조직화'라고도 한다.[5)]

만약 상호의존이 가져오는 '취약성' 증대와 이에 따른 정치력 '약화'라는 측면에만 관심을 기울인다면 각국은 자급자족을 추구하게 될 것이고 상호의존은 크게 후퇴하게 될 것이다. 하지만 자급자족은 상호의존 진전에 따라 편익을 향상시킬 수 있는 기회를 박탈한다. 반면 '취약성'을 과대시하는 것 또한 위험하다고 할 수 있으며, 이는 상호의존의 진전은 그 자체가 트랜스내셔널적인 네트워크를 확대하고 대체 가능한 수입 상대국 혹은 시장을 많이 만들어가는 것을 의미하기 때문이다.

민감성

'민감성'에 대하여 코헤인과 나이는 다음과 같이 정의하였다.

> 민감성이란 정책 틀에 있어서 (각국 간) 상호반응의 정도를 가리킨다. 즉 어떤 국가의 변화가 다른 국가에 얼마나 빠르게 또 얼마나 큰 손해를 끼치게 되는가를 말한다. 민감성의 정도는 단지 국경을 넘나드는 교류의 양뿐만 아니라 그 교류 변화가 사회 혹은 정부에 어느 정도 비용을 필요로 하는지에 따라 측정된다.[6)]

'민감성'이란 (정치적 이유로 교류가 단절되지 않는) '통상적인' 경제 교류에서 한 국가의 경제 변화가 다른 국가 정부 또는 사회에 어떠한 (부정적인) 영향을 끼치게 되는가를 말한다. 다시 말해 미 · 일 관계에서 '일반'(通常)적

---

5) 예를 들어 S. D. Krasner, Structural Conflict: The Third World against Global Liberalism, Berkeley: U. of California Press, 1985.

6) Keohane and Nye, 앞의 책, *Power and Interdependence*, p. 12.

경제 관계가 유지되는 가운데, 만약 미국 경제성장률이 떨어지고 이때문에 일본으로부터 수입이 감소되면 이것이 일본 경제성장 목표에 부정적인 영향을 주게 된다는 것이다.[7)]

그렇다면 '민감성'이야말로 2장에서 언급한 '구조적 상호의존' 그 자체를 의미한다고 할 수 있다. 또한 '민감성'의 반대는 타국 경제에 대한 한 국가의 '정책 영향'의 크기라고도 할 수 있다. 즉 어떤 국가의 경제가 1% 성장했을 때, 무역(그 나라 수입[輸入]에 대한 소득 탄력성)을 통해서 다른 국가의 성장을 어느 정도 상승시킬 수 있는가, 혹은 이떤 국가가 경제에 개입하여 불황 문제를 해결하고 경제성장에 공헌하는 정책을 활용했을 경우 그것이 미치는 국제적 파급효과는 어느 정도인가 등으로 나타낼 수 있다.

'취약성'과 '민감성'은 공통점도 있어서 트랜스내셔널적인 교류가 증대함에 따라 쌍방이 함께 상승할 수도 있다. 그러나 상황에 따라서는 '취약성'과 '민감성'은 반대의 움직임을 보이기도 한다. 예를 들어 철강의 경우 여러 국가들이 기술 발전을 이루고 그에 따라 각국 간 비용 차이가 없어졌을 때, 무역 확대에 따른 '민감성'은 증가할 것이다. 그러나 여러 국가들이 수출 능력을 갖추고 대체성을 가지기 때문에 '취약성'은 저하된다.

2. 상호의존과 국제시스템

국제시스템이란 국가를 주체로 성립되는 시스템이다. 이것은 국가 간 힘의 분포 및 국가 관계를 규정하는 '룰'(이는 5장 3절의 '레짐'을 참조할 것) 그리고 국가 간 상호작용의 행동패턴에 의해 성립된다.

---

7) 코헤인과 나이의 '민감성'(및 '취약성')의 해석과 평가에 대해서는 R. N. Cooper, "Economic Interdependence and Coordination of Economic Policies," in his *Economic Policy in an Interdepent World*, Cambridge: MIT Press, 1986, Chap. 11

힘의 분포 - 대국, 중견국, 소국

상호의존과 관련된 힘에는 여러 가지가 있다. 따라서 상호의존 세계에서 국가 간 힘의 분포 또한 다양할 것이다. 이 장에서는 정상적인 경제 관계에 주목하고 그 중에서 국가의 힘을 가장 잘 나타내는 '정책 영향'('민감성'의 역[逆])의 크기를 기준으로 힘의 분포를 살펴보고자 한다.

이러한 관점에서 볼 때 국가는 다음 세 가지 종류로 나눌 수 있다.

(1) 대국: '대국'이란 자신의 목적을 달성할 때 타국의 영향(정책의 영향)을 받지 않으며, 반대로 자신의 행동이나 정책은 다른 나라에 큰 영향을 주는 국가이다.

(2) 중견국: '중견국'(中級國)이란 자신의 목적을 달성할 때 타국의 영향을 받으며, 또한 자신의 행동이나 정책이 다른 나라에도 큰 영향을 주는 국가이다.

(3) 소국: '소국'이란 자기의 목적을 달성할 때 타국의 영향을 강하게 받지만, 반면 자신의 행동이나 정책은 타국에 영향을 주지 않는 국가이다.

대국의 행동과 메타 파워(구조의 힘)

'대국'이란 정의에서도 알 수 있듯이 자국의 목적(예를 들어 경제성장, 고용, 물가안정 등)을 달성하기 위해서 재정, 금융정책 등을 채택할 수 있다. 그러나 국제적으로 이러한 '대국'의 행동은 커다란 '외부 경제 효과'를 초래하며 국제경제의 동향을 크게 좌우할 것이다. 따라서 '대국' 시스템이 어떠한 성격을 가질 것인가는 '대국'의 행동에 따라 크게 달라진다.

그러나 2차 대전 후 미국의 예에서 알 수 있듯이, '대국'은 군사력을 포함한 다양한 힘을 구사하여 국가 간 상호의존 관계를 규정하는 룰을 만들고 나아가 질서를 형성하려고 한다. 앞서 1절 상호의존의 힘에서 힘이란 자신의 목적에 부합하도록 상대 행동을 조정하는것이라고 정의하였다. 그리고 이는 주로 양국 간 힘의 행사를 이미지화 한 것이라고 할 수 있다. 이러한 양국 간 관계에서 행동을 조정하는 것을 힘이라고 정의하는데 반하여, 국가 간 관계의 이상형(다수 국가 간에 있어서의 관계의 룰 및 구조)을 만들어내고 유지하는 힘을 메타 파워(혹은 구조적인 힘)라고 부르기도 한다.[8] 국가 간 관계 구조란 시스템에 속해있는 국가들에게 행동의 기회 및 이익·가치배분을 규정하는 것이며 나아가 이들 국가들의 태도, 가치관도 규정하게 된다. 따라서 메타 파워를 가지는 나라는 자기 목적에 맞도록 계층 구조를 완성하려고 한다.

메타 파워의 바탕에는 군사력, 금융력, 기술력, 지적 자원 등 다양한 것들이 있다. 그 중에서도 '관계 구조'를 형성하는 데 필수적인(이는 역사적 문맥으로 규정되지만) 것으로 전략 자원이라 불리는 것이 존재한다. 그리고 당연한 것이겠지만 메타 파워(meta-power)를 발휘하기 위해서는 다른 국가들을 제압할 수 있는 전략 자원을 지속적으로 유지해야 한다.

메타 파워에 대한 보다 정확한 이해를 위해 두 가지 예를 들어 생각해보자.[9] 비교 우위설에 따르면 각국이 비교우위에 있는 상품을 특화하면 전체 그리고 각 국가들의 경제복지가 증대된다. 영국의 직물과 포르투갈의 포도주 분업이 그 전형적인 예이다. 그러나 이 두 국가의 분업이 정말로 비교우위가 작용한 국제분업이라 할 수 있을까? 포르투갈은 포도주를 특화하면서 공업화의 기회를 잃었고 결국 장기간 영국에 '예속'되었던 사실도 기억해야 한다. 이러한 영국과 포르투갈의 관계를 형성한 것이 영국의 메타 파워였다. 즉 17세기부터 18세기 초에 걸쳐 포르투갈과 영국 사이에는 몇 가지 조

8) 메타 파워에 대해서는 Tom Baumgartner, W. Buckley, T. R. Burns, and P. Schuster, "Meta-Power and the Structuring of Social Hierarchies," in T. R. Burns and W. Buckley, eds., *Power and Control, Sage*, 1976, Chap. 10. 또 Susan Strange, *States and Markets*, London: Pinter, 1988, Chap. 2.

9) 다음 논문을 참조할 것. T. Baumgartner and T. R. Burns, "The Structuring of International Economic Relations," *International Studies Quarterly* 19(2), June 1975, pp. 126-59.

약이 맺어졌다. 이들 조약의 골자는 포르투갈은 대외적인 안전보장을 영국에 의존하고 그 대가로 영국 제품(직물)을 우대하는 한편, 포르투갈이 사용하는 선박은 영국에서 구입한다는 약정을 체결했다는 점이다.

그리고 영국은 포도주의 주요 공급국인 프랑스와 정치적으로 대립하고 있었기 때문에 포르투갈 토지 소유자들에게 이익이 되는 포도주를 우대했다. 이러한 관계는 포르투갈 특히 위정자들에게 단기적인 이익을 가져다 주었다. 하지만 장기적으로 포르투갈은 당시 세계의 전략 자원이었던 조선 분야를 상실했던 것이다. 반면 영국은 안전보장과 경제를 연계시키면서 포르투갈과의 관계를 자국에 유리한 계층 구조로 만들어갔다.

이러한 메타 파워의 행사는 2차 대전 후 국제경제질서를 형성한 미국에서도 명백히 드러났다. 2차 대전 후 무차별 원칙(rule)에 따른 무역질서를 구축하기 위해서는 영국을 주도국으로 하는 영연방권을 무너뜨리는 것이 필수였다. 미국은 제2차 대전 중 전쟁비용에 어려움을 겪고 있던 영국에 무기를 대여하는 대신 무차별을 원칙으로 하는 무역정책 지지를 약속 받았으며, 또한 이를 이용하여 자유무역 질서를 형성해나갔다.

물론 메타 파워는 어느 한 국가의 전유물은 아니다. 몇 개의 국가들이 '공유'할 수도 있고 현재 구조에 불만을 갖고 있는 국가들에 의해 유지되는 경우도 있다. 예를 들어 1970년대 개발도상국들의 질서 변화 요구 등이 바로 그것이다. 이들 개발도상국의 힘은 일반특혜관세를 창출하는 등 어느 정도 구조변화에 성공하였다.

메타 파워는 그다지 명료한 개념용어가 아니다. 그러나 A국이 B국 행동을 조정한다는 국제정치학에서의 고전적 힘의 정의와 배타적인 것은 아니다. 오히려 메타 파워는 고전적 의미에서 힘의 기저(자원), 양(힘의 행사에 대한 목적 달성도), 범위(힘을 행사할 수 있는 문제 영역의 폭), 도메인(힘을 행사하면 영향을 받는 상대국 수) 등 여러 요소 전체에 걸친 막강한 힘을 필요조건으로 한다. 그러나 메타 파워는 이러한 고전적 힘의 정의를 넘어 힘을 가지고 있는 국가가 국제질서를 어떻게 이끌어 갈 것인가에 대한 시사점을 우리에게 주고 있다.

중견국의 시스템— 대칭적 상호의존

대칭적 상호의존이란 적어도 몇몇 국가들 간의 상호작용이며 자국의 목적을 달성하기 위해 다른 국가의 행동을 고려해야 하며, 또한 자국의 행동이 다른 국가의 목적달성에 영향을 끼치는 형태를 말한다. 따라서 시스템이 '중견국'에 의해 성립된다는 것은 시스템 내에 '대국'이 존재하지 않는다는 것을 의미한다. 이는 주로 대칭적 상호의존을 중시하는 상호의존론이란 미국의 패권적 지위 변화('대국'의 소멸) 즉 경제분야의 다극화(多極化) 현상에 대응하는 형태로 제기된 배경(근거)이 되기도 한다.

'중견국'이 어떻게 행동할 것인가 혹은 '중견국'으로 이루어진 시스템이 어떻게 작동할 것인가는 몇 가지 요인으로 결정된다. 우선 '중견국'이 목적을 달성하는 과정에서 타국의 행동(정책)에 영향을 받으며 또한 자국의 행동이 타국의 목적 달성에 영향을 끼친다는 점을 고려하면, '중견국'의 행동이 상대방과 협력할 것인가 아니면 자국 이익만을 추구하여 행동할 것인가에 따라 시스템의 작동이 크게 변화할 것이다. 또한 '중견국'은 '대국'처럼 한 국가가 메타파워를 가지는 것이 아니기 때문에 국제질서를 어떻게 유지해나갈 것인지가 큰 문제가 될 것이다. 이와 같은 문제는 이 절과 5장의 3. 국제 레짐에서 상세하게 고찰한다.

소국의 행동

상대가 '대국'이든 '중견국'(혹은 복수의 '중견국')이든 이들 국가들과 '소국'과의 관계는 비대칭적 상호의존 관계라고 정의할 수 있다. 즉 비대칭적 상호의존 관계에서 '소국'은 자국의 목적을 위해서 항상 '대국'(혹은 '중견국')의 행동을 고려해야 하며, 소국 자신의 행동은 '대국'(혹은 '중견국')의 목적 달성에 영향을 주지 않는 것을 의미한다. 여기에서 '소국'이 충분히 자기 목적을 달성할 수 있을지는 다양한 요인에 의해 결정되며, '소국'은 그 목적을 달성하기 위해서 다양한 행동을 취한다. 이때 중요한 것은 트랜스내셔널적인 교류에서 얻는 이익을 최대한으로 획득하려고 하며, 반대로 경제 혹은 정치적인 비용을 최소한으로 끌어 내리려고 한다는 점이다.

예를 들어 서유럽의 '소국'은 대외적으로 자유로운 경제교류를 유지하면서 국내에도 기본적으로 자유로운 경제를 유지하려고 한다. 그리고 트랜스내셔널적인 교류 증대로 생긴 마이너스 면(예를 들어 국제경제의 호황 · 불황에서 비롯한 실업 등)을 국내 공적 부문 증대와 노사관(勞使官) 협조체제(Corporatism) 구축을 통해 흡수하려고 한다.[10] 아시아 NIES는 한편으로는 대외적 자유무역체제를 옹호하여 수출을 증대시켜 트랜스내셔널적인 교류의 이점을 최대한 확보하고, 다른 한편으로 국내시장에서는 외부 경쟁을 차단함으로써 마이너스 면을 최소한으로 억제하려 한다.[11] 그리고 '소국'의 또 다른 전략으로는 정치적인 면에서 '소국' 연합을 만들어 '대국' 혹은 '중견국'에 맞서 정치적 힘을 증대시키고 그들의 행동을 '소국'들의 목적에 맞도록 제어하는 경우도 있을 것이다. 물론 '소국'은 트랜스내셔널적인 교류의 마이너스 면에만 주목하여 '쇄국' 전략을 취할 수 있다(예를 들어 미얀마[Myanmar]).

10) P. J. Katzenstein, *Small States in World Markets*, Ithaca: Cornell U. P., 1985.

11) 예를 들어 H. Hveem, "Small Countries under Great Pressure: The Politics of National Vulnerability during International Restructuring," *Cooperation and Conflict*, 22(4), 1987, pp. 193-208.

두 개의 시스템 형태와 힘의 분포 변화

위에서 기본적으로 상호의존 세계에서 두 가지 형태의 시스템이 존재한다고 지적하였다. 하나는 '대국'이 존재하는 시스템이며(말하자면 '패권 시스템'), 또 하나는 '대국'이 아니라 '중견국'이 중심이 되는 시스템('다극 시스템')이다(몇 개의 '중견국'이 존재하는가 역시 시스템 성격을 규정할 것이다. 이들 두 시스템의 형태에 대해서는 이 절 뒷부분 '레이크의 모델'에서 다시 논하기로 하자). 이 두 시스템은 국가의 상대적 규모의 변화에 따라 상호전환 이행(移行)이 가능하다.

예를 들어 '대국'이 존재하는 시스템에서 '중견국'으로 구성되는 시스템으로 이행을 생각해보자. 한편으로는 '대국'의 '중견국'화 또 다른 한편으로는 '소국'의 '중견국'화라는 두 가지 현상이 나타날 수 있다. 이 두 현상 모두 이를 경험하는 국가에는 정책상 큰 전환이 요구된다. '대국'이 '중견국'화 된다는 것은 지금까지 자국의 행동(또는 시스템 전체)을 스스로 완전히 조절하였던 것에 반해, 이제는 다른 국가의 행동에 크게 영향을 받는 것을 의미한다. 즉 이 국가는 한편으로는 트랜스내셔널적인 교류 증대로 큰 이익을 얻는 반면, 자율성 · 조절능력을 크게 상실하는 과정을 경험한다. 이것이 바로 버그스텐(Fred Bergsten)[12]이 트랜스내셔널적인 교류 증대에 따른 미국의 '가위 효과(scissors effect)'라고 정의한 현상이다. 이와 반대로 '소국'의 '중견국'화는 지금까지 '대국'의 행동을 주어진(所與) 것으로 받아들이고 자국의 행동은 타국(특히 '대국')에 영향을 주지 않는다는 전제에서 행동해왔으나, 이제는 타국에 큰 영향을 끼친다는 것을 전제로 행동하지 않으면 안 된다. 이는 한 나라가 '자국의 행동은 타국에 영향을 주지 않는다'는 전제로 행동했을 경우 시스템 내의 다른 멤버들로부터 큰 반발을 불러 일으키며,

12) C. Fred Bergsten, "The United States and the World Economy," *The Annals of the American Academy of Political and Social Science* 460, March 1982, pp. 11-20.

시스템 '교란자(spoliers)'(데이빗 레이크[David A. Lake], 후술)로 보이기도 한다.

경제발전의 레벨과 대외 행동

위에서 국가 '규모' 분포의 관점에서 상호의존 세계의 국제시스템을 고찰하였다. 그러나 '대국', '중견국', '소국'의 실제 행동은 각국의 '규모'와 더불어 그들 국가의 상대적인 '경제발전'에 의해서도 영향을 받는다는 점을 알 수 있다.

상대적인 '경제발전' 레벨과 대외경제행동과의 관계에 대하여 로고스키(Ronald Rogowski)[13]는 대단히 흥미로운 모델을 제시하고 있다. 그는 노동, 토지, 자본이라는 세 가지 생산요소의 상대적인 부존상태를 통해서 국가통상을 대하는 기본적 스탠스를 논하였다. 우선 상대적으로 부존자본이 많은 국가는 선진국이며 부존 자본이 적은 국가를 개발도상국으로 분류한다. 국가의 통상 정책은 (1) 통상이 국가 어느 집단에 이익을 주는지 (2) 어느 집단이 정치적으로 강한지에 따라 결정된다(여기서 집단이란 생산요소 구분에 대응하는 노동자, 농민, 자본가이다). (1)과 관련해서는 통상의 확대로 이익을 얻는 것은 그 나라에 많은 부존생산요소를 사용하는 산업이며 손해를 보는 것은 비교적 희소한 부존생산요소를 사용하는 산업이다(통상의 축소는 그 반대 효과를 보인다. 스톨퍼-사무엘슨 정리[Stolper-Samuelson theorem] 2장을 참조). (2)와 관련해서는 어떤 변화(예를 들어 통상의 확대)로 이익을 받는 집단은 그 변화를 유지 · 촉진하려 할 것이며, 반대로 그 변화로 불이익을 당하는 집단은 변화를 저지하려고 할 것이다. 그리고 변화에 의해 이익(부와 소득)이 증대된 집단은 정치적 영향력도 강화된다.

---

13) R. Rogowski, "Political Cleavages and Changing Exposure to Trade," *American Political Science Review* 81(4), Dec. 1987, pp. 1121-37.

그렇다면 상대적으로 자본이 풍부한 선진국에서는 통상의 확대를 통해 이익을 얻는 자본가가 정치적 힘을 지니며 또한 자유무역을 지향할 것으로 생각할 수 있다. 물론 선진국 사이에도 상대적 부존자본의 차이가 있고 자유무역을 그다지 지향하지 않는 나라가 있으며 통상의 확대에 의해 불이익을 입는 노동자 혹은 농민도 존재한다. 만약 노동력이 비교적 희소한 경우 노동자는 자유무역에 반대할 것이며 무역을 둘러싸고 자본가와 노동자 간 계급투쟁은 강해질 것이다. 또한 토지가 희소하고 노동력이 풍부한 경우에는 도시(자본가+노동자)와 농촌의 대립이 발생할 것이다. 이에 비해서 자본이 희소한 개발도상국은 만약 자본가가 정치적으로 강하다고 하면 유치산업론을 포함하여 보호주의 경향을 띠게 될 것이다.

레이크 모델[14)]

로고스키 논의에서는 국가 '규모'를 고려하지 않은 한계점을 가지고 있다고 할 수 있다. 이에 반해 국가 '규모'와 상대적인 생산성 두 요소를 조합하여 상호의존 세계의 국제시스템을 논한 것이 레이크였다. 레이크는 국가의 상대적인 '규모'를 대, 중, 소로 나누었다. 이 구분은 앞에서 설명한 '대국', '중견국' 및 '소국'에 대응한다고 할 수 있다. 단 레이크의 정의에 의하면 규모가 큰 국가란 세계 무역에서 차지하는 비율이 15% 이상이며, 중간(中位) 규모의 나라는 비율이 15%에서 5% 사이의 국가를 말한다. 따라서 국제시스템에서 규모가 큰 국가는 존재하지 않을 수도 있고 뿐만 아니라 중간 규모의 국가가 전혀(혹은 하나도) 없을 가능성도 있다. 그리고 상대적인 생산성이 높은 국가와 낮은 국가로 분류하여 두 가지 기준을 바탕으로 여섯 가지 형태로 국가를 구분(〈그림 4-1〉)하고 다음과 같은 기본 가설을 제시하였다.

---

14) D. Lake, "Beneath the Commerce of Nations," ISQ 28(2), 1984, p. 150. 및 동저자, *Power, Protection and Free Trade*, Ithaca: Cornell U. P., 1988.

〈그림 4-1〉 레이크의 6형태의 그림

상대적인 규모		낮음(低)	높음(高)
	대	제국적 리더	패권적 리더
	중	교란자	지지자
	소	보호주의의 무임승차자	자유주의의 무임승차자
		상대적인 생산성	

출전) D. Lake, 주 13, p.150.

"첫째, 국제경제에서 한 국가의 규모가 크면 클수록 국제경제를 안정시켜 강한 국제적인 경제제도(레짐)를 구축하려는 의지가 커지며, 일반적으로 규모가 가장 큰 국가만이 이러한 임무를 수행하려는 의도를 가진다. 중간 규모의 국가도 국제경제를 안정시켜 강한 제도(레짐)를 구축하려는 의도를 가질지도 모른다. 그러나 중간 규모의 국가 대부분은 공공재[예를 들어 레짐]를 공급하지 않아 순(수)비용이 높아질 경우에 한하여 그러한 의도를 보일 것으로 예상된다. 둘째, 국가의 상대적인 생산성이 크면 클수록 그 국가는 자유무역으로부터 큰 이익을 얻는다. 그러나 생산성이 가장 높은 국가에서도 자국의 가장 비경쟁적 산업을 보호하려고 할 것이다. 또한 제일 생산성이 낮은 국가도 해외에서 어느 정도 자유무역을 희망할 것이다"([ ]는 필자).[15]

이러한 가설을 바탕으로 레이크는 다음과 같은 논의를 전개하였다.

우선 상대적으로 규모가 큰 국가를 리더(Leader)라고 부른다. 그리고 리더는 상대적인 생산성에 따라 패권적인 리더와 제국적인 리더로 구분된다. 어느 쪽이든 국제경제를 리드하는 능력을 가지고는 있지만, 상대적으로 생산성이 낮은 제국적 리더는 국제경제를 안정시키거나 강한 제도(레짐)를 만드는 요인을 갖추고 있지 않다. 뿐만 아니라 제국적 리더는 자국에서는

15) Lake, 앞의 논문, "Beneath the Commerce of Nations," p. 150.

생산할 수 없는 필요불가결한 자원이나 재화 획득에만 국제통상을 한정하려고 한다. 나아가 중상주의 혹은 관리된 통상제도(레짐)로 통상(이슈)을 조직화하려고 한다. 그러나 이러한 제국적 리더는 산업혁명 이후 세계적 경제무대에 등장한 적이 없었다. 이에 반하여 상대적으로 생산성이 높은 패권적 리더는 자유주의 국제경제를 만들어 유지함으로써 이익을 창출하고 이를 바탕으로 행동한다.

중간 규모의 국가는 상대적인 생산성에 따라 (자유무역의) 교란자와 지지자로 구분된다. 중간 규모에 상대적으로 생산성이 낮은 교란자(spoilers)는 자국의 보호주의 정책을 통해서 제도의 안정성과 강인함을 약화시킨다. 그리고 의도하든 안 하든 그러한 보호주의로 국제경제를 파괴할지도 모른다. 이에 반해 중간 규모이지만 상대적으로 생산성이 높은 지지자(supporters)는 자유무역에 혼합적인 요인을 가진다. 즉 생산성이 비교적 높기 때문에 자유무역에서 이익을 창출해내는 한편 경쟁력이 낮은 산업을 지키려는 요인도 작용한다. 그러나 이러한 지지자는 패권적인 리더가 쇠퇴해갈 때 자유무역제도를 유지하는 중요한 역할을 담당하게 된다.

소규모로 생산성이 상대적으로 낮은 국가는 '보호주의 무임승차자(free rider)'라고 한다(무임승차자에 대해서는 다음 절을 참조). 이 국가들은 규모가 작아 국제시스템에 미치는 영향력이 적기 때문에 국제경제에는 대부분 무관심하다. 그들의 주된 관심사는 내향적이고 자국의 경제발전에 초점을 둔다. 이에 비해 소규모이지만 상대적인 생산성이 높은 국가는 '자유주의 무임승차자'라고 한다. 즉 '자유주의 무임승차자'는 자유무역을 지향하지만 국제경제 혹은 다른 국가 행동에 대한 영향력을 거의 가지고 있지 않기 때문에 기존의 자유무역 레짐의 무임승차자가 된다.

레이크는 19세기 중반 이후부터 현재까지 국제경제시스템 구조를 다음 네 가지로 분류하였다.

(1) '패권적 리더십'이 존재했던 시대: 1912년까지의 영국, 1945년부터 1965년까지의 미국.
(2) '두 지지자'로 구성되는 시스템: 1912년부터 1932년까지의 미국과 영국, 1965년부터 1975년까지의 미국과 서독.
(3) '하나의 지지자'로 구성되는 시스템: 1932년부터 1945년까지의 미국.
(4) '많은 지지자'로 구성되는 시스템: 1975년 이후의 미국, 서독, 프랑스.

레이크는 복수 지지자가 존재하는 '다각적 서포터십(Supporters-ship, 지지시스템)'의 경우에도 국제경제시스템은 안정될 수 있다고 보았다.

국가 포지션의 변화와 경쟁

국가의 국제시스템의 포지션은 '규모'와 (상대적인) '발전 단계'(생산성)에 의해 규정된다. 이때 국가의 '규모'란 인구나 영토(적어도 초장기적인 고려는 별도로 친다면)와 같이 주어진 여건으로 간주되는 것들도 있다. 그렇지만 국가(경제) '규모'는 생산성(예를 들어 1인당 생산량)에 따라 규정된다. 따라서 국가의 인구나 영토 등 물리적 요소를 주어진 것이라고 한다면 국가의 국제시스템 포지션은 그 나라의 상대적인 생산성 혹은 경제효율성에 따라 규정될 것이다. 그리고 장기적인 다이나믹스를 고려할 때 상대적인 생산성 변화야말로 국제시스템에 있어서의 국가의 포지션 그리고 국제시스템의 형태를 변화시키는 것이다.

그렇다면 국가 생산성의 상대적 지위는 어떠한 메커니즘으로 변화하는 것일까? 여기에는 국가 간 생산성 격차를 더욱 확대시키는 요소와 축소시키는 요소가 모두 내포되어 있다. 만약 전자의 요소만이 작용할 경우에는 국가 간 격차는 더욱 벌어지게 되어 어떻게도 할 수 없는 상황이 되어 버릴 것이다(종속론). 또한 헥셔 · 올린 · 사무엘슨의 정리와 같이(2장을 참조) 자유경제교류를 통하여 임금과 자본 이자율에 국가 간 평준화가 이루어진다면 국가 간의 격차는 서서히 사라질 것이다. 그러나 역사적 경험으로 비추어 볼 때, 어느 한 쪽 요소만이 작용할 것이라는 주장은 기각되어야 할 것이다. 이에 리처드 버논(Richard Vernon), 니콜 부스케(Nicole Bousquet), 찰스 도런(Charles F. Doran)[16] 등의 논의를 바탕으로 국제시스템에는 격차의 확대와 축소요소가 함께 있다는 가설을 생각해보자.

버논은 이른바 프로덕트 사이클(product cycle)이라 불리는 이론을 전개하였다. 어떤 제품(자동차, 세탁기 등)은 수요가 대단히 많고 또 자본과 기술이 발전된 곳에서 먼저 만들어졌다. 예를 들면 땅이 넓고 자본 및 유효수요(고소득)를 갖춘 미국의 경우 자동차는 폭넓고 다양한 상품으로 제조되었다. 이른바 프로덕트 이노베이션(product innovation)이다. 프로덕트 이노베이션이 이루어지는 초기 단계에서는 제품 그 자체에 다양한 시도가 이어지지만 이는 점차 규격화된다. 이때 제품은 먼저 소득이 높은 국가 시장에 판매된다. 그리고 점차 제조과정에도 혁신이 일어나고(프로세스 이노베이션[process innovation])[17] 제품 가격은 낮아질 것이다. 그러나 이러한 과정에서 첫 번째 제조 국가와 다른 국가와의 (기술 · 소득 등) 격차는 커져 갈 것이다. 하지만 국내 시장이 포화상태로 되면(그리고 제품 가격이 저하되면) 제품은 타국으로 수출될 것이다. 물론 수출 대상이 되는 국가들은 그 제품을 개발한 나라와 소득 (수요 구조) 등이 비슷한 국가이다.

제조 기술이 표준화되면서 처음 그 제품을 개발한 나라에는 일종의 경직화

16) R. Vernon, "International Investment and International Trade in the Product Cycle," *Quarterly Journal of Economics* 80, 1966, pp. 190-207. Nicole Bousquet, "From Hegemony to Competition: Cycles of the Core," in T. K. Hopkins and I. Wallerstein, eds., *Processes of the World-System, Sage*, 1980, pp. 46-83. C. F. Doran, "War and Power Dynamics: Economic Underpinnings," *Internatonal Studies Quarterly* 27(4), 1983, pp. 419-42.

17) 제품 및 생산공정 혁신(innovation)에 대해서는 Mensch, 앞의 책, *Stalemate in Technology*.

현상이 나타난다. 또한 임금격차 때문에 제조거점을 다른 나라로 옮기더라도 생산은 충분히 가능하며 또한 보다 싸게 생산할 수 있게 된다. 이는 그 상품을 개발한 나라의 (다국적) 기업이 실시해도 좋고 다른 나라 기업이 실시해도 좋다. 그리고 새로 제품을 생산하게 된 나라는 처음에는 국내시장을 대상으로 하겠지만 서서히 다른 나라(원래 그 제품을 개발한 나라를 포함해서)로 수출하게 될 것이다. 그리고 보다 소득수준이 낮은 나라로 생산거점을 옮길 것이다. 이와 같이 어떤 제품을 한 국가가 제조하여 수출하고 그것이 점차 다른 국가로 전파되어 '기러기 행렬 형태'[18]가 나타나게 된다(이것이 바로 비교 우위의 동태적 전개이다). 이러한 '기러기 행렬 형태'가 진행되는 동안 기술이전이 진전되고 각 국가 간 격차는 축소된다. 하지만 이와 동시에 그 제품(산업) 시장이 서서히 포화상태가 되어가기 때문에 시장을 둘러싼 국가 간 경쟁은 치열해진다. 만약 아직도 시장이 많이 남아있고 개방되고 있다면 그 제품 (및 산업) 생산이 증대되어 세계경제 전체가 확대될 것이다. 반대로 시장이 포화상태가 되기 시작하면 그 산업의 성장은 멈추게 된다. 만약 그 산업이 주도적인 것이라면 세계경제 전체가 불황에 빠져들게 되는 것이다. 이러한 관점에서 어떤 제품(산업)이 개발되고 국가 간 격차가 벌어져 갈 때 세계경제는 호황 상태가 되며 경쟁도(상대가 없기 때문이기도 하지만) 심하지 않지만, 국가 간 격차가 축소되고 시장이 포화상태가 되면 치열한 경쟁 시대가 된다.

여기서 그 제품(산업)을 최초로 개발한 국가를 살펴보자. 이 국가는 자국의 지위를 유지하기 위해서 해당 제품(산업)에 대한 경직성을 타파하고 새롭고 획기적 제조 과정을 개발하든지 (또 다른 프로세스 이노베이션), 혹은 새로운 제품(산업)을 개발하여 (프로덕트 이노베이션) 다시 타국과 격차를 넓혀 나가야 한다.[19] 만약 개발에 실패한다면 그 국가의 지위는 다른 국가에

---

18) 아카마쓰 가나메(赤松要), 『세계경제론(世界経済論)』(国元書房, 1965).

19) W. J. Abernathy, K. B. Clark and A. M. Kantrow, *Industrial Renaissance*, NY: Basic

빼앗기게 되고 상대적인 소득은 줄어들 것이다. 이때 최초로 제품(산업)을 개발한 국가와 함께 문제가 되는 것은 '기러기 행렬'에 참여하지 못하는 국가들이다. 예를 들어 섬유 산업의 경우 영국에서 시작하여 지금은 꽤 많은 국가들이 섬유 수출국이 되었다. 그렇지만 지금도 수출의 단계에 이르지 못하고 농산품의 단일재배적(monoculture) 구조에서 벗어나지 못한 국가들도 많다. 또한 '기러기 행렬'에 속한 국가들도 공업화에 따른 도시와 농촌 간 양극화 심화, 도시 슬럼화 등 다양한 문제점들이 나타난다.

생산요소 부존은 정태적(靜態的)인 것이 아니라 변화되는 것이다. 어떤 국가는 자본축적에 성공하여 더욱 가속시킨다. 예를 들어 19세기 영국은 섬유산업에서 얻은 자본을 철강, 철도, 나아가 조선에 투자하여 빠르게 자본을 축적했다. 또한 어떤 국가는 교육 혹은 연구개발 투자를 통하여 상대적인 기술(자본)의 부존도(賦存度)를 높이는 데 성공한다. 반대로 어떤 국가는 생산성이 극히 낮은 농업을 유지해야만 하기 때문에 공업화도 어렵고 또 공업화한다고 해도 저생산성, 저임금 노동자가 도시로 끝없이 유입되어 도저히 소득수준을 끌어올리지 못하게 된다.

하지만 한 나라의 생산요소 부존(비교우위)은 역동적으로 변화하며, 이는 정부 정책에 따라서 변화될 수 있다. 예를 들어 교육을 통해 고도의 기술을 개발할 수 있는 인적자원을 키워낸다면 그렇지 못한 나라와 비교할 때 비교우위가 높아질 것이다. 또한 정부의 연구개발 투자는 그 나라 기술 수준을 높여 기술의 상대적인 부존을 바꾸게 될 것이다. 이것은 '유치(幼稚) 산업' 보호와 함께 정부가 무역에 개입할 수 있는 정통적인 근거가 된다. 만약 정부 목표가 국민소득 향상에 있으며 이를 위해 자본 · 기술의 상대적인 부존의 크기에 따른 부가가치가 높은 제품을 수출한다면 정부가 다양한 형태로 경제에 개입하여 목표를 달성하려는 중상주의적 세계가 나타날 것이다. 그

Books, 1983.

리고 이러한 정책을 채택하는 국가들과 그렇지 않은 국가들 즉 이데올로기적으로도 현실적으로도 정부가 경제에 개입하지 않는 국가들 사이에는 특히 전자가 후자를 위협했을 때 큰 정치 분쟁이 일어난다.

찰머스 존슨(Chalmers Johnson)[20]은 정부가 소비자 보호 등을 제외하고 경제개입을 하지 않는 '시장형 국가'와 정부가 경제발전을 지향하여 경제구조에까지 개입하는 '발전지향형 국가'라는 두 '체제'로 구분하였다. 그리고 이 두 '체제' 간 대립을 국제경제시스템 균열의 한 축으로 보았다. 이러한 견해는 단지 미국뿐만 아니라 넓게는 유럽에도 적용된다.[21]

앞에서 살펴본 바와 같이 생산성 향상을 추구하는 경쟁은 때로는 매우 심각한 상황에 이른다. 그렇지만 여기서 주의해야 할 것은 이러한 경쟁은 상호의존의 틀(구조)이 존재할 때 비로소 가능하다는 것이다. 말하자면 상호의존의 틀 속에서 얻을 수 있는 상대적인 편익을 둘러싼 싸움이라는 것이다. 상호의존의 틀이 붕괴하면 모든 국가들이 받게 되는 피해는 헤아릴 수 조차 없을 것이다.

3. 국제 공공재[22]

보통 국제시스템은 각 국가가 '국익'을 위해 상호작용하는 것이라고 생각한다(3장에서 서술한 제3 이미지). 그렇지만 상호의존 세계에서는 '전체 이익'으로 여기는 것들이 존재한다. 2장에서 살펴 본 바와 같이 자유로운 경제교

---

20) C. Johnson, *MITI and the Japanese Miracle*, Stanford: Stanford U. P., 1982.

21) 예를 들어 Helge Hveem, "Small Countries under Great Pressure," *Cooperation and Conflict*, 22:2, 1987, pp. 193-208.

22) 국제 공공재에 대해서는 야마모토,「패권과 레짐: 공공재의 시점에서(覇権とレジーム—公共財の視点から)」, 가모(鴨)·야마모토(山本) 편,『상호의존의 이론과 현실(相互依存の理論と現実)』(有信堂, 1988), 第3章.

류는 각국의 경제복지뿐만 아니라 세계적 경제복지도 증대시킨다. 따라서 국제적으로 자유로운 경제교류 및 이를 보증하는 제도는 '국제사회 전체 이익'에 가깝다고 할 수 있다. 그러나 시장 메커니즘(경쟁 시스템)은 굳이 슘페터의 말을 인용하지 않더라도 창조적이면서 매우 파괴적인 것이다. 따라서 실업, 파산, (결과에 대한) 불평등 등이 구조적으로 발생한다. 이런 이유로 일본도 국내적으로 오랜 시간을 들여 '약자 구제'를 위한 다양한 제도를 형성했다. 국제적으로도 '약자 구제'를 위한 다양한 조치는 결국에는 '전체 이익'이 된다고 할 수 있을 것이다. 또한 각국이 독자적으로 행동할 때 '파레토 최적'(2장 참조)에 이르지 못하고, 정책 협조를 가능하게 하는 장치도 '전체 이익'을 위한 것이라 해도 좋을 것이다. 지금까지 이 책에서 본격적으로 다루지는 않았지만 예를 들어 산성비라든지 탄산가스 증대로 기온이 오르고 해수면이 상승하는 환경 문제도 확실히 '전체 이익'과 관련 있다고 할 수 있다.

이러한 '국제사회 전체 이익'은 어떤 의미에서는 국제적 공공재라고 할 수 있다. 그럼 우선 공공재의 정의를 살펴보기로 하자.

공공재의 정의

일반적으로 어떤 '재화(財)'를 생각할 때 (1) 그룹의 구성원이 자유롭게 그것을 사용할 수 있으며(이를 비배타성이라고 한다), (2) 어떤 구성원이 그것을 사용해도 다른 구성원의 '재화' 이용가치를 떨어뜨리는 것은 아니라는(이것을 비경쟁성이라고 한다) 두 조건을 충족할 때 '공공재(public goods)'라고 한다. 예를 들어 등대는 일단 건설되어 작동하기 시작하면 (1) 그곳을 통과하는 배는 자유롭게 등대 빛을 사용할 수 있으며 또한 (2) 어떤 배가 등대 빛을 사용했다고 해서 동시에 그곳을 통과하는 다른 배가 그것을 사용할 수 없는 것은 아니다.

이러한 '공공재'에 반하여 소비를 배제할 수 있는 경쟁적인 '재화'를 '사유재(private goods)'라고 한다. 사과를 예로 생각해보자. 어떤 사람이 사과를 소유하면 다른 사람은 사과 소비에서 배제된다. 게다가 어떤 사람이 실제로 그것을 소비한다(먹는다)면 다른 사람이 소비할 수 있는 양은 감소한다(혹은 없어져 버린다).

물론 모든 '재화'가 이렇게 정의된 '사유재'와 '공공재'로 확연하게 구분되는 것은 아니다. 예를 들어 도서관의 책은 누군가 그것을 사용하고 있을 때는 다른 사람이 사용할 수 없다는 의미에서 배타성을 가진다. 그러나 사용 시간을 달리한다면 다른 사람도 사용할 수 있으며 다른 사람이 먼저 그 책을 사용했다고 해서 그 책의 가치가 감소하는 것은 아니다(배제가 가능하기는 하지만 소비는 경쟁적이지 않다). 또한 일반적으로 도로는 자유롭게 걸을 수 있으며 어떤 사람이 걷고 있어도 다른 사람의 통행을 방해하는 것은 아니다. 그러나 도로가 혼잡해지면 누구나 도로에 진입할 수는 있지만 통행이 어려워져 도로 효용은 낮아진다(배제 불가능하기는 하지만 경쟁적이다).

소비에서 '재화'를 (1) 배제할 수 있는지 아닌지 (2) 경쟁적인지 아닌지라는 두 가지 기준으로 분류하면 〈그림 4-2〉와 같다.

〈그림 4-2〉 재화의 종류

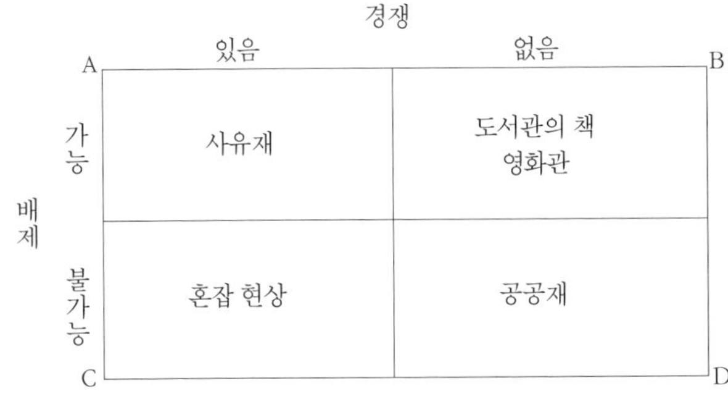

공공재의 공급

자유무역체제 및 국제경제 안정, 나아가 국제적인 '약자 구제'를 위한 다양한 장치는 국제적 공공재(혹은 유사한 것)라고 생각할 수 있다. 예를 들어 자유무역체제는 일단 만들어지면 누구나 '사용'할 수 있으며 어떤 나라가 이 체재를 '사용'했다고 해서 다른 나라가 이 체재를 '사용'했을 때 얻을 수 있는 편익을 해치는(영향을 주는) 것은 아니다. 각국은 이러한 국제적 공공재로부터 다양한 편익을 얻는다. 물론 자유무역체제(혹은 약자 구제 조치)에서 얻는 편익은 각국에 따라 다를 것이다. 어떤 국가는 국제적 공공재로부터 큰 편익을 얻을 것이고 또 그만큼 얻지 못하는 나라도 있을 것이다(경우에 따라서는 편익보다 불이익을 당하게 되는 경우도 있다— '공공적인 악'). 만약 각국이 이러한 재화에서 플러스 편익을 경험한다면 국제적 공공재는 가능한 한 많이 공급되는 것이 좋다. 하지만 공공재를 공급하는 데는 재정적, 인적, 물적인 비용이 소요된다. 따라서 국제사회 전체 편익을 넘어서는 비용이 들면 국제 공공재는 공급되지 못할 것이다. 또한 개별 국가들도 국제 공공재에서 얻을 수 있는 편익을 넘어서는 비용을 부담하지는 않을 것이다. 이와 같이 국제 공공재가 어느 정도 공급될지는 각국이 얻는 편익과 지불해야 할 비용을 계산하여 (즉 '국익'을 전제로) 성립된다.

하지만 각국이 이러한 개별 비용/편익 계산만으로 행동한다면 국제사회 전체 비용/편익에서 볼 때 충분한 국제 공공재가 공급되지 않을(혹은 전혀 공급되지 않을) 수 있다. 게다가 공공재는 일단 공급되고 나면 모든 나라가 그것을 자유롭게 '사용'할 수 있기 때문에 비용을 전혀 부담하지 않아도 공공재 편익만을 얻는 것이 가능하다. 이런 무임승차는 공공재를 논의할 때 중요한 문제가 된다.

논의를 보다 정확하게 이해하기 위해서 단순한 가정을 전개해보고자 한다. 우선 '공공재'를 양적으로 측정할 수 있다고 상정하고 그 양을 G라고 하

자. 국제경제 안정을 공공재라고 생각했을 경우 이것이 충분히 안정되어 있으면 G는 커지며 불안정하게 되면 작아진다고 하자. 다음으로 그 공공재를 만드는 생산비용도 명확히 알 수 있으며 이를 C라고 했을 때 공공재 G를 생산하는 과정에서 G가 커지면 커질수록 G의 1단위 당 비용이 증대한다고 하자. 예를 들어 자유무역체제를 만들 때 처음에는 경쟁력이 있는 분야를 개방하고 이때 비용은 그다지 들지 않는다. 하지만 이것이 진행되는 과정에서 경쟁력이 약한 분야 혹은 한 국가의 사회구조와 밀접한 관계가 있는 분야도 개방하지 않으면 안 되기 때문에 비용은 높아지게 된다. 〈그림 4-3〉에서 가로축에는 공공재 양(G)을, 세로축에는 생산비용(C)과 편익(B)을 나타냈다. 생산량(G)이 증대할수록 단위당 비용이 커진다고 가정하였으므로 비용 곡선은 〈그림 4-3〉의 곡선 C와 같이 된다.

각국은 각 공공재(G)로부터 편익을 얻는다. 여기서 G가 커지면 당연히 편익도 커지지만 G의 1단위당 얻는 편익은 G가 증대할수록 작아진다고 가정하자. 예를 들어 무역체제가 그다지 자유롭지 못한 상황이라면 자유화를 시작한 초기 단계에서는 큰 편익을 얻을 수 있지만, 이미 자유화가 상당히 진전되었을 경우에는 무역체제를 더 자유화해도 얻을 수 있는 편익은 이전만큼 크지는 않을 것이다. 〈그림 4-3〉에서 두 국가가 존재하는 경우에 첫 번째 국가의 편익곡선을 B_1, 두 번째 국가의 편익곡선을 B_2로 나타내었다. 같은 양의 공공재에서 두 번째 국가가 첫 번째 국가보다 많은 편익을 얻는다고 가정하였다. 공공재에서 중요한 것은 공공재 소비에 관한 배제성 및 경쟁성이 없기 때문에 사회 전체 편익은 각국이 얻는 편익을 더한 것이 된다. 〈그림 4-3〉에서 B_1과 B_2를 더한 것이 점선 B_T이며 이 B_T가 공공재에 대한 사회 전체 편익이다.

〈그림 4-3〉 공공재의 공급 I

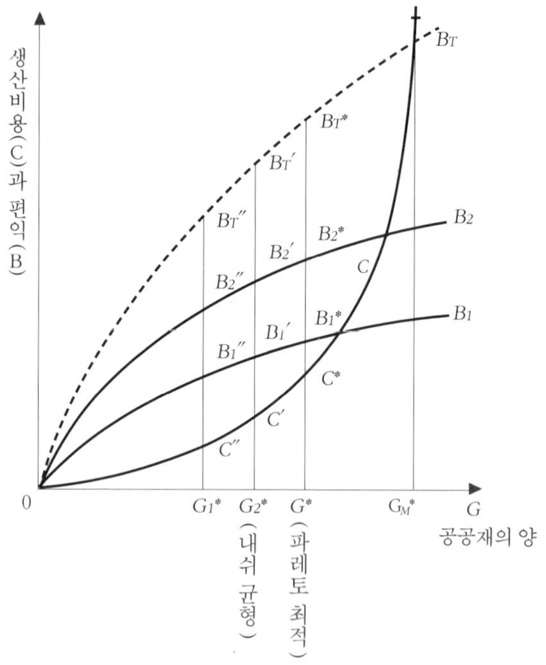

편익(B_1, B_2, B_T)에서 비용(C)를 뺀 것을 순편익이라고 한다. 그리고 순편익에도 각 개인의 순편익과 사회 전체 순편익이 존재한다.

우선 사회 전체 순편익을 생각해보자. 사회 전체 순편익은 B_T에서 C를 뺀 것이다. 〈그림 4-3〉처럼 순편익이 플러스가 되는 것은 공공재 양이 0에서 G_M까지 경우이다. 따라서 공공재가 생산되는 양은 0에서 G_M의 사이의 어느 점이 될 것이다. 사회 전체 순편익이 최대가 되는 것은 공공재 생산량이 G*일 경우이며, 이때를 '공공재 최적 생산량'이라고 한다. 만약 공공재가 G*만큼 생산되었다면 첫 번째 나라는 B_1*만큼 편익을 받으며 두 번째 나라는 B_2*만큼 편익을 받는다. 이때 공공재를 G*만큼 생산하기 위해서는 C*만큼 비용이 든다. 이 C*의 비용을 첫 번째 나라와 두 번째 나라가 어떻게 분담할 것인지 중요한 문제가 된다. 상식적으로 말한다면 G*에서 얻을 수 있는 편익에 비례해 C^*를 배분하는 방법을 생각해볼 수 있다(공공재 비용을 얻을 수 있는 편익에 따라 비례 배분하여 각자의 순편익을 최대화하려 한다면 공공재의 생산량은 G^*가 될 것이며 이것이 '최적 생산'이 된다는 것이 증명되었다— 이를 린달 균형[Lindahl equllibrium]이라고 한다).

하지만 G^*를 생산하는 비용 C^*를 G^*에서 얻을 수 있는 편익으로 비례배분한다고 약속을 해도(혹은 C^*에 대한 배분 방법을 약속한다 해도), 만약 어느 한 쪽이 약속을 지켰을 경우 다른 한 쪽은 그 약속을 깨고 비용 부담을 감소하는 것이 이득이다(개인 순편익은 증대한다). 그 이유는 다음과 같다. 〈그림 4-3〉 G^*와 가까이 있는 비용 C, 편익 B_1, 편익 B_2 세 곡선 기울기를 살펴보자. 제일 급격한 기울기를 나타내고 있는 것은 비용 C의 곡선이다. 그 다음이 B_2, B_1의 순서이다. 이는 어떤 한 국가(첫 번째 국가여도 좋고 두 번째 국가여도 좋다)가 비용 부담을 줄였을 경우 (1) 공공재 생산량은 그다지 감소하지 않는다. 이에 반해 (2) 공공재 생산량이 감소해도 공공에서 얻을 수 있는 편익은 그다지 감소하지 않는다는 것을 나타내고 있다. 순편익은 편익에서 부담하는 비용을 뺀 것이기 때문에 C^* 부담이 배분되었다고 가정하고, 한 쪽이 약속을 지키고 다른 한 쪽이 비용 부담을 감소시켰을 경우 개인 순편익은 증대된다.

이를 통해 공공재 '최적 생산'은 비용 부담이라는 면에서 달성하기 매우 어려운 과제이며, 공공재 생산은 '최적 생산량' 이하로 생산될 수밖에 없는 원인들이 있다는 것을 알 수 있다.

반대로 공공재가 G^* 이하로밖에 생산되지 않는다고 가정하자. 이때 생산량을 G'(〈그림 4-3〉에는 표시하지 않았다), 첫 번째 국가 비용 부담을 C_α, 두 번째 국가 비용 부담을 C_β 그리고 전체 비용은 $C_\alpha+C_\beta=C_T$ 라고 하자. 그렇게 되면 두 국가가 협력하여 비용 부담을 증대시킬 것이고 이로 인해 생산량을 G^*까지 늘리는 요인들이 강력하게 작용한다. 왜냐하면 첫 번째 국가와 두 번째 국가는 비용 증가분을 넘어서는 편익 증가를 위해 생산량을 G*까지 높일 수 있기 때문이다. 공공재 '최적 생산'은 '파레토 최적'이기는 하지만 '내쉬 균형'은 아니라는 것이다.

그럼 '내쉬 균형'(각국이 자국 이익만을 주시하고 상대 행동을 소여의 것으로 받아들여 행동했을 경우 생기는 결과)은 어디에 있는 것일까.

복잡한 과정은 생략한다면, 결론적으로 '내쉬 균형'은 공공재가 G_2*만큼 생산되고 그 비용 C′를 두 번째 국가가 전액 부담할 때 나타난다. 여기서 G_2*는 두 번째 국가의 편익 B_2와 생산 비용 C의 차이가 최대가 되는 지점이다(이는 첫 번째 국가가 존재하지 않고 두 번째 국가만 존재할 경우 '최적 생산량'이기도 하다). 여기에서 첫 번째 국가는 전혀 비용을 부담하지 않는다. 그러나 공공재 정의에 따르면 첫 번째 국가는 공급된 공공재 G_2*를 자유롭게 사용할 수 있으며 편익 B_1′을 얻게 된다. 또한 비용을 지불하지 않았기 때문에 그것이 그대로 순편익이 된다(첫 번째 국가는 무임승차자이다).

이것이 '내쉬 균형'인 이유는 다음과 같다.

첫 번째 국가가 무임승차 행동(비용을 전혀 지불하지 않는다)을 바꾸지 않을 경우 두 번째 국가는 어떻게 대응할 것인가. G_2*는 첫 번째 국가가 비용을 지불하지 않을 때 두 번째 국가에 있어서의 최적의 지점이 되기 때문에 두 번째 국가는 행동을 바꾸지 않을 것이다. 그렇다면 만약 두 번째 국가가 그러한 행동을 바꾸지 않을 경우(즉 두 번째 국가가 비용 C′를 전액 부담하고 G_2*만큼 공공재를 생산한다) 첫 번째 국가는 어떤 형태로든 비용을 부담하려는 행동을 취할 것인가. 이때 만약 첫 번째 국가가 비용을 지불한다고 해도 G_2*의 부근에서 비용 곡선 C의 기울기는 첫 번째 국가의 편익곡선 기울기보다 급경사가 된다. 이는 첫 번째 국가가 일정 비용을 부담하여 공공재 생산량을 증대시키면 편익은 커지겠지만 결국 증대 폭은 비용 부담보다 작다는 것을 나타낸다. 다시 말해서 두 번째 국가가 행동을 바꾸지 않을 경우,

첫 번째 국가가 비용을 높여도 순편익은 마이너스가 되기 때문에 첫 번째 국가는 행동을 바꾸지 않을 것이다. 따라서 두 번째 국가가 C′ 비용 전부를 부담하여 G_2*만큼 공공재를 생산하고, 첫 번째 국가는 비용을 전혀 부담하지 않는 것이 (〈그림 4-3〉의) '내쉬 균형'이다.[23]

즉 G*가 '최적 생산'이고 '파레토 최적'점인데 비하여 G_2*는(그리고 그 비용을 두 번째 국가가 모두 부담하는 것이) '내쉬 균형'이 된다. 바꾸어 말해 사회 각자가 개인 합리성만으로 행동한다면 공공재 생산은 G_2*가 된다. 일반적으로 '내쉬 균형'은 〈그림 4-3〉과 같은 경우 공공재에서 가장 많은 편익을 얻는 나라(두 번째 국가)가 모든 비용을 부담하고, 이러한 국가만이 사회에 존재할 경우 그 국가에 최적이 되는 생산을 하는 것이다(이는 5장에서 설명하는 '패권 안정론'에 이어지는 가설이다).

공공재에서 가장 많은 편익을 얻은 국가만이 모든 비용을 부담한다는 것은 그 시점에서 그 나라 순편익이 플러스라는 것이 전제이다. 그러나 이러한 전제가 항상 성립되는 것은 아니다. 예를 들어 〈그림 4-4〉에 나타난 상황을 살펴보자. 〈그림 4-4〉에서 사회 전체 편익(B_T)은 G_L과 G_M 사이에서 생산 비용 C를 웃돌고 있다. 그리고 공공재 '최적 생산'은 G*이다. 하지만 두 나라 중 어느 쪽도 편익(B_1, B_2)이 비용을 웃돌지는 않는다. 즉 '내쉬 균형'은 아무도 공공재 비용을 부담하지 않고 공공재 생산은 제로가 된다. 따라서 공공재가 생산되면 모두의 순편익은 플러스가 되지만 모두 개인 합리성만 따져서 행동한다면 공공재는 생산되지 않는다는 역설(패러독스)이 나타나며, 이것이 바로 2장 〈그림 2-4〉에 나타난 '죄수의 딜레마'이다.

---

23) 이상의 내용이 이른바 올슨의 이론이다. M. Olson, Jr., *The Logic of Collective Action*, Cambridge: Harvard U. P., 1965.

〈그림 4-4〉 공공재 공급 II

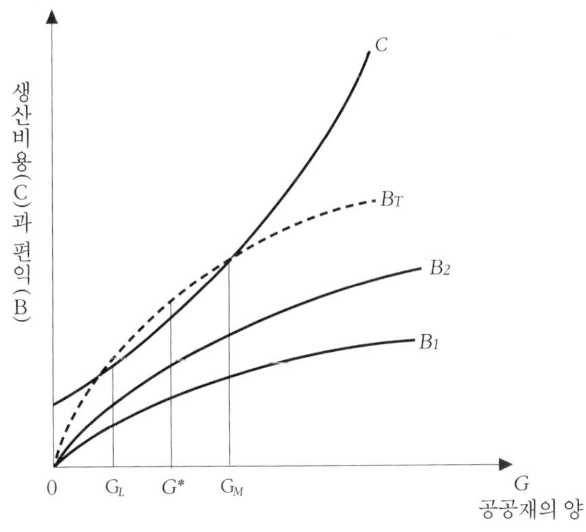

협력 체제의 필요성

'국제 공공재' 개념을 도입하여 상호의존 세계의 국제시스템이 단지 국가 간 '국익'에 바탕을 둔 상호작용만으로 성립되는 것은 아니며, 여기에는 '국제사회 전체 이익'이라는 중요한 사실이 존재한다는 것을 알 수 있다. 또한 '국익'에 따르는 상호작용이 국제 공공재로 '전체 최적의 이익'을 보장할 수 없다는 것도 나타낸다. 물론 '국익'만을 위해 행동할 경우에도 어떤 한 국가가 공공재로 커다란 편익을 얻고 또한 상당량의 공공재 비용을 혼자서 부담할 수 있는 경우에는 '전체 최적의 이익'은 보장되지 않더라도 상당량의 공공재가 공급될 수 있다. 그러나 이 경우 그러한 국가가 사라진다면 공공재는 전혀 공급되지 않게 되고, 만약 공공재를 공급하려 한다면 여러 국가들의 협력 체제가 필요 불가결하게 된다.

한 예를 들어 생각해보자. 미국은 자유무역체제로 거대한 편익을 얻고 룰을 만들어 자국 시장을 계속 개방하는 '비용'을 혼자서 부담할 수 있을 경우, 다른 나라의 무임승차(free ride)를 허락하면서 자유무역체제를 유지할 것이다(이것이 미국의 합리적인 행동이다). 하지만 미국이 현재의 자유무역으로 얻는 편익보다 지불하는 비용이 커졌다고 판단했을 경우에는 당연히 그 비용을 줄이려고 할 것이다. 결과적으로 완전하게 보호주의가 될 가능성도 있다. 그리고 미국 대신 자유무역체제를 유지하는 국가가 대두하거나 (즉 자유무역체제로 큰 편익을 얻으며 그 유지비용을 혼자서 부담할 수 있는 나라), 혹은 이를 유지하기 위한 국제적 협력체제의 성립이 자유무역체제라고 하는 국제 공공재를 유지하는 데 있어서 필요하다.

하지만 미국을 대신하는 나라가 나오거나 협력 체제가 생긴다고 해도 몇 가지 큰 문제가 남는다.

첫 번째는 공공재에서 얻는 편익 그리고 그것을 만들어내는 비용이 반드시 명확하지는 않아서 생겨나는 문제이다. 예를 들어 공공재가 등대일 경우에는 어떻게 만들어야 하는지, 콘크리트나 유리에 드는 비용이 어느 정도인지, 또 정확하지는 않지만 등대를 이용하여 그곳을 통행하는 배들이 어느 정도 편익을 얻는지 등을 파악할 수 있다. 그러나 예를 들어 자유무역이 공공재가 될 경우 이를 어떻게 형성할 것인지, 비용이 어느 정도인지, 편익이란 무엇인지를 측정하는 것은 거의 불가능에 가깝다. 따라서 각국이 어느 정도 비용을 부담해야 할 것인가를 공공재 이론을 바탕으로 추론하는 것은 불가능하다. 따라서 자국 및 타국이 어떠한 편익을 국제 공공재에서 얻고 있으며 또 지불하는 비용이 어느 정도인가와 관련하여 국제적으로 날카로운 대립이 끊이지 않는다. 그리고 이러한 대립은 만약 어떤 국가가 그 공공재를 공급했을 경우 다른 국가들도 자유롭게 사용할 수(무임승차가 가능) 있기 때문에 더욱 증폭된다. 공공재 이론은 이러한 정치적 논쟁(政爭)만으로 세월을 보내다 보면 공공재 공급에 실패할 수 있다는 것을 명백하게 보여준다.

마지막으로 보통 공공재 개념은 국내 상황을 염두에 두고 구성되어 왔다는 점이다. 따라서 공공재는 정치 공동체 존재와 사회 구성원의 발언권이 보장된 제도라는 것이 전제되어 있다. 예를 들어 국내 치안 및 국방은 전형적인 공공재라 할 수 있으며, 외부의 적(外敵)이거나 범죄자가 분명하고 이를 막기 위해서가 아니라면 경찰, 군대는 사용하지 않는 것이 암묵적 전제이다. 국제적 군사동맹 또한 국제 공공재가 되기도 하지만[24] 이는 적의 존재가 분명하고 그 이외에는 군사력을 사용하지 않는다는 전제가 성립될 때 비로소 가능하다. 또한 국내 공공재에서 무엇이 공공재이며, 누가 어느 정도 지불해야 되는지, 어디에 어떻게 만들어지는지에 대한 사회 구성원의 발언권이 보장되며 그러한 합의를 위한 제도가 존재한다. 따라서 진정한 국제 공공재는 세계적인 공동체와 그 구성원들의 발언권이 보장되는 제도가 확립되었을 때 비로소 성립되는 것일지 모른다.

---

24) 국제정치학에서 공공재 이론이 처음 적용된 것은 1960년대 중반 군사동맹과 관련해서였다(M. Olson and R. Zeckhauser, "An Economic Theory of Alliances," *Review of Economics and Statistics* 48: 3, 1966, pp. 266-79). 그리고 1970년대 들어와서는 국제경제의 안정을 공공재로 보는 견해가 일반화되었으며, 분석모델로서의 가능성 여부와는 별개로 이러한 어프로치는 미국이 타국에 요구하는 '공동 부담—버든쉐어링(burden sharing)'의 이론적 근거가 되었다. 또한 이것은 미국만이 아니라 일반적으로 '제국적인 국가'가 그 판도에 속하는 국가들에게 부담을 강요하는 양식이 되었다. 예를 들어 홉슨은 『제국주의론』에서 영국이 오스트레일리아, 캐나다, 인도 등에 주는 안전보장 편익을 공공재로 파악하고 그러한 국가들의 부담을 증대시키는 가능성을 논하고 있다(홉슨, 『제국주의론[帝国主義論]』[岩波書店, 下巻]).

5장

상호의존의 관리

패권과 레짐

1. 상호의존의 관리 유형

상호의존이란 일반적으로 트랜스내셔널적인 교류 및 그 증대에 따라 나타나는 다양한 현상을 가리키며, 그 중 가장 '발달'한 형태는 국가 행동(정책)이 국가 상호 간 목표 달성에 강한 영향력을 미치는 것이다. 이러한 상호의존에서는 각국이 트랜스내셔널적인 교류를 어떠한 방법으로 조정하고 또 각국이 독자적으로 행동해서는 얻을 수 없는 '국제사회 전체 이익'을 어떻게 확보해나갈 것인지 등 상호의존의 국제적인 '관리'라고 하는 것이 큰 문제가 된다. 그리고 상호의존 '관리'는 정치 단위가 분산된 국가 시스템과 전 세계가 통합화되고 있는 경제시스템을 어떤 방법으로 조정해 나갈 것인가의 문제이기도 하다.

논의를 보다 명확하게 하기 위해서 상호의존 '관리'의 간단한 유형을 미리 살펴보자. 유형을 분류하는 기준은 국가 행동양식에 관한 것이다. 상호의존 세계의 국가 행동양식 중 하나로 상대 행동을 고려하면서도(상호의존 세계에서는 어떤 경우에도 타국의 행동을 무시할 수는 없다) 기본적으로 그것을 주어진 조건으로 받아들이고, 자신의 행동이 상대에게 어떠한 영향을 주는지 상대가 그에 어떠한 반응을 하는지 등을 고려하지 않고 독자적인 행동을 취하는 경우가 있을 수 있다. 예를 들어 미국이 지속적으로 시장을 개방할 때, 일본은 자국의 행동이 미국에 어떠한 영향을 주고 또한 미국이 이에 어떠한 반응을 보일지를 고려하지 않고 일본에 최선의 이익이 된다고 판단되는 행동을 한다는 것이다. 그리고 또 한 가지 경우는 각국 행동이 상대에 어떠한 영향을 주고 상대가 어떠한 반응을 보일까를 고려하며, 나아가서는 좁은 의미의 '국익'만이 아닌 '국제사회 전체 이익'을 가능한 한 증대하도록 협력해나가는 행동 양식이다. 예를 들어 일본이 금리를 올렸을 경우 미국에 어떠한 영향을 비치고 미국이 어떠한 반응을 할 것인가를 생각한다. 즉 자국의 행동→상대의 반응→자국의 행동→……⮐이라는 연쇄반응이 일어나게 되고 그 가운데 서로에게 가장 이익이 되는 결과를 추구하게 된다. 전자를 '독자적' 행동양식, 후자를 '협력적' 행동양식 이라고 부르기로 하자.

상호의존의 '관리' 유형의 기준은 상호의존을 '관리'하는 과정에서 (1) 룰에 의한 것인지 혹은 (2) 재량에 의한 것인지 두 가지를 생각할 수 있다. 룰에 따라서 상호의존을 '관리'하는 것으로는 우선 트랜스내셔널적인 교류를 규정하는 국제 룰을 만들어가는 것이다. 예를 들어 환율을 고정하고 이에 따라 자금 이동을 조정하는 것이다. 또 하나는 상호의존 '관리'를 위해 각국이 일정한 행동 룰을 정하는 것이다. 예를 들어 상대가 시장을 개방하면 자국도 시장을 개방한다는 식의 행동 준칙을 설정하는 것이다. 재량에 의해서 상호의존을 '관리'한다는 것은 상호의존에 대처하는 과정에서 예를 들어 각국이 독자적으로, 또는 제각기 대처한다든지(단 이것을 '관리'라고 할 수 있을지는 의문이지만) 혹은 시기와 경우에 따라서는 정책 협조(예를 들어 금리조정)를 실시함으로써 상호의존을 조정하고자 한다.

상호의존 '관리'유형에서 (1) 행동양식('독자적' 행동인가 '협력적' 행동인가) (2) 룰에 의한 것인가 재량에 의한 것인가에 대한 두 요인(축)을 살펴보았다. 이들 두 기준을 조합하여 상호의존 '관리'를 네 가지 유형으로 나타낸 것이 〈그림 5-1〉이다.

〈그림 5-1〉 관리의 유형

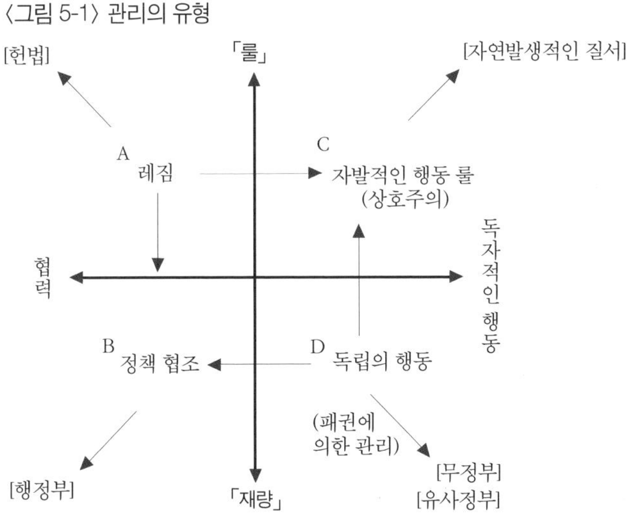

〈그림 5-1〉의 A는 각 정부들이 '협력적인' 행동을 하며 상호의존 '관리'가 룰에 따라 이루어지는 것이다. 이는 '국제 레짐'(이하 '레짐'으로 표기)이 된다. 통상에 관한 일반협정(GATT) 등이 그 예이다. 일반적으로 이것은 일정 분야에서 국가가 따라야 할 룰을 설정하는 것, 즉 '헌법'적인 것이다. 〈그림 5-1〉 B는 각국 재량에 따르면서도 정부 간 협력 행동이 이루어지는 것이다. 그 전형이 이른바 정책 협조이다. 예를 들어 주요 국가들이 독자적으로 금리정책을 조정하여 환율을 안정시키는 것이다. 이는 한 국가의 행정부가 실시한다. C와 D는 국제 협력 틀이 반드시 존재하지는 않으며 기본적으로 국가 · 정부의 독자적인 행동으로 상호의존을 '관리'하는 것이다. C에서는 독

자적인 행동을 전제로 하지만 '국익'을 위하여 자발적으로 일정한 행동 룰을 채택하고 이를 통해 상호의존을 '관리'하는 것이다. 그 전형적인 예가 상호주의이다. 상호주의란 나중에 자세히 설명하겠지만 '상대가 협력하면 자신도 협력하고 상대가 비협력적인 행동을 하면 자신도 비협력적으로 행동한다'(이른바 '눈에는 눈 이에는 이'[Tit for Tat] 전략)는 행동 룰이다. 그리고 역설적이지만 각국이 상호주의를 채택함으로써 '사회 전체 이익'을 증대시키고 자연발생적으로 일련의 질서를 형성한다. 〈그림 5-1〉 D는 각국이 독자적 재량에 따라 행동하며 이를 통해 상호의존을 '관리'하는 것이다. 만약 (정책 레벨에서) 상호의존이 대칭적일 경우 각국이 독자적으로 행동한다면 보통은 각국 이익을 충분히 달성하지 못할 뿐만 아니라 '국제사회 전체 이익'도 달성할 수 없음을 알 수 있다(6장 2. 정책 협조 참조). 그리고 각국이 독자적인 행동을 취했을 경우, 예를 들어 대공황기에 '이웃 궁핍화 정책(beggar-my-neighbor policy)'을 채택하는 국가들이 나타나고 '전체 이익' 뿐만 아니라 '개별 이익'도 파괴된다(이것이 바로 '아나키[무정부상태]'이다). 따라서 D에서 상호의존 '관리'는 상호의존이 비대칭일 때만 의미가 있다(즉 전체 복지를 증대시키는 것)고 할 수 있다. 즉 상호의존이 진전되고는 있으나 어떤 거대 국가가 자국의 목적을 위하여 독자적으로 행동할 수 있고 다른 국가들은 이 거대 국가의 행동을 주어진 조건(소여)으로 받아들여 행동하는 경우가 이에 해당된다. 전형적으로 패권 국가가 존재하며 그 나라가 마치 유사정부처럼 상호의존을 '관리'하는 것이다.

다시 말해서 위의 네 가지 상호의존 '관리' 형태는 '국제사회 전체 이익' 증대를 보장하는 시스템을 각각 다른 방법으로 구현해나가는 것이다. 이는 2장에서 살펴본 바와 같이 상호의존의 세계에서 '내쉬 균형'과 '파레토 최적'이 일치하지 않는 상황이 자주 발생하기 때문이다. '죄수의 딜레마'에서 그 전형적인 모습을 찾아볼 수 있다. 또한 4장에서 밝힌 바와 같이 공공재 공급에서도 '파레토 최적'과 '내쉬 균형'은 일치하지 않는다. 〈그림 5-1〉에 나타낸 네 가지 형태는 어떤 의미에서 적어도 부분적으로는 '죄수의 딜레마'(혹은 '파레토 최적'과 '내쉬 균형'의 괴리)를 해결하기 위한 네 가지 다른 방법이라고 할 수 있다. '레짐'은 국가 행동에 대해 룰을 통해 제한하고, 정책 협조에 있어서는 '행동 조율(조정)을' 통해 해결하려고 한다. 각국은 '눈에는 눈 이에는 이'라는 상호주의 전략을 채택하고 패권시스템은 패권국의 감시와 단속을 통해 '파레토 최적'을 유지하려고 한다는 것이다.

'레짐', 정책 협조, 상호주의, 패권 네 가지 '관리' 형태가 반드시 서로 배타적인 것은 아니다. 패권국가 중에는 영국과 같이 독자적으로 시장을 개방하여 자유무역체제를 만들거나, 미국과 같이 독자적으로 자국 시장을 개방함과 동시에 '레짐'을 만들어 상호의존을 관리하려고 하는 국가도 있다. 또한 GATT에서 산업구조 조정이 논의될 수 있도록 '레짐'체제에서 정책 협조를 하는 경우도 있다. 제2차 대전 이후의 큰 흐름을 보면 패권국이 '레짐'을 통하여 트랜스내셔널적인 교류를 '관리'(A와 D의 조합)하거나, '정책 상호의존'의 대칭화를 통한 정책 협조 혹은 패권의 쇠퇴(와 '대지역주의'의 대두)로 상호주의가 상호의존 '관리'의 형태로 변화한다. 그리고 이러한 현상은 1980년대에 들어와 비로소 그 중요성이 높아지는 듯하다.

다음으로 제2차 세계대전 이후 상호의존 '관리'의 기본형태였던 패권에 의한 '관리' 및 '레짐'에 의한 '관리'에 대하여 살펴보고자 한다.

2. 패권에 의한 상호의존 관리

패권이론

패권(hegemony)이란 하나의 국가가 군사력, 경제력, 정치력, 나아가 부존

천연자원의 존재(賦存) 등에서 다른 나라를 압도할 수 있는 것을 가지고 있는 것을 말한다. 그리고 패권국은 자국의 원리원칙을 대외적으로 드러내며 이를 바탕으로 국제시스템을 만들어내고 유지할 수 있는 의지와 능력을 가지고 있는 나라이다.[1] 이러한 패권국이 존재하고 국제적으로도 패권 시스템이 확립되면 국제시스템은 안정되고 정치적으로는 평화가, 경제적으로는 번영과 상호의존의 진전이 이루어진다. 그렇지만 패권 국가가 쇠퇴하거나 혹은 소멸했을 경우에는 큰 전쟁이 일어나거나 각국 간 경제적 경쟁이 높아져 국제경제가 불안정해진다. 이것이 이른바 패권안정 가설이며 패권이론의 중심을 이루는 것이다. 패권이론은 1장에서 설명한 바와 같이 몇 가지 예외를 제외하고[2] 1970년대에 들어서야 비로소 대중화된 이론이다. 패권안정 가설은 먼저 경제학자 찰스 킨들버거(Charles P. Kindleberger)가 제기하였다. 그의 이론은 다음 항에서 자세하게 다루겠지만 1930년대 대공황이 왜 일어났는지를 설명하기 위하여 제시된 이론이었다. 킨들버거는 세계경제, 특히 위기가 닥쳤을 때의 안정은 리더십을 발휘하려는 의지와 능력을 가진 나라가 있을 때 비로소 가능하다고 밝히고 있다. 1930년대 대공황은 상대적으로 지위가 낮아진 영국이 의지는 있으나 능력이 없었고, 반대로 당시 충분한 능력이 있다고 여겨졌던 미국은 리더십을 발휘하려는 의지가 없었다는 데서 그 원인을 찾고자 했다.

이러한 킨들버거의 경제패권 안정론은 길핀[3], 크래스너(Stephan D. Krasner)[4] 등 정치학자들에 의해 이어졌으며 국제정치경제학에서 하나의 이론 가설로 확립되었다. 이러한 패권안정론은 1970년대 전반까지는 경제 분야에 한정되었다. 그러나 1970년대 후반부터 모델스키, 길핀 등에 의하여

1) 패권의 정의에 대해서는 Keohane, 앞의 책, *After Hegemony*, pp. 32-35.

2) A. F. K. Organski, *World Politics* (2nd ed.), NY: Knopf, 1968, Chap. 14.

3) R. Gilpin, *U.S. Power and the Multinational Corporation*, NY: Basic Books, 1976.

4) S. D. Krasner, "State Power and the Structure of International Trade," *World Politics* 28, April 1976, pp. 317-47.

경제분야 뿐만 아니라 넓게는 군사안전보장 분야에 걸쳐 전개되었다. 여기서 주의해야 할 점은 이러한 패권이론이 바야흐로 미국 패권이 쇠퇴하고 있을 상황하에서 대두되었다는 점이다(그리고 '패권론자' 어느 누구도 1970년대 혹은 현재[1980년대]가 패권시대라고 주장하지는 않는다). 이는 1970년대에 대두된 패권이론이 1970년대 및 1980년대의 경제 혼란을 설명하기 위한 가설이론으로 제시되어 왔다는 것과 한편으로는 상대적으로 지위가 낮아진 미국이 어떠한 정책을 전개하면 좋을지 혹은 어떠한 국제시스템을 만들지에 대한 강한 정책 지향을 배경으로 한다는 것을 의미한다.

더욱이 패권이론과 경제 상호의존과의 관계를 살펴보면 기본적으로 다른 두 가지 관점이 있다. 이는 패권국이 제안하고 관리하는 상호의존 관계가 어떠한 가치배분을 이끌어내는가에 관한 것이다. 패권이론의 한 관점은 패권시스템이라고 하는 계층 구조에서 상위계층인 나라일수록 많은 편익을 얻으며 하위로 갈수록 편익이 줄어든다는 것이다. 이를 전형적으로 나타내고 있는 것이 월러스타인 이론일 것이다.[5] 그의 논의는 중심, 준주변, 주변이라는 3층 구조를 상정하고 이 세 층의 관계는 이윤추구를 목적으로 하는 자본주의 국가 간 부등가 교환(不等價交換)에 따른 착취 · 피착취의 관계로 연결되어 있다는 것이다. 그리고 만약 패권국이 존재하는 경우에는 가장 중심적인 지위를 차지하며 다른 나라에 비하여 최대한의 이익을 누리고 있다는 것이다(그가 말하는 패권국이란 생산, 무역, 금융 세 분야 모두에서 세계 최강의 국가이다). 단 패권국은 세계경제의 상승기 · 번영기에 나타나며 정치적, 경제적 영향력도 강력하기 때문에 패권국이 존재할 때 국제시스템이 안정될 수 있다고 주장한다. 이렇게 패권국이 만들어내는 상호의존 관계가 상위계층에는 유리하고 하위계층에는 불리하다고 보는 관점과는 반대로, 패권국은 패권시스템을 통해 다른 국가들에 비하여 큰 편익을 누리고는 있지만

---

5) Wallerstein, 앞의 책, *The Politics of the World-Economy*, Chap. 3.

이는 (극단적으로) 많은 비용을 지불하면서 시스템 전체에 공통 이익을 제공한다는 관점도 있다. 예를 들어 패권국은 통상의 안전, 국제통화 제공, 시장개방 등 국제경제 안정에 커다란 공헌을 하고 있으며 이것이 바로 패권하에서 국제경제가 안정을 유지할 수 있는 가장 중요한 이유라는 것이다.

패권이론에 따르면 패권국은 다음과 같이 상호의존을 '관리'하려고 한다. 하나는 패권국이 상호의존 관계를 규정하는 룰을 제정하고 이에 따라 상호의존을 조정하려고 한다는 것이다(다음의 3. '국제레짐'절에서 자세히 분석). 또 하나는 패권국이 세계경제의 안정을 책임지고 그 책임을 완수하기 위하여 다양한 정책을 전개하며 이를 통해 안정된 상호의존 관계가 유지된다는 것이다. 먼저 후자와 관련하여 그 전형이라 할 수 있는 킨들버거 이론을 고찰하고자 한다. 그러한 과정 및 다음 절에서 설명하고자 하는 '레짐'이론을 통하여 가치배분 문제도 언급하고자 한다.

킨들버거 이론

킨들버거[6]의 문제의식은 세계경제가 외부 쇼크(위기)에 직면했을 경우, 대혼란에 빠지지 않고 위기를 극복하려면 어떠한 장치가 필요한가라는 논의였다. 여기서 대혼란이란 세계경제의 정체 혹은 퇴행, 보호주의의 대두 등을 가리킨다. 그는 1929년에 일어난 세계 대공황의 원인은, 세계경제시스템을 안정시키기 위한 책임과 의무에 있어서 영국은 그러한 능력을 가지고 있지 못했고 미국은 능력은 있으나 의지가 없었기 때문이라고 지적하였다. 구체적인 책임과 의무란

(1) 불황에 빠진 재화(財)에 비교적 개방된 시장을 지속적으로 제공하는 것

(2) 불황에 맞서기 위하여 장기적으로 자본을 대부하는 것

6) C. P. Kindleberger, *The World in Depression 1929-1939*, Berkeley: U. of California Press, 1973.

(3) 위기를 맞게 되면 '할인어음'을 실시하는 것—'최후의 대출기관(貸主 Last resort of lender)' 세 가지이다.

킨들버거는 다음의 두 가지 역할을 추가하고 있다.[7]

(4) 국제 환율을 관리해 거시경제 정책을 조정하는 것

(5) (1)의 불황에 빠진 저렴한 제품에 대하여 지속적으로 시장을 개방하고 더불어 극도로 공급이 부족해진 상품을 국제적으로 분담한다는 과제를 완수하는 것

이러한 책임과 의무를 다하는 국가가 리더이며 그 내용 및 수행 방법이 곧 리더십인 것이다. 리더십의 본질은 추종자(follower)를 착취하거나 리더 자신의 위신을 세우기 위한 '사유재'를 추구하기보다는 오히려 책임과 의무(responsibility) 때문에 '공공재'를 공급하는 것이다('공공재'는 4장을 참조). 리더는 단지 강대함만으로 리더십을 갖는 것이 아니다. 리더는 앞에서 언급한 책임과 의무가 자국의 장기적 이익과 일치한다고 인식하고 이를 완수하려는 의지를 가질 때 비로소 리더로서의 역할을 수행할 수 있다. 리더십의 기본은 추종자들이 장기적으로 혹은 전체 이익에 맞추어 행동하도록 설득하는 것이다. 리더는 책임과 의무를 수행하기 위해서 어려움을 많이 겪게 될 것이다. 리더십 비용 부담에 대하여 국내 지지를 얻을 수 없거나 혹은 다른 국가가 소득, 위신을 이유로 리더십에 도전하는 경우도 생길 것이다.

물론 리더십에는 상대의 팔을 비틀거나 뇌물을 주고받는 행위도 포함된다. 이러한 행위 없이는 충분한 공공재를 생산할 수 없는 경우도 있기 때문이다. 그렇지만 리더십은 기본적으로 지배 및 착취를 거부한다. 이러한 점에서 킨들버거는 리더십과 '지배(dominance) 혹은 패권(hegemony)'을 구별하여 '지

---

7) C. P. Kindleberger, "Dominance and Leadership in the International Economy," *International Studies Quarterly* 25: 2, June 1981, pp. 242-59.

배'를 부정하고 '리더십'을 택하였다. 킨들버거에 따르면 지배(혹은 패권)란 경제분야에서 무엇을 달성해야 할 것인가를 다른 나라에 지시하는 것이 기본이다. 또한 착취란 한 쪽이 권력을 행사하며 권력을 행사하지 않았을 때에 비해 다른 나라로부터 자국에 더욱 유리한 결과를 획득하는 것을 의미한다.

여기에서 킨들버거가 말하는 '국제 공공재'[8]란 경제 분야에서 '책임과 의무' 외에 항해의 자유를 포함한 자유통상 시스템, 국제 통화, 지적소유권 체계, 중량과 측정 규격 등이 포함된다. 또한 '국제 공공재'에는 평화도 포함된다. 킨들버거는 평화가 '팍스 브리타니카'(Pax Britannica)나 '팍스 로마나'(Pax Romana)[9]에서 알 수 있듯 지배 국가 또는 세력균형 작용으로 공급될 수 있다고 말한다. 이 점에서 그는 정치 · 군사 분야의 패권안정론자는 아니라고 할 수 있다. 킨들버거 주장의 가장 큰 특징은 이러한 리더십을 한 국가가 맡게 된다(맡아야 한다)는 점이다. "자동차는 두 명의 유능한 운전기사가 서로 운전대를 조정하려고 다툴 때보다는 서투른 운전기사라 할 지라도 혼자서 운전하는 것이 바람직하다." 따라서 두세 국가에 의한 공동 리더십은 불가능하다는 것이다.

리더는 장기적으로 쇠퇴되어 갈 것이며 따라서 리더십에 의존하는 세계경제 시스템은 장기적으로 보았을 때 본질적으로 불안정한 것이다. 이를 킨들버거는 다음과 같이 말하고 있다.

> 오늘날 사회과학자가 이해할 수 있는 범위 내에서 말하자면 나는 리더십을 기반

---

8) C. P. Kindleberger, "International Public Goods without International Government," *American Economic Review* 76: 1, 1986, pp. 1-13.

9) 라틴어로 팍스 브리타니카는 19세기 영국 식민 통치를 일컫는 말로 '영국의 평화'라는 의미로 사용되었으며 대영제국(大英帝國) 당시의 황금기를 말한다. 또한 팍스 로마나는 '로마의 평화'라는 말로 로마가 제정 시기(1~3세기) 동안 큰 전쟁 없이 대제국을 운영하면서 로마제국 내의 영토가 평온했던 것을 의미한다. 즉 어떤 대제국이 생겨서 그 안의 속국들을 다스리는 데 크게 문제가 없었던 것을 뜻한다.(역자주)

으로 해서 국제사회—정치와 경제 양쪽 모두를 조직하는 것이 필요하다고 생각한다. [중략] 리더십이 붕괴되었을 경우 새로운 리더 아래서 새로운 정통성이 확립될 때까지 장기간에 걸쳐 위험한 과정이 계속 될 것이다. 리더십을 자각하는 것이 그다지 득이 된다고는 생각하지 않을 것이다. 따라서 (서독, 일본 및 스위스 등) 경제 분야의 주요 리더십 후보자들이 리더십 담당을 주저하거나 또한 외면할 것이다. 또한 안정이라는 공공재를 공급한다는 리더십은 적절하게 평가되기도 하고 또 착취로 오해받기도 한다. 또 '무임승차'에 의해 위협을 받는 불만족스러운 시스템이기도 하다. 그러나 이것은 현재 우리가 취할 수 있는 다양한 대안 중 그 어느 것보다 훌륭한 것이다.[10)]

하지만 킨들버거가 지적한 리더십의 책임과 의무는 실행하기가 매우 어렵다. 특히 오늘날 미국의 상황이 그러하다. 불황을 겪으면서도 지속적으로 시장을 개방하고 장기자본을 빌려주며 각국이 처한 채무위기 등을 '할인'해 주는 것은 보호주의 성향이 강해지고 또한 거대 채무국이 된 미국에 있어 모든 것을 혼자서 도맡기는 절대 불가능한 일이다. 즉 능력 면에서 미국은 이미 이러한 책임과 의무를 혼자서는 완수할 수 없다. 따라서 현실적으로는 킨들버거가 불가능하다고 지적했던 주요국 간 정책 협조를 통해서 세계경제 안정을 도모해나가는 수밖에 없다. 즉 주요국들이 공동으로 상호 간에 그리고 다른 국가들에게 시장을 지속적으로 개방하고 또 불황 및 채무위기를 맞은 국가들에게 공동 자본을 빌려주며 '할인'을 실시하는 것이다. 또한 상호협조를 통해 국제환율을 관리하거나 거시 경제정책을 조정해야 한다. 다음 6장 '정책 협조'절에서 자세히 다루겠지만 이러한 협조는 이미 많은 분야에서 실시되고 있다. 물론 이러한 정책 협조 속에서 미국이 강한 리더십을 발휘하는 것은 가능할 것이다. 예를 들어 플라자합의 혹은 중급 소득국가의 누적채무 문제에서 미국의 베이커 재무 장관이 발휘한 리더십은 주목할 만하다. 그

10) Kindleberger, 앞의 논문, "Dominance and Leadership in the International Economy," p. 252.

러나 여기서 발휘되어야 할 리더십은 미국이 패권적 지위를 가지고 있었던 1950년대, 1960년대와는 질적으로 다른 것으로 보아야 할 것이다. 왜냐하면 더 이상 미국 혼자서 달성할 수 있는 과제란 없으며 달성을 위해서는 일본, 서독 등 다른 주요국과의 협력이 필수 불가결하기 때문이다. 만약 미국이 이를 무시하고 '리더십'을 발휘하려 한다면 킨들버거가 지적한 바와 같이 '지배' 또는 '패권'이 되어 버릴 것이다. 혹은 '선의'의 패권이 아닌 상대를 지배하며 착취하는 '육식' 패권국이 되어 버릴 것이다. 지금 미국에 있어 리더십과 '지배'는 종이 한 장 차이이며 미국이 '지배'라는 과오를 범하지 않기 위해서는 '다국 간(트랜스내셔널) 협조'라는 선택이 유일하다고 판단된다.

3. 국제 레짐

1986년 우루과이의 푼타 델 에스테(punta-del-este)에서 열린 GATT 각료회의는 향후 4년간에 걸쳐 다국 간 교섭을 진행할 것을 발표했다. 이른바 우루과이라운드(Uruguay Round)협상의 개시이다. 우루과이라운드 교섭 대상이 되는 분야는 공업제품의 무역자유화 등 전통적인 무역 분야 상품뿐 아니라 무역관련 투자, (금융 및 전기통신 등) 서비스 분야의 무역자유화, 나아가 지적재산권 등 새로운 분야에서 국제 룰을 만들려고 하는 것이다. 예를 들어 무역관련 투자에는 이를 규제하는 다양한 장치(예를 들어 로컬 컨텐츠,[11] 수출관리규정[수출 의무])와 관련하여 국제적으로 어떠한 룰 또는 기준을 만들 것인지가 문제가 되고 있다.

또한 1985년 이른바 '플라자합의' 이래 통화와 관련된 국제 협조가 이루어지고 있다. 현재와 같은 변동환율제 아래서 어떻게 통화 안정을 유지해나

---

11) 예를 들어 자동차 생산 등의 부품 현지 조달을 의미한다.(역자주)

갈 것인가 혹은 참고환율권제도(reference zone system)[12] 등을 설정하여 새로운 통화체제를 만들어나갈 것인가 등이 문제가 되고 있다. 이는 상품, 자금, 정보 등 국경을 넘어선 교류에서 국제 룰을 설정하고 또 이에 따라 다국간 교류를 조정('관리')하려는 활동들이다. 이러한 다국 간 교류에서 국제 룰의 조합을 '국제적 레짐'이라고 한다. 보다 엄밀하게 말하자면 '레짐'[13]이란 특정 문제 영역(예를 들어 통상, 통화 등)에서 (1) 기본 원리/목적, (2) (1)을 달성하기 위해서 국가가 따라야 할 행동의 룰, (3) (1)을 달성하기 위한 국가 간 대화, 교섭의 장(무대)을 설정하고 결정하는 룰, (4) 룰 위반 및 분쟁처리에 관한 룰로 구성되어 있다. '레짐'은 해당 분야에서 인지가능한 국가 행동양식(각국이 어떻게 행동할 것인가에 대하여 다른 국가가 기대하는 바가 일치하는 것)으로 정의되기도 하지만, 일반적으로는 오히려 공식적이며 부분적으로는 조약까지 포함하는 룰의 조합으로 정의된다. 따라서 '레짐'이란 각 분야에서 '게임의 룰'을 설정하는 역할을 수행한다.

물론 분야에 따라서는 '레짐'이 존재하지 않는(국제 행동을 규제하는 룰이 없고 각국이 독자적으로 행동한다 '비레짐[Non-Regime]') 경우도 있고 존재는 하지만 매우 약한(룰이 발달되지 않았거나, 룰은 있어도 준수되지 않는) 경우도 있다. 이러한 '레짐'에 관해서는 기능, 창설, 유지, 변용 등이 주된 연구 대상이 된다. 우선 '레짐'에 대한 이해를 넓히기 위하여 통상 분야를 예로 좀 더 자세하게 고찰해 보기로 하자.

레짐의 예: GATT

'레짐'의 전형적인 예라 할 수 있는 것이 GATT(General Agreement on Tariffs

12) '참고환율제'라고도 불리운다. 환율이 움직이는 변동폭이 있다는 점에서 '고정환율제'와 대비되는 '변동환율제'라 할 수 있다. 각국 통화의 환율수준에 관해 통화 당국들이 시장에 협조 개입해 정해진 범위를 유지하도록 하는 제도이다.(역자주)

13) '레짐'에 대해서는 S. D. Krasner, *International Regimes*, Ithaca: Cornell U. P., 1983.

and Trade— 관세와 무역에 관한 일반협정)이다. GATT는 1947년에 체결된 이래 제2차 세계대전 전후 통상 체제의 바탕이 되었다. GATT의 기본 원리/목적은 자유무역 촉진과 이에 기초를 둔 세계경제 발전에 있으며, 각국이 따라야 할 기본 행동으로서 통상의 장벽을 최대한(銳意) 제거해 나아갈 것을 요구하고 있다. 또한 무차별적, 다각적이라는 룰을 기본으로 하고 있다. 즉 통상에 상대국 간 차별을 해서는 안되며 만약 어떤 나라에 통상상의 양보(예를 들어 관세인하)를 실시했을 경우에는 다른 나라에도 같은 양보를 자동적으로 제공해야 한다(무조건의 최혜국 대우). 또한 통상정책은 양국 간이 아닌 다국적인 시점에서 문제를 해결해야 한다는 것이 다각적 룰이다. 예를 들어 양국 간에 무역수지상의 불균형이 생겼을 경우라도 다국적 균형을 고려하여 문제를 처리해야 한다는 것이다. 또한 수량제한 등 룰을 위반했을 경우에는 당사국을 포함하여 다른 국가들이 찬성한다면 패널이 설정되고 재정(裁定)도 실시된다. 또한 교섭 및 대화의 장에 대한 설정은 우루과이라운드를 비롯하여 과거 GATT의 주최 하에 몇 차례 다국 간 교섭이 이루어졌고 많은 성과를 올렸다(예를 들어 1960년대의 케네디라운드, 1970년대의 도쿄라운드).

이러한 GATT의 자유, 무차별, 다각이라는 기본 룰은 어떤 의미에서 통상과 정치를 분리하고 제2차 세계대전 이후 자유무역체제 발전에 큰 공헌을 했다고 할 수 있다. 그러나 GATT 체제에서도 자유, 무차별, 다각이라는 기본 룰에 예외 규정이 마련되어 있었다. 예를 들어 수입 증대를 막기 위한 세이프가드(수입제한)조치가 인정되었다(단 이때의 세이프가드는 차별 없이 이루어져야 한다). 무차별 룰에 대한 몇몇 예외규정도 있었다. 그 중 하나는 개발도상국에 관한 것이다. GATT 체제에서는 관세 등의 인하에 있어서도 상호주의('양보의 평등성')원칙을 지켜야 한다. 그러나 경제력이 약한 개발도상국은 이러한 상호주의가 '면책'되었다. 또 1970년대 선진국에서 채택된 일반특혜관세(개발도상국에 특별히 낮은 관세를 설정하는 것)도 무차별 룰에 대한 예외조치의 하나였다. 무차별 룰의 다른 예외 규정은 지역통합에 관한 것이다. 즉 GATT 체제는 현재보다 장벽을 높이지 않는 전제하에 관세동맹, 자유무역지역을 인정하고 있다(뒤에서 다시 다루기로 하자).

하지만 이러한 특징을 가지는 GATT 체제는 시간이 흐르면서 몇 가지 변화가 있었다. 그 중 하나는 보호주의 경향이 강해졌다는 것이다. 이와 관련하여 러기는 제2차 세계대전 이후에 만들어진 무역 체제는 완전한 자유주의에 바탕을 둔 것이 아니며, 수입 증대에 따른 피해가 발생했을 때 이를 막기 위한 보호주의적인 정책을 합법적으로 허락하고자 하는 이른바 '제한된 자유주의(embedded liberalism)'에 바탕을 둔 것이라고 지적하고 있다.[14] 이러한 보호주의는 각국이 채택하는 조치(예를 들어 미국 통상법 201조 — 수입 증대에 대한 국내 산업의 보호조치)도 있고, 수출자유규제 등 GATT의 룰에는 '회색' 조치도 있었다. 또한 GATT 자신이 보호주의 '레짐'을 만드는 경우도 있었다. 그 전형적인 예가 GATT 체제에서 만들어진 다국 간 섬유협정(Multifiber Arrangement, MFA)이다.[15] MFA는 (섬유의 수입국 및 수출국을 멤버로 하는) 다국 간 협정이며 특정 국가의 섬유제품 수출이 증가했을 경우 수입국은 이 국가에 대하여 수출자주규제를 요구할 수 있다. 그리고 이러한 교섭이 실패했을 경우에 수입국은 일방적으로 수입의 수량규제를 실시할 수 있다(따라서 수출국은 자주규제를 실시하지 않을 수 없게 된다)는 것이다(자주규제는 일반적으로 어떤 연도를 기준으로 그 해와 비교한 수출 증가를 규제 대상으로 삼는다. 따라서 MFA가 반드시 섬유 무역의 수량 축소를 가져오는 것은 아니다). 이와 같이 MFA는 자유무역 촉진을 그 기본 원리/목적으로 한다기보다는 오히려 수입을 제한함으로써 국내산업 보호에 역점을

14) J. G. Ruggie, "International Regimes, Transactions and Change: Embedded Liberalism in the Postwar Economic Order," *International Organization* 36, Spring 1982.

15) MFA의 정치 과정에 대해서는 D. B. Yoffie, *Power and Protectionism*, NY: Columbia U. P., 1983.

둔 '레짐'인 것이다(여기서 알 수 있듯이 '레짐'과 자유로운 국제경제는 기본적으로 다른 것이라고 보아야 할 것이다).

GATT의 또 다른 변용은 GATT가 취급하는 분야가 관세인하라는 점에 한정되지 않고 다양한 분야로 확대되어 특히 단순한 국경조정조치(관세, 수입절차 등)에 관한 것부터 국내법, 제도와 관련된 것으로 확대 · 심화되고 있다는 것이다. GATT 체제에서 다국 간 교섭의 주요 과제는 1960년대 케네디라운드까지는 관세인하였다. 그러나 관세가 충분히 저하된 1970년대(도쿄라운드)에는 오히려 비관세장벽(수입절차, 인증제도, 규격, 정부 조달 등)이 문제가 되었다. 또한 1980년대 우루과이라운드에서는 서비스 무역, 지적소유권, 무역관련 투자문제에 대한 교섭이 이루어지고 있다. 그리고 새로운 이 세 분야 모두 국내 제도, 법률과 관련되는 것이다. 이는 3장에서 살펴본 바와 같이 상호의존이 심화되어 국내제도의 구체적인 조화화가 요구되었던 점과 대응한다.

GATT의 세 번째 변용은 1980년대 접어들어 '대지역주의'라고 불리는 현상이 나타났다는 점이다. GATT 체제에서는 예외조치의 하나로 현재의 장벽을 높이지 않는 한 관세동맹, 자유무역지역을 인정하였다. 그러나 1980년대까지 다양한 지역에서 경제통합을 시도하였으나 EC를 제외하면 그다지 성과를 올리지 못하였다. 또한 EC 역시 1970년대 이후 질적인 면으로 그다지 큰 발전을 이룬 것은 아니었다. 그러나 1980년대 중반 이후 EC는 '완전 통합'을 목표로 활동을 개시한다. 그리고 1985년에 시작된 미 · 캐나다 자유무역협정은 1988년에 조인되었다. 만약 이러한 추세가 계속된다면 관세동맹이나 자유무역지역은 더 이상 GATT의 예외조치라고 볼 수 없게 된다. 그리고 GATT 세계적 룰은 '블록경제'로 대체되어 간다.

'레짐'의 한 예로 GATT의 내용과 변용을 살펴보았다. 그러나 '레짐'은 통상 분야뿐만 아니라 다른 다양한 분야에서도 찾아볼 수 있다. 이를 문제 영역의 관점에서 간단히 고찰해보고자 한다.

문제 영역

'레짐'의 성립은 지금까지 의도해왔거나 혹은 앞으로 그럴 가능성이 있는 문제의 영역(issue area)을 포함해 매우 다양하다. 그리고 이러한 문제 영역은 '내포 혹은 중첩된(入れ子, Nested) 구조'[16]로 형성되어 있다(비노드 아가왈[Vinod K. Aggarwal]).[17] 예를 들어 국제경제 문제 영역은 〈그림 5-2〉와 같이 나타낼 수 있다. 경제 전체와 관련하여 이른바 '서방측(자유)

〈그림 5-2〉 문제 영역의 구성

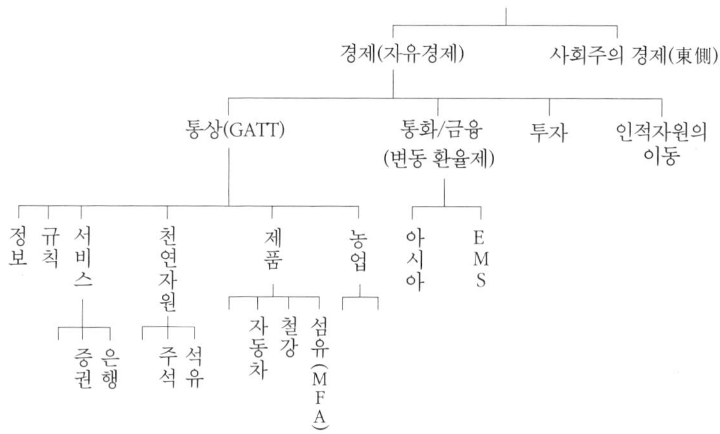

진영'(개발도상국을 포함)에서는 기본적으로 자유경제라는 원리 · 규범이 지배적이다. 그러나 경제 전체를 관리하는 공식적 룰의 조합인 '레짐'은 존재하지 않는다. 경제 전체는 통상, 통화/금융, 투자,[18] 인적자원 이동 등의 분야로 나눌 수 있다. 그리고 각 분야는 (적어도 잠재적으로는) '레짐'이 성립되는 문제 영역이 되었다. 예를 들어 통상의 경우 전체적인 큰 틀로 우선

16) 일본어로 '이레코(入籠型)구조'라 불리우는데, 큰 상자 안에 작은 상자가 차례로 포개져 넣어 있는 상태를 말한다.(역자주)

17) V. K. Aggarwal, *Liberal Protectionism: The International Politics of Organized Textile Trade*, Berkeley: U. of California Press, 1985, Chap. 2.

18) 투자에 대해 '레짐'론적인 관점에서 행한 분석으로서 C. Lipson, *Standing Guard*, Berkeley: U. of California Press, 1985.

GATT 체제가 존재하며 하부에 천연자원, 공업제품, 농업 등 개별 분야가 존재한다. 또한 공업제품도 그 밑에 몇 개의 문제영역으로 나뉘어 있으며 섬유 분야 역시 MFA라는 일종의 보호주의 '레짐'이 성립되어 있다. 철강[19], 조선, 자동차 등의 분야에서도 레짐까지는 아니더라도 암묵적인 국제 규제와 각국 정부 규제가 조합된 룰이 만들어졌다. 또한 현재 서비스 무역이나 무역관련 투자도 GATT 체제에서 새로운 '레짐'을 모색했다.

통화/금융 분야에서는 제2차 세계대전 이후 금태환제도에 의거한 고정환율제 '레짐'이 만들어졌으나 이는 1970년대 전반에 무너지고 1973년 이후 변동환율제는 '레짐'으로 바뀌게 되었다(단, 변동환율제는 환율이 시장 메커니즘에 의해 정해지는데 이를 '레짐'이라고 부르는 것이 적절한지는 논의의 여지가 있다. 그러나 완전한 자유변동환율에는 정부개입이 금지되어 있기 때문에 정부 행동을 규정하는 룰로서의 '레짐'은 존재한다고 볼 수 있다). 현재는 환율 '레짐'과 관련하여 일정한 변동폭을 설정하여 안정을 도모하는 다양한 제도 개혁안이 마련되었다.[20] 또한 이러한 세계적 '레짐'에 반하여 1979년에는 유럽통화제도(European Monetary System, EMS)가 창립되어 지역 통화의 안정을 추구하였다. 나아가 통화/금융의 미래를 전망해본다면 현재 실질 기축통화인 달러를 어떻게 다루어야 할 것인가 또한 커다란 관건이 될 것이다. 즉 현재 결제수단 및 준비수단인 달러의 역할은 압도적으로 크다(시기에 따라서 다르지만 70-80% 이상). 그러나 오늘날 미국의 경제적인 지위는 하락하였으며 거대한 채무국이 되었다. 이러한 상황에서 만약 달러에 대한 신뢰가 무너질 경우 국제경제는 큰 혼란에 빠지게 될 것이다. 또 결제수단, 준비수단으로서의 달러 사용은 달러 투기 등을 부추겨 달러 불안 요인이

---

19) 철강에 관한 분석으로서 노바야시 타케시(野林健), 『보호무역의 정치역학(保護貿易の政治力学)』(勁草書房, 1987).

20) 예를 들어 아마노 아키히로(天野明弘), 『국제 금융론(国際金融論)』(筑摩書房, 1980), 259쪽.

되고 있다. 이러한 점에서 독일 마르크, 일본 엔화 등을 보다 국제화하여(즉 결제수단, 준비수단으로 보다 많이 사용되도록 하고) 달러에 대한 부하를 줄이거나 또는 SDR(Special Drawing Right, 국제통화기금의 특별인출권) 등 어느 나라에도 속하지 않는 '국제통화'의 사용을 더 늘려야 할지도 모른다. 이것은 통화/금융 분야 '레짐'의 커다란 과제이다.

일반적으로 통화 분야에서는 제2차 세계대전 이후 상당히 분명한 형태의 '레짐'이 형성되어 왔다. 그러나 투자 분야는 1980년대에 들어서 겨우 GATT 체제에서 무역관련 투자에 대한 룰이 형성되기 시작했다. 또한 인적자원(노동자) 이동문제는 EC지역 내 등 예외가 있기는 하지만 기본적으로 각국 주권에 맡겼기 때문에 국제적 룰의 조합으로서의 '레짐'은 존재하지 않는다고 할 수 있다.

레짐의 창설

어떤 분야에 '레짐'이 창설될지 또 어떠한 형태가 될지 다양한 요인이 작용할 것이다. '레짐'이라는 개념이 제시되고 이에 기초를 둔 연구가 시작된 것은 1970년대이다. 따라서 '레짐' 개념 그 자체의 보편성과 관련된 연구에서 우선 GATT 및 고정환율제와 같은 통화체제 등이 주요 분석대상이 되었다. 이 두 체제는 제2차 세계대전 후 미국의 압도적인 힘을 배경으로 창설되었다는 점에서 다음과 같은 가설을 세울 수 있다. 즉 일반적으로 '레짐'이 창설되는 것은 패권 국가가 존재할 때이며 그 국가의 의도에 따라, 또한 그 국가의 영향력에 의해서 설립되고 유지된다. 또한 '레짐'의 안정적 유지(즉 설정된 룰로의 회귀[歸順] 또는 수용)에도 패권 국가의 존재가 필요하다. 반대로 패권국의 지위가 흔들리거나 상대적으로 저하되었을 때에는 패권국 자신이 룰을 위반(예를 들어 미국의 보호주의)하는 행위 등으로 말미암아 '레짐'은 불안정해지고 마침내는 붕괴(내지는 크게 변용) 될 수밖에 없다는 것이다

(이것은 코헤인과 나이가 주장한 구조주의[構造主義]이다).[21]

그리고 이 가설은 예를 들어 통화 분야가 고정환율제에서 변동환율제로 이행하는 현상 그리고 통상 분야의 보호주의가 고조되는 현상에 대한 원인을 미국이라는 경제 패권국의 상대적인 지위 저하에서 찾는다. 통상 분야를 보자면 제2차 대전 이후 미국의 경제력은 압도적으로 컸으며 산업 경쟁력도 강했다. 그리고 미국의 정치 지도자는 다시 전쟁이 일어나지 않도록 자유로운 무역체제가 필요하다고 생각하였으며 자유로운 무역체제는 미국의 해외시장을 확보하는 데 필요하다고 생각했다. 이러한 자국의 이해(利害)를 바탕으로 미국은 GATT 체제에서 볼 수 있듯 자유무역, 무차별, 다자주의 룰을 기본으로 하는 '레짐'을 만들어 나갔다. 이러한 '레짐'을 형성할 때 메타 파워 항목(앞의 4장 2절)에서 언급한 바와 같이 미국은 경제력을 배경으로 힘을 행사하여 영국연방권 등을 무너뜨려 갔다. 또한 미국은 자유, 무차별 룰 아래서 실제로는 자국 시장을 비대칭적으로 다른 나라에 개방하였다. 이는 미국 산업 경쟁력이 압도적으로 강하고 그럼에도 국내산업에 미치는 손해가 경미하다는 점, 무역수지가 흑자였던 점, 또 서방 제국의 정치 규합에 도움이 된다는 점 등이 근거가 되었을 것이다. 그리고 거대한 미국 시장에 자유롭게 접근하면서 다른 국가들은 자유무역원칙을 받아들였고, 미국은 이런 국가들에게 강한 리더십을 보였다. 하지만 미국의 패권 지위가 흔들리게 되는 1960년대 후반부터 미국 내 보호주의가 강화되고 일본과 철강 및 섬유 마찰을 빚으면서 다양한 보호주의를 채택하게 된다. 또한 다국 간 섬유협정이라는 보호주의 '레짐' 창설에서 주도권을 쥐게 되었다.

하지만 '레짐'이 반드시 패권을 가진 나라가 존재할 때만 창설되는 것은 아니다. 레짐의 창설과정에는 관련 문제에 대한 일반적인 인식, 지식, 합의(컨센

---

21) Keohane and Nye, 앞의 책, *Power and Interdependence*, pp. 42-49.

서스)의 전개(프로세스)가 큰 역할을 한다.[22] 예를 들어 해양 레짐은 1967년 국제연합총회에서 작은 나라 몰타(Malta)의 바르드 대표가 '인류 공동의 재산'이라는 발언을 한 것이 계기가 되었는데, 그 전개 과정을 보면 '패권국'이 목적 달성을 위해 '레짐'을 만들었다고 할 수는 없다. 물론 인식 레벨 변화가 '레짐' 형성에 중요한 역할을 한다는 가설과 패권국(혹은 그 분야 '강국')이 유효한 '레짐'을 창설한다고 하는 가설이 반드시 상반되는 것은 아니다. 그 예로 해양 레짐의 경우 미국이 해양법에서 '탈퇴'한 지금 이 레짐이 유효하게 작동할 수 있을지 의심스럽다. 또한 우루과이라운드에서 논의되는 서비스 무역이나 지적재산권 문제를 보더라도 '레짐' 설립에는 주도적 국가의 존재와 인식(의 변화)이 중요한 역할을 한다는 것을 확인할 수 있다. 즉 미국은 도쿄라운드가 종료된 직후인 1980년대 전반 자국이 강한 경쟁력을 가지고 있던 서비스 분야의 무역자유화를 하나의 전략적인 목표로 설정했다. 또한 치열한 산업 경쟁, 특히 첨단 분야에 주목한 미국은 서둘러 컴퓨터 프로그램 등 지적재산권 강화에 나섰다. 그리고 이를 국제적으로 확대하고 주도권을 행사하기 위하여 우루과이라운드에서 지적재산권을 교섭 대상으로 채택한 것이 그 기원이다.

이와 같이 '레짐' 창설과 유지에는 각국의 영향력, 이해 관계, 인식 등이 복잡하게 얽혀있다. 이러한 '레짐'을 둘러싼 정치에 대해서는 나중에 자세히 검토하고자 한다. 여기서는 먼저 '레짐'이 왜 필요한지, 항상 그런 것은 아니지만 왜 '레짐'이 패권국 한 나라에 의해서 창설되는 경향이 있는지, 보다 근원적인 문제를 고찰해보고자 한다.

레짐의 필요성

일반적으로 '레짐'을 상호의존 관계를 규정하는 룰의 조합이라고 정의한

22) E. B. Haas, "Words Can Hurt You; or Who Said What to Whom about Regimes," in Krasner, ed., 앞의 책, *International Regimes*, pp. 23-59.

다. 그렇다면 왜 그러한 레짐이 필요한 것인가? 여기에는 일반적으로 두 가지 이유가 있다(아서 스타인[Arthur Stein]).[23] 첫째는 상호의존 관계가 '죄수의 딜레마'에 빠져 있는 경우 여기서 탈출하는 방법이 '레짐'이다. 두 번째는 상호의존 관계가 '공동 회피(common aversion)'를 필요로 하는 경우이다. 이 두 경우가 어떠한 의미를 가지고 있는지 살펴보자.

(1) 협력으로 죄수의 딜레마 해결

이 장의 1절 상호의존 관리 유형에서 언급한 바와 같이 '레짐'(그리고 뒤에 나오는 상호주의)은 '죄수의 딜레마'를 해결하는 한 방법이다. '레짐'은 '죄수의 딜레마' 상황에서 '독립' 행동으로는 얻을 수 없는 사회적 최적의 결과를 룰(과 이를 강제하는 것)을 통하여 확보하려고 한다. 상호의존 관계가 '죄수의 딜레마' 상태에 놓이는 예는 이미 〈그림 2-4〉에서 보았다. 여기서는 다음과 같은 예를 생각해보자. 우선 A국과 B국이라는 두 나라가 존재한다고 전제한다. 그리고 두 나라 모두 (a) 통상 자유화 (b) 통상의 보호주의화라는 두 개의 선택사항을 가지고 있다. 양쪽 모두 자유화하는 것이 양쪽 모두 보호주의화하는 것보다는 바람직하다. 그러나 한 쪽은 자유화하고 다른 한 쪽은 보호주의화했을 경우 자유화를 택한 국가는 가장 바람직하지 않은 결과를 얻게 되고 반대로 보호주의화한 국가는 가장 바람직한 결과를 얻게 된다. 이것이 바로 '죄수의 딜레마' 상황이며 양쪽 모두 합리적으로 행동한다면 보호주의화를 선택할 것이다. 하지만 이는 양쪽 모두 자유화했을 경우보다는 덜 바람직하다. 이러한 경우 룰을 통해 보호주의화를 금지한다면 '죄수의 딜레마'는 피할 수 있다.

---

23) A. Stein, "Coordination and Collaboration: Regimes in an Anarchic World," in Krasner, ed., 앞의 책, *International Regimes*, pp. 115-40.

(2) 공동 회피

스타인은 '레짐'이 성립되는 상황으로 이러한 '죄수의 딜레마'와 함께 '공동 회피'가 필요한 경우를 들었다.[24] 예를 들어 통신 시스템에 있어서 어떤 나라(A)는 방식α를, 또 다른 나라(B)는 방식β를 사용하며 방식α와 방식β는 접속 불가능하다고 가정하자. 이때 다국 간 교류가 증대하여 A, B양국 간 통신 접속이 반드시 필요하게 되었을 때 A 또는 B 어느 쪽이든 방식을 바꾸어 공통되는 방식을 채택하지 않으면 안 된다. 만약 공통 방식이 채택된다면 양쪽 모두 현재보다 높은 편익을 얻게 되고 현재의 방식을 계속 유지하는 쪽은 방식을 바꾼 쪽보다 더 큰 편익을 얻게 될 것이다. 이러한 상황을 나타낸 것이 〈그림 5-3〉이다(A, B 양국이 동시에 방식을 바꾸는 경우는 있을 수 없지만 만약 그렇게 되었을 경우에는 양쪽 모두 크게 손해를 본다). 〈그림 5-3〉에서 알 수

〈그림 5-3〉 공동 회피

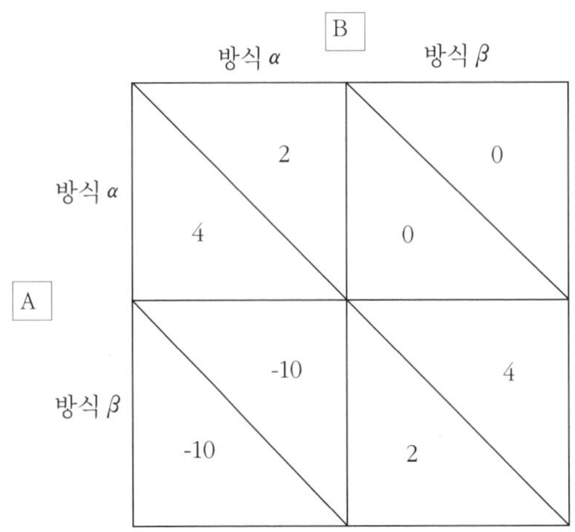

24) '죄수의 딜레마' 게임에서 상대방의 (선택)결과를 고려하지 않고 자신의 이익만을 최대화한다는 가정하에서는 늘 공동회피 혹은 배신이 선택된다는 것이 '내쉬 균형' 이론이다.

있듯이 양국 모두 현재 상황(A국이 방식α를 택하고 B국이 방식β를 택하는 상황)을 회피하려고 할 것이며 어느 쪽이 방식을 바꿀 것인가를 두고 팽팽한 정치적 줄다리기가 벌어질 것이다. 그러나 일단 어느 한 쪽 방식으로 통일되고 나면 양쪽 모두 일방적으로 방식을 바꾸는 일은 일어나지 않는다. 왜냐하면 공통의 방식을 사용하는 상태는 '내쉬(A · B 양국 모두가 자국의 통신시스템을 바꾸지 않는) 균형' 상태가 된 것이기 때문이다.

이러한 '공동 회피'형 '레짐'은 공업제품 표준화나 전기통신 네트워크의 인터페이스 표준화 등 다양한 분야에서 이루어지고 있다. 물론 '공동 회피'형이든 '협력'형이든 그 '레짐' 형성에서는 국가 간 힘의 관계가 중요한 역할을 하게 된다. 예를 들어 '공동 회피'형 '레짐'은 어떤 나라에서 채택한 방식이나 기준이 이미 높은 점유율을 차지하고 있어 사실상의 국제 표준이 되기도 하며, 그 나라가 거대 시장을 갖고 있는 경우에는 그 나라 방식이 표준 방식으로 채택되기 쉽다. 따라서 그 나라는 '레짐' 형성을 통해서 다른 나라들보다 큰 편익을 쉽게 얻는다. 예를 들어 고도 공업제품의 자유로운 무역을 통해 보다 많은 이익을 얻게 되는 것은 자본의 부존도가 높은 선진국 자본가 계급이다. 따라서 자유무역을 택할 것인가 보호주의를 택할 것인가를 둘러싼 '죄수의 딜레마' 상황에서 벗어나기 위하여 보호주의를 금지하는 국제 룰을 만드는 것은 선진국에 유리할 것이다.

(3) 공공재로서의 레짐

그런데 '레짐'(예를 들어 자유무역체제)은 일단 만들어지고 나면 레짐 참가국 모두가 이를 자유롭게 이용할 수 있으며 또한 어떤 나라가 레짐을 이용했다고 해서 다른 나라가 레짐을 통해 얻게 되는 편익을 방해 받지 않는다. 이러한 의미에서 '레짐'은 일종의 공공재라고 할 수 있다. 그렇다면 4장에서 전개한 공공재 분석을 레짐에도 응용할 수 있다. 4장의 분석결과 중 하나는 다음과 같다. 공공재를 공급할 때, 혼자서 공급해도 양(+)의 순편익을 얻는 사람이 있다고 하자. 이 경우 각자가 '독립'적으로 행동한다고 가정하면 그 공공재로 제일 큰 순편익을 얻는 사람이 혼자서 공공재를 공급한다. 그리고 다른 사람들은 공공재 비용 부담 없이 공급된 공공재에 무임승차를 한다는 것이었다. 만약 국제적으로 그러한 조건이 충족된다면 당연히 한 나라(패권국)가 자국의 목적에 맞게 '레짐'을 창설하는 것 역시 생각해볼 수 있다. 그리고 만약 패권국의 비용 부담 능력이 저하되거나(혹은 공공재를 공급하는 비용이 상승하거나), 그 공공재로부터 얻는 편익 혹은 순편익이 줄어든다면 그 나라는 공공재 공급을 감소시킬 것이다. 만약 혼자서 공공재를 공급하려고 했을 경우 아무도 양의 순편익을 얻을 수 없게 된 상황에서는 각자 '독립'적으로 행동하는 한 공공재는 공급되지 않을 것이다. 그리고 이러한 상황에서 공공재가 공급되기 위해서는 다른 몇몇 협력이 필요할 것이다.

레짐의 유지

'레짐'이 패권국에 의해서 창설되었다 하더라도 패권국 존재가 과연 레짐 유지에 필요한 것일까? 이 점에 주목한 코헤인[25]은 통상 및 통화/금융, 석유 등에서 각국의 상대적 힘의 분포와 그 변화 및 레짐의 안정도 관계를 분석했다. 코헤인은 분석을 통해 각국의 상대적 힘이 균등하다고 해서 반드시 모든 '레짐'이 불안정한 것은 아니라고 결론지었다. 즉 패권국의 지위가 상대적으로 저하되면 극단적으로 불안정해지는 '레짐'이 존재하기도 하지만 (예를 들어 1970년대 전반의 통화제도), 통상 분야와 같이 미국 패권이 저하된다고해서 반드시 불안정해지는 것은 아니라는 것을 보여주는 '레짐'도 존재한다. 이러한 분석

25) R. O. Keohane, "The Theory of Hegemonic Stability and Changes in International Economic Regimes, 1967-1977," in O. R. Holsti, et al., eds., *Change in the International System*, Boulder: Westview, 1980, Chap. 6.

결과는 한편으로는 단순히 '레짐'에 관한 패권안정 가설에 의문을 나타내고 다른 한편으로는 힘의 분포만으로는 (완전하게) 설명할 수 없는 '레짐'의 유지·안정을 어떻게 설명할 것인가에 대한 문제를 제기한다. 일단 형성된 '레짐'이 힘의 분포 변화에도 불구하고 유지되는 것은 '레짐'을 유지할 때 얻는 각국의 이익을 인정하기 때문이다(혹은 '레짐'을 위반하면 큰 비용을 치러야 한다고 생각하기 때문이다). 그렇다면 이러한 이익(비용)이란 무엇일까?[26]

첫 번째로 다음과 같이 생각할 수 있다. '레짐'은 약속의 조합이며 힘의 분포가 어떻게 변하든지간에 어떠한 형태로든 국가를 구속한다는 점이다. 약속을 어기는 것은 다른 나라의 보복을 초래하거나 그 나라의 국제 신용을 떨어뜨릴 수 있다. 물론 '레짐'을 설정하는 룰의 '객관적 구속성'(예를 들어 룰 위반에 관한 제재 조치), 혹은 '주관적 구속성'(그 룰의 정통성에 기인하는 심리적인 것)은 '레짐' 혹은 국가별로 다를 것이다. 예를 들어 미국 내의 논의를 살펴보면 무차별 원칙에 있어 심리적 구속성은 매우 강하다고 할 수 있다.[27] 이와 관련하여 수전 스트레인지[28]는 GATT '레짐'의 구속성은 거의 없으며 무역 체제가 유지되는 것은 각국의 이익과 주요국의 자제에 의한 것이라고 주장한다. 그러나 이러한 논의는 '레짐'의 구속력을 과소평가하고 있는 것으로 보인다.

두 번째 이유는 '레짐'이 각국의 행동을 규제하고 각국의 행동에 다른 국가의 기대치를 반영시킴으로써 행동을 예측할 수 있는 가능성을 높여준다는 점이다. 그리고 타국의 행동을 예측할 가능성이 높다는 것은 각국이 자국 정책을 결정하는 데 플러스가 되는 면이 강하다. 따라서 이러한 행동의 예측을 보장하는 '레짐'을 유지하는 것은 모든 나라에 이익이 된다고 생각할 수 있다.

---

26) 이하 내용은 R. O. Keohane, *After Hegemony*, 특히 Chap. 11.

27) 야마모토, 「상호주의(相互主義)」, 야마카게 편, 앞의 책, 第4章, 158쪽.

28) S. Strange, "Cave! hic dragones: a Critique of Regime Analysis," in Krasner, ed., 앞의 책, *International Regimes*, pp. 337-54.

세 번째 이유는 이른바 거래비용(transaction cost) 문제이다. 여러 국가들이 어떤 이슈 분야를 교섭해야 할 때마다 교섭 범위를 설정하고 교섭을 실행하려고 한다면, 교섭 내용이라는 실질적인 면과는 별도로 큰 비용(이것을 거래비용이라고 한다)이 든다. 만약 해당분야에서 이미 일정한 틀이 존재한다면 최소한의 거래비용으로 해결될 것이다. 따라서 '레짐'이 일단 성립되면 힘의 분포와는 상관없이 좀처럼 붕괴되지 않을 것이다.

'레짐'은 일단 형성되고 나면 위와 같은 이유에서 힘의 분포 변화에도 불구하고 계속해서 유지되는 경향이 있다. 예를 들어 GATT 체제의 자유, 무차별 원칙은 여러 위협에 노출되어 있으면서도 여전히 정통성에 바탕한 구속성을 가지고 있다. 또한 다른 나라의 행동을 평가하는 기준으로서 계속 유지되고 있다. 그리고 교섭의 틀을 제공하는 GATT의 역할은 그 중요성이 오히려 증대되고 있다. 물론 '레짐'이 계속해서 유지된다고 해도 시간이 지남에 따라 변용하는 것 또한 분명한 사실이다.

변용의 다이나믹스: 자기 파괴

'레짐'의 창설, 유지, 발전, 변용(붕괴)은 지극히 변증법적이기도 하다. 즉 '레짐'은 이미 생성된 시점에서 자기 변용(혹은 자기 파괴)의 계기를 내포한다. 몇 가지 예를 들어 보자. 첫 번째는 앞에서도 언급한 것으로 현재 나타나고 있는 '대지역주의' 대두와 그 때문에 GATT의 무차별 룰이 위협을 받는 현상에 관한 것이다. 다시 말하자면 GATT는 무차별 룰을 원칙으로 하고 있지만 예외조치로 비회원국에 대한 장벽을 현재보다 높이지 않는 한 자유무역지역 및 관세동맹을 인정하고 있다. 그러나 오늘날 나타나는 1992년을 목표로 추진 중인 EC의 '완전 통합'과 또 다른 확대 가능성, 미국 · 캐나다 자유무역협정 체결은 주요 국가들이 역내와 역외에서 또 다른 형태의 대우를 채택하는 것을 의미한다. 그 결과 전체적으로 오히려 무차별 룰이 예외조치화되어 갈 것이다. GATT는 관세동맹과 자유무역지역을 예외로 인정함으로써 GATT 원칙인 무차별 룰을 유명무실하게 만드는 계기를 내포하고 있었던 것이다.

두 번째 예로 '레짐'이 패권국에 의해서 만들어진다는 가설을 생각해보자. 특히 자유무역 '레짐'이 패권국의 존재를 전제로 창설되고 유지된다고 해보자. 만약 자유무역체제가 패권국에 의해서 성립되었다면 무역체제에서 자유로운 무역은 단지 세계 복지를 증대시킬 뿐만 아니라 각국 경제발전을 균등하게 한다는(2장에서 소개한) 헥셔・올린・사무엘슨의 정리가 적용될 것이다. 그렇다면 자유무역체제가 성공하면 할수록 각국 경제는 균등화되고 패권국의 상대적인 지위는 저하되지 않을 수 없다. 그렇다면 '레짐'이 패권국의 안정을 바탕으로 유지되는 한 언젠가는 불안정해질 수밖에 없다.

세 번째 예로는 통화분야의 '레짐'에 관한 것이다. 전후의 금태환제도에 따른 고정환율제는 미국의 압도적인 금 보유량과(전쟁 직후 미국의 금 보유량은 전 세계 보유량의 70%를 넘었다) 보다 구체적으로 다른 국가들이 보유하고 있는 전체 달러보다 미국의 금 보유량이 많다는 것이 전제였다. 그러나 전후 통화체제의 목적 중 하나가 다른 통화의 태환성 회복이었고, 또한 원활한 통상을 통하여 다른 국가들이 미국 제품을 구매하기에 충분한 달러를 보유하는 데 있다면 이미 그 제도는 내재적 모순을 내포하고 있는 것이 된다. 또한 변동환율제라는 통화 '레짐'은 자본이동이 (무역과 비교해) 비교적 적다는 점을 전제로 하며 환율에 의한 무역수지의 자동조정을 기대하는 제도이다. 그러나 고정환율제에서 변동환율제로의 이행은 외환 관리를 크게 자유화하는 중요한 계기가 되었고 이로 인해 자본이동은 국가 규제로부터 해방되었다. 이는 환율이 자본이동에 크게 영향을 받는다는 것으로 (단기적으로는) 무역수지의 조정 능력을 상실시켰던 것이다. '플라자합의' 이전의 달러고(高)는 바로 이러한 메커니즘이 작동한 것이라고 할 수 있다. 즉 미국의 재정적자로 미국 금리가 오르고 다른 국가들과의 금리차가 확대되었다. 때문에 일본 등 외국의 대량 자본이 미국으로 이동했다. 이것은 달러 수요가 높다는 것을 의미하며 따라서 달러 환율이 매우 높아졌다. 그러나 당시 미국의 무역수지는 악화되고 있어 달러고는 이를 조정하기보다는 증폭시켰다.

레짐 간 상호 간섭

어떤 분야의 '레짐'은 스스로 변용하는 계기를 가지고 있으며 동시에 다른 분야 '레짐'에 간섭을 받아 변용하는 경우도 있다. 이러한 '레짐' 간 상호간섭 작용에는 다음의 두 가지를 들 수 있다. 하나는 (1) 어떤 분야의 '레짐'이 보호주의(자유주의)가 되면 다른 분야 '레짐'도 보호주의(자유주의)가 된다는 정(正)의 상호작용이며, 다른 하나는 반대로 (2) 어떤 분야의 '레짐'이 보호주의(자유주의)가 되면 다른 분야의 '레짐'은 자유주의(보호주의)가 된다는 부(負)의 상호작용이다. 제2차 대전 후 안정된 통화체제가 자유무역체제 발전을 촉진시켰다는 것이 전자의 예이다. 또한 통상 분야 '레짐'이 보호주의가 되면 직접투자가 활발해지며 "통상 분야에서는 보호주의가 진행되지만 금융 분야에서는 자유화가 진행된다"는 현상은 후자의 예이다.

〈그림 5-2〉에서 보면 다른 분야의 제도 간 상호작용에는 (1) 수평 상호작용과 (2) 수직 상호작용이 있다. 수평 상호작용이란 수평 레벨 관계에 있는 분야 간에 일어나는데 예를 들어 통상과 통화 혹은 보다 자세하게 자동차와 섬유 분야 사이에서 나타나는 '레짐' 간 상호작용이다. 수직 상호작용이란 〈그림 5-2〉의 '내재된 구조(Nested Structure)'에서 상위 분야 '레짐'과 하위 분야 '레짐' 간 상호작용을 의미한다. 예를 들어 개별분야에서 MFA(다국 간 섬유협정) 등 보호주의 '레짐'이 성립되면 이는 다른 개별 분야뿐만 아니라 자유무역 전체를 보호주의화시키는 계기를 부여할 수도 있다(수직적 정[正]의 상호작용). 그러나 반대로 개별 분야에서 보호주의에 대항하고 GATT 체제에서 자유로운 '레짐'을 유지, 촉진하려는 우루과이라운드와 같은 움직임

이 발생한다. 이것은 수직적 부(負)의 상호작용이라고 할 수 있다.

앞서 살펴본 것처럼 '레짐'은 극히 복잡한 과정을 거쳐 변용해간다. 그리고 일단 형성된 '레짐'이 그대로의 형태를 유지하는 경우는 없다고 해도 과언이 아니다. '레짐'이 작동하면 레짐이 대상으로 하는 상호의존 관계(무역, 자본이동, 환율, 각국의 상대적인 지위 등)가 변화된다. 그 과정에는 '레짐'의 전제가 무너지는 경우도 있고 룰의 수정을 요구하는 경우도 있을 것이다. 또한 새로운 분야의 '레짐'을 형성할 필요도 생겨날 것이다. 하지만 '레짐'은 룰의 조합인 이상 조령모개(朝令暮改)의 정책 형태로 바뀔 수는 없다. '레짐'은 현실 변화에 바로 대응하여 바뀌는 것이 아니다. 현실 변화에 바로 대응해야 하는 분야는 '레짐'보다 오히려 정책 협조 등 재량에 따라 '관리'가 필요할 것이다.

레짐을 둘러싼 정치

'레짐'의 창설, 유지, 변용 과정을 보면 '레짐'은 국제적 가치배분의 메커니즘인 것이 분명하다. 즉 '레짐'은 특정 분야에서 어떤 나라에 어떠한 행동 기회가 주어지고 또 어떠한 편익을 얻을 수 있는가를 지정하는 것이며 나아가 전체 가치관의 방향을 결정하는 것이다. '레짐' 형성과 유지는 구조적 파워(structural power)[29] 세계에 속한다. 보다 구체적으로 '레짐'이란 트랜스내셔널적인 교류를 조정하고 그것을 변화시켜 각국 간 편익이나 비용을 배분 혹은 재배분하며 나아가 각국 간 힘의 분포 역시 변화시키는 것이다. 따라서 '레짐'의 형성, 유지, 변용은 그 자체가 지극히 정치적인 현상이라고 할 수 있다.

'레짐'을 둘러싸고 벌어지는 정치는 크게 두 가지로 나누어 생각할 수 있다. 하나는 일정한 '레짐'을 전제조건으로 '레짐' 안에서 (룰에 따라) 가치배

29) 구조적 파워란 상대 행동을 제어하는 힘(관계적 파워)이 아니라 어떤 주체가 갖는 시스템을 만들어내는 힘 또는 능력이다. 여기에서 시스템이란 복수의 주체(사회)가 따라야 하는 규칙의 조합, 권리·의무의 체계 등을 가리킨다. 또한 구조적 파워는 제도적 파워, 메타파워라고도 불린다.(역자주)

분을 다투는 것이다. 예를 들어 GATT 체제에서 서로 관세를 인하하는 경우에 일어나는 분쟁이나 교섭 등에 나타나는 정치이다. 혹은 MFA에서 규제의 정도(매년도의 수출성장률)를 둘러싸고 수출국과 수입국 사이에 전개되는 정치이다. 또 변동환율제라는 원칙은 그대로 두고 그 안에서 일정 범위의 환율 추구를 둘러싼 정치도 그 예일 것이다. 그렇지만 이러한 정치('레짐' 내 정치'라고 할 수 있을 것이다)에서는 룰이 명시적인데 레짐으로 회귀하면 할수록 정치화를 막고 정경(政經)을 분리할 수 있다.

'레짐' 내 정치에서 '레짐'의 기본 목적 및 원리 그리고 원칙적인 룰을 둘러싼 정치가 행해지는 것은 아니다. 하지만 '레짐'이 존재하지 않는 상황(즉 각국이 독자적인 이해를 바탕으로 행동하며 이를 규정하는 국제 규제나 룰이 존재하지 않는 상황)에서 '레짐'을 만들려고 하는 경우 혹은 이미 '레짐'이 존재하는 분야에서 원리 · 원칙을 포함하여 변혁을 일으키는 경우는 당연히 '레짐'의 기본 목적을 둘러싸고 분쟁이 일어난다. 즉 '레짐' 그 자체의 선택을 둘러싼 정치가 전개된다. 이 과정에서 '레짐' 그 자체의 정통성을 둘러싼 싸움이 일어난다. 따라서 어떤 의미에서 이데올로기와 대규모 가치 재배분이 문제가 된다.

따라서 '비(非)레짐'에서 '레짐'으로 전환, 또한 기존 '레짐'에서 그 목적의 원리 변경까지를 포함한 다른 '레짐'으로의 변환 시도는 어떤 의미에서는 국제적 '혁명'이라고 할 수도 있다. 이러한 '레짐' 선택을 둘러싼 정치는 1970년대 새로운 국제경제질서를 둘러싼 정치에서도 찾아볼 수 있으며 현재 진행 중인 우루과이라운드 교섭 과정에서도 볼 수 있다. 예를 들어 우루과이라운드 등에서 진행되는 지적재산권 제도(질서) 구축을 논의해보도록 하자[30](지적재산권 문제는 우루과이라운드의 주요 과제 중 하나일 뿐만 아니라 미국 · 캐

30) 예를 들어 나카야마 노부히로(中山信弘) 외, 『지적소유권(知的所有権)』(日刊工業新聞社, 1987).

나다, 한국 · 미국 등 양국 간, 세계지적재산권기구(WIPO: World Intellectual Property Organization)와 민간 차원에서도 거론되고 있다). 지적재산권과 관련해서는 WIPO 등에서 대략적인 국제 기준(예를 들어 내국인 대우: 각국은 지적재산권과 관련하여 외국인을 차별하지 않는다)은 있으나 기본적으로 각국이 서로 다른 기준을 가지고 있다. 말하자면 '비(非)레짐' 상황에 가깝다고 할 수 있다. 예를 들어 어떤 나라는 지적재산권 보호에 전혀 엄격하지 않으며 외국제품의 '해적판'을 만들어도 아무런 단속을 하지 않는다. 또한 '정보화 사회'로 이행하면서 컴퓨터 프로그램 보호를 어떻게 대처할 것인지가 기본 문제로 제기되지만 그 대처방법은 제각각이다(컴퓨터 프로그램의 보호 정비는 가장 선도적이었던 미국이나 일본에서도 1980년대 들어서 비로소 실행되기 시작했다).

그럼 지적재산권에 관한 국제 '레짐'에서 고려해야 할 원리는 어떠한 것일까. 이 점과 관련하여 다음 두 가지를 언급하고자 한다. 하나는 '사적 이익'과 '공공 이익' 중 어느 쪽에 중점을 둘 것인가에 대한 논의이다. 즉 현재 진행 중인 고도 정보화 사회에서는 '지적 생산'의 촉진이 중요하다. 이를 위해서는 지적재산을 보호하고 여기서 발생하는 이익을 생산자에게 보증하는 시스템을 만들어가야 한다. 예를 들어 수억 엔을 들여서 개발한 컴퓨터 프로그램이 다른 사람(기업)에 의해서 만 엔에 복사되어 제멋대로 사용되는 일이 있어서는 안 된다. 그러나 '지적 생산'은 '공공 이익'에도 이바지해야 한다. 예를 들어 어떤 '지적 생산'을 통하여 생산자가 지나치게 독점을 취하여 큰 이윤을 얻는 것은 사회 공정성이라는 점에서 바람직하지 않을 것이다. 또 통신 네트워크를 연결하는 기술은 '공공 이익'을 위해 표준화시켜 자유롭게 접근할 수 있도록 하는 것이 바람직하다. 이와 같이 '사적 이익'과 '공공 이익'이 어떻게 균형을 이룰 것인지가 지적재산권 '레짐' 형성의 원리와 연관된 문제 중 하나이다.

원리를 다루는 또 다른 문제는 남북 문제(지적재산의 격차)를 어떻게 할 것인가라는 점이다. 선진국이 지적재산권을 점유하여 개발도상국이 쉽게 접근할 수 없게 되면 개발은 뒤떨어질 것이다. 또 반대로 개발도상국이 다른 국가에서 개발된 지적재산권을 아무런 보호조치 없이 자유로이 사용한다면, 선진국은 개발도상국에 직접투자(기술은 직접투자에 의해서 이전된다)를 늦출 것이고 이는 개발을 저해하는 결과로 이어질 것이다. 이것이 바로 지적재산권을 둘러싼 '레짐'의 또 다른 원리 문제이다.[31] 물론 지적재산권에 관한 '레짐'은 가치 (재)배분 기능이라는 관점에서 단지 남북 문제에 한정된 것은 아니다. 만약 지적재산권을 엄격하게 보호하는 '레짐'이 만들어진다면 선진국 사이에서도 선두에 있는 나라는 보다 큰 편익을 얻게 될 것이다(지적재산권을 보호하려는 움직임을 미국 산업 경쟁력 유지 전략과 함께 설명해야 하는 이유이다). 또한 이는 국가 간뿐만 아니라 민간 기업 간 가치배분에도 큰 영향을 줄 것이다. 지적재산권 보호가 강화되면 선두에 있는 강한 기업이 유리해지기 때문이다.

'레짐' 내 정치든 '레짐' 선택을 둘러싼 정치든 이는 가치배분이나 재배분과 밀접한 관계가 있다. 따라서 각국은 '국익'을 위하여, 기업도 이익을 위하여 '레짐'을 둘러싼 정치에 참가하는 것이다. 그러나 '레짐'은 단순한 '국익'(또는 기업 이익)의 총체가 아니다. 여기에는 '국제사회 전체 이익'이라는 것이 존재한다. 물론 '국제사회 전체 이익'이라고 해도 세계적 복지 증대뿐만 아니라 가치배분의 공정성, 약자 보호 등 몇 가지 기준이 있다. 그리고 이들을 어떻게 조화시켜 나갈 것인지가 '레짐'의 기본 문제가 되고 있다.

---

31) 예를 들어 다음을 참조. R. D. Robinson, "Protecting Internationally Transferred Technology," in his *The International Transfer of Technology*, Cambridge: Ballinger, 1988, Chap. 9.

레짐의 현재와 미래

이 책에서 '레짐'이란 상호의존 관계를 규정하는 국가 간 룰이라고 정의했다. 그리고 '레짐'은 통상, 통화, 투자 등 다양한 분야에서 성립되어 있다(혹은 만들어지고 있다). 그러나 '레짐'은 룰의 조합이라 하더라도 장기적으로는 현실과의 피드백을 통하여 변용해간다. 통상 분야에 있어서도 한편으로는 전후 만들어진 자유, 무차별, 다각(多角)을 원리로 하는 GATT 체제에서 무역이 크게 진전되었지만, 다른 한편으로는 1960년대 후반부터 보호주의가 대두하면서 섬유 분야의 MFA 등 보호주의 '레짐'이 만들어졌으며 철강 등 세계적으로 기술이 확산되어 경쟁이 치열해진 분야에서도 수출자주규제(VER: Voluntary Export Restrain) 등 보호주의 조치가 취해지게 되었다. 더욱이 현재는 서비스 분야 혹은 무역관련 투자 등 국경을 넘은 교류가 활발해져 새로운 '레짐'을 형성하는 움직임이 나타났다. 또 전후의 GATT 체제에서 예외적으로 허용되던 지역경제통합이 1992년을 목표로 한 EC의 '완전 통합' 그리고 미 · 캐나다 자유무역협정(NAFTA) 조인 등으로 더 이상 예외라고 할 수 없는 상황이 계속되고 있다.

이러한 통상 분야 '레짐'의 변용과 함께 통화 및 국제금융 분야에서도 전후에 만들어진 고정환율제가 1970년대 초반에 붕괴되고 변동환율제로 이행되었지만 이 역시 현재 다양한 형태로 재검토할 필요가 있었다. 특히 달러를 기축통화로 한 현 체제가 다극화된 경제 현상(實態)에 정합화하려면 어떠한 '레짐'이 만들어져야 할 것인지가 향후의 커다란 과제이다.

6장

포스트 패권의 상호의존의 관리

상호주의와 정책 협조

1. 상호주의에 따른 질서

상호주의의 대두[1]

제2차 세계대전 후 상품 및 자금의 국제 교류에 관한 대원칙은 '국제 레짐' 절(5장 3절)에서 설명한 바와 같이 자유, 무차별 룰로 구성되어 있다. 즉 각국은 다국 간 교류(특히 통상)의 장벽을 낮출 수는 있어도 높이는 것은 인정되지 않았다. 통상에 있어서도 상대국가들에 대한 차별을 엄격하게 규제했다. 이는 한 국가의 통상 자유화가 무조건적인 최혜국 대우(MFN: Most-Favored Nation)를 통해서 모든 국가들에 적용되는 것을 보면 잘 알 수 있다. 물론 이러한 과정에도 상호주의는 존재한다. 그러나 GATT 체제의 상호주의란 자유화를 향해 양보하는 상호주의이다.[2] 예를 들어 관세인하도 관계국(가맹국)들 간 균형 잡힌 인하가 이루어져야 한다. 그리고 어떤 국가도 무조건 양보를 강요당해서는 안되며 또한 양보는 무조건적인 최혜국 대우를 바탕으로 모든 나라에 균등하게 적용된다.

1) 상호주의에 관해서는 야마모토, 앞의 논문(「상호주의(相互主義)」). 또 야마모토 소지(山本草二), 「국제경제법에 있어서의 상호주의의 기능 변화(国際経済法における相互主義の機能変化)」, 다카노(高野) 편, 『국제관계법의 과제(国際関係法の課題)』(有斐閣, 1988), 243-280쪽.

2) K. W. Dam, *The GATT*, Chicago: University of Chicago Press, 1970, Chap. 5.

그러나 1970년대 후반부터 미국에서는 위의 설명과는 다른 의미의 상호주의가 등장했다. 이 상호주의의 목적은 '시장접근'에 대한 평등성을 요구하며, 그 수단으로 (이미 제공되고 있는) 상대국의 '시장접근'을 제한한다는 보복 수단을 동반하는 것이었다. 이러한 상호주의는 현재까지 GATT의 기본룰이 되어 온 무차별주의, 내국민 대우 등과 충돌하는 것이다. 우선 '시장접근' 평등성이라는 개념은 내국민 대우 그 이상을 요구한다. 내국민 대우란 예를 들어 일본에 있는 외국(예를 들어 미국) 기업을 일본 기업과 동등하게 취급하는 것이다. 그렇지만 '시장접근' 평등이란 일본 기업이 미국에서 허가받은 활동을 일본에 있는 미국 기업에도 인정한다는 것이다.

미국은 1974년 통상법 301조(이후 1984년 통상 관세법으로, 나아가 1988년에 포괄통상 · 경쟁력법[3]으로 강화되었다)를 1985년 9월 신통상정책 발표 이후 빈번히 사용하게 되었다. 301조는 상대국의 불공정 무역관행에 대한 보복 조치를 규정한 것이다. 여기서 말하는 불공정 무역관행이란 상대국이 약속(합의)을 지키지 않는 것으로(이는 1987년 미국의 대일반도체 보복 이유이기도 하다) 미국이 차별 대우를 받는 행위, 나아가 '시장접근의 평등'을 저해하는 행위 등이 골자를 이루고 있다. 물론 미국 상호주의는 301조에 따른 것만은 아니다. 예를 들어 미국은 공공투자 분야에서 일본의 건설시장이 상호 균등한 '기회'가 보장되지 않는다는 이유로, 만약 일본이 (공공투자 부문) 건설 시장을 미국에 개방하지 않는다면 미국에서도 (공공투자 부문) 일본의 시장 진출을 봉쇄하겠다고 주장했다. 1987년 12월 미국은 종합(포괄)세출법에 '건설 시장이 폐쇄적인 국가의 건설업자는 미국의 공공 사업을 수탁할 수 없다'는 조항을 삽입하였다. 이 조항에 따라 예를 들어 (일본) 카지마건설(鹿島建設)의 미국 자회사는 워싱턴 지하철 공사 수주에서 거절당했

---

3) '미국종합무역법(Omnibus Trade and Comptitiveness Act of 1988)'이라고 불리우며 강력한 보호주의 기조를 띤 미국의 통상법이다.(역자주)

다. 그리고 1988년 3월 미 연방정부공보(Federal Register)에는 종합(포괄)세출법 조항에 근거하여 건설업에 폐쇄적 국가로서 일본만이 기입되었다. 이에 일본은 공공투자 건설 분야를 미국 기업에 대폭 개방하기로 결정했다. 이러한 과정에서 일본 정부는 일본에 있는 미국 기업과 똑같은 대우를 요구하는 한국, 중국 등에도 상호주의를 바탕으로 행동하고자 했다.

또한 1992년에 '완전 통합' 목표를 설정한 EC는 지역 내 새롭게 생겨나는 상업 기회를 지역 외 국가들에는 상호주의를 근거로 제공한다는 입장을 밝혔다(예를 들어 은행업 등). 이와 같이 1970년대 후반부터 특히 1980년대에 들어서면서 상호주의가 미국, EC, 일본에서 빈번히 사용되었던 이유를 몇 가지 생각해볼 수 있다. 그 중에서도 특히 다음 두 가지가 크게 작용한 것으로 보인다.

첫 번째 이유는 경제 패권국인 미국의 상대적 지위 저하이다. 미국은 전성기 동안 국제 경쟁력이 압도적으로 강하였으며 자유, 무차별원칙을 바탕으로 자국의 거대한 시장을 비대칭적으로 다른 국가들에 개방하면서 자유로운 국제경제 시스템을 만들어 나갔다. 하지만 다른 국가들의 경제가 발전하면서 많은 산업 분야에서 국제 경쟁력이 저하되고 궁지에 빠지는 국내산업 분야가 많아졌다. 게다가 미국 입장에서 보면 그러한 국가들의 미국 기업에 대한 '시장접근' 정도가 불평등하다는 점은 분명했다. 이 때문에 미국에서는 '시장접근' 불평등을 불공정하다고 규정하고 이에 대해 강력한 수단을 적용하려는 움직임이 일어나게 된다. 또한 1980년대에 들어서 미국은 무역적자가 심각해지자 이를 시정하기 위한 수단으로 '시장접근' 불평등을 시정하려는 움직임에 박차를 가하게 된 것이다.

두 번째 이유는 이른바 서비스 분야의 국내(혹은 EC등의 지역 내) 자유화이다. 1970년대 후반부터 미국은 은행, 운수(항공, 버스), 전기, 통신 등 다양한 분야에서 대대적인 규제완화와 자유화를 실시했다. EC도 '완전 통합'

을 목표로 금융, 전기, 통신 분야 등에서 자유화를 실시하려 하고 있다. 이러한 분야들의 자유화는 국내(지역 내) 경제 활성화를 목표로 하고 있으며 국제 '외압'에 의해 실시된 것은 아니다. 하지만 국내(지역 내) 서비스 산업 분야를 자유화할 경우 외국 기업의 진입을 어떻게 다루어야 할지(외국 기업에 대한 경쟁 정책)가 문제가 된다. 이때 GATT 룰에 따라 무차별하게 외국(의 기업)에 내국민 대우를 적용한다면 아무런 문제도 발생하지 않는다. 그러나 그렇게 되면 외국(의 기업)은 힘 안들이고도 보다 큰 '시장접근' 기회를 얻게 된다. 여기에 이러한 이익을 공짜로 외국(의 기업)에 줄 수 없다거나, 혹은 시장접근 허용을 계기로 상대국 시장에 보다 자유롭게 접근해야 한다는 두 가지 동기가 발생하게 되면 상호주의가 나타나는 배경이 성립되는 것이다. 더욱이 상대국에게 양보를 요구하는 경우 '양보의 평등성'이라는 메커니즘은 여기에는 적용되지 않는다. 왜냐하면 국내(지역 내) 자유화는 국내(지역 내) 환경에 기인하는 것으로 외국(지역 외 국가)과의 교섭에 제공할 수 있는 양보가 될 수 없기 때문이다. 상대국에 '시장접근' 수준 그 자체의 평등성을 요구해야만 하는 이유가 여기에 있다.[4]

또한 상호주의가 서비스 분야 자유화를 위한 하나의 계기가 된 것은 서비스 분야가 국내 제도와 밀접하게 관계되어 있기 때문이며 상호주의가 제도의 자유화 혹은 조화(harmonization)를 추구하는 이유가 되기도 한다. 그리고 상호주의가 종래의 GATT 체제에서 다루지 않았던 분야를 대상으로 하는 이유이기도 하다.

상호주의가 나타난 두 가지 배경을 살펴보았다. 이 두 배경은 실제로 서로 다른 상호주의가 존재할 수 있다는 점을 나타내며 상호주의에 따른 '보복'에 관한 것이다. 하나는 보복에 대한 내용으로 지금까지 이미 상대방에

4) W. R. Cline, "Reciprocity," in Cline, ed., *Trade Policy in the 1980s*, Washington, D.C.: Institute for International Economics, 1983, Chap. 4.

제공하던 '시장접근' 기회를 제한한다는 것이다. 이것은 미국이 301조를 발동할 때 자주 사용하는 것이다. 또 한 가지는 상대가 '평등한 시장'접근 기회를 제공하지 않는 한 상대국에도 새로운 시장접근 기회를 제공하지 않는다는 것이다. 향후 EC가 '완전 통합'을 이루게 되었을 경우[5] 예를 들어 은행업 등과 관련하여 이미 EC에서 활동하고 있는 지역 외 기업들을 상호주의로 배제할 것인가 또는 신규 참가만을 제한할 것인가. 이는 주목해야 할 문제이다. 그러나 어떠한 타입의 상호주의든 만약 발동이 된다면 '무차별 원칙'은 깨져버릴 것이다.

이러한 상호주의는 5장에서 지적한 '대지역주의'와 더불어 제2차 세계대전 이후 자유, 무차별의 GATT 원칙을 바꾸어 버릴 가능성이 있다. 이미 언급한 바와 같이 EC가 지역 내 자유화를 진행하여 지역 외 국가들에게 상호주의를 적용할 가능성이 높아지고 있다. 또 향후 미 · 캐나다 자유무역협정이 발효되면 미국의 상호주의가 캐나다 정책에 영향을 미치게 될 것이다. 예를 들어 미국이 일본이나 한국에 '평등한 상업 기회'가 보장되지 않는다는 이유로 어떤 제품의 대미 수입을 제한했다고 하자. 이 경우 해당 제품이 캐나다를 경유하여 미국에 자유롭게 들어 간다면 제재 효과가 없을 것이다. 따라서 미국은 캐나다에 대하여 적어도 어디에서 수입했는지를 분명히 게재하는 조치를 취하거나 혹은 캐나다에 그 제품의 수입 자체를 규제할 것을 요구할 것이다. 이와 같이 상호주의는 '블록화'를 강화하는 방향으로 작용할 가능성이 있다. 그리고 이와 동시에 '대지역화(大地域化)'된 시스템에 상호주의는 지역 상호 간 관계를 규정하는 룰이 될 가능성이 있다.

또한 상호주의는 '강자'의 논리가 될 수도 있다. 미국은 상호주의를 바탕으로 일본, EC 뿐만 아니라 한국, 브라질 등 신흥공업경제지역(NIES)에

---

5) 1993년 11월 유럽연합(EU)이 출범하게 되었으며, 2013년 7월 1일 크로아티아가 회원국으로 가입함으로써 가맹국 수가 모두 28개국으로 늘어났다.(역자주)

시장개방을 강요하고 있다. 미국 시장에 의존하는 국가들에 미국 시장접근 제한은 매우 가혹한 협박이 될 것이다. 예를 들어 미국은 1987년 한국에 특허법 정비를 요구하며 상호주의 압력(301조의 발동 위협)을 가했다. 결과적으로 한국은 미국에만 소급적용하여 특허를 인정한다는 명백한 불평등 조약에 '합의'하게 되었다[6](한국이 이와 같이 미국에만 특권을 인정한 것에 EC가 항의하였고 한국에 대한 일반특혜관세[GSP] 자격을 박탈한다고 하는 보복 조치를 취했다). 또 미국이 상호주의를 행사하여 나타나는 결과 중 하나는 그 내상이 된 나라가 미국의 '시장접근'을 인정하거나 대미(對美) 수입을 증대시킨다고 하는 '수입자율확대(VIE: Voluntary Import Expansion)'조치를 취하게 된다는 것이다.[7] 공공투자 분야의 건설 시장 진입과 관련하여 일본이 미국에만 특권을 주었던 것도 하나의 예이다.

게다가 킨들버거 등 자유무역론자가 언급하듯이[8] 상호주의는 보복 조치를 연쇄적으로 일으켜 결과적으로 자유무역을 파괴한다는 위험성을 동반한다. 이는 1930년대 대공황 시기를 통해 이해할 수 있을 것이다. 그러나 미국과 같이 거대한 시장을 가진 국가가 자국 시장에 크게 의존하는 상대국에 상호주의 압력을 행사할 경우 과연 이 상대국은 미국을 상대로 보복을 할 수 있을 것인가? 미국의 보복에 보복으로 응수할 수 있는 것은 미국에 그다지 의존하지 않거나 혹은 미국과 대등한 경제력, '시장력', 정치력을 가지고 있는 국가만이 가능할 것이다. 이것이 가능한 국가는 소련(1970년대 초반 미국은 소련에 최혜국 대우를 부여하는 대신에 유태인 출국 자유를 요구했으나[잭슨-바닉 수정조항〈Jackson-Vanik Amendement〉] 소련은 이를 내정간섭이라며 거부했다), 중국(1980년대 중반 미국이 중국에서 섬유 수입을

6) 나카야마 노부히로 외, 앞의 책, 『지적소유권(知的所有權)』, 176쪽.

7) J. N. Bhagwati and D. A. Irwin, "The Return of the Reciprocitarians," *World Economy* 10: 2, 1987, pp. 109-30.

8) Kindleberger, 앞의 논문, "International Public Goods without International Government."

대폭 제한했을 때 중국은 미국 농산물 수입을 제한하여 맞대응한다), 혹은 EC(특히 '완전 통합'을 이룬 후) 정도 밖에 없을 것이다.

그렇다면 상호주의에는 어떠한 플러스 측면이 있는 것일까? 그것은 상호주의가 (정치적으로는 긴장을 높이겠지만) 차별을 동반한다 해도 전체적으로는 세계 각국 시장을 보다 자유롭게 만들 가능성이 있다는 것이다. 특히 새로운 '시장접근'을 제공할 때 상대방의 동등한 '시장접근'을 조건으로 하는 상호주의가 그러하다. 예를 들어 '완전 통합'된 EC가 은행, 증권업 등과 관련하여 상호주의를 요구해왔을 경우 과연 일본은 그 분야의 자유화를 거절할 수 있을 것인가? 또한 미국이 포괄통상법 슈퍼 301조를 앞세워 일본에 새로운 자유화를 강요할 경우 일본은 이를 완전하게 거부할 수 있을까?(슈퍼 301조란 국가별로 불공정 무역관행이 있는지를 미국통상대표부[USTR]가 조사하여 리스트를 만들고 불공정 무역관행이 있다고 인정되는 국가와 무역장벽 철폐에 관한 교섭을 실시하는 것이다). 당연한 이야기지만 여기서 지적하는 것은 시장접근의 기회 평등을 요구하는 상호주의를 의미하며 결과의 평등을 요구하는 상호주의는 아니다. 물론 이 두 상호주의 구분은 현실적으로는 어려울 것이다. 그러나 예를 들어 일본에서 EC로 수출하는 자동차가 100만 대이고 EC에서 일본으로 수출하는 자동차가 9만 대로 '이익 균형'이 맞지 않는다면 이는 기회 평등이라기보다는 오히려 결과 평등을 요구한다고 해야 할 것이다. 만약 상호주의가 기회 균등보다 결과, 평등 쪽에 비중을 크게 둔다면 이는 분명히 카르텔 무역[9]으로의 이행을 의미하며 그렇게 되면 비교 우위를 완전히 무시한 무역 체제가 나타날 것이다.

9) 무역거래법에 따라 특별히 인정되고 있는 수출입에 관한 공동행위를 말한다. 이는 국가 간의 과당경쟁에 의한 부당한 가격의 형성을 방지하고 질서있는 무역행동을 촉진하는 것을 목적으로 한다.(역자주)

상호주의에 따른 질서 형성

상호주의가 트랜스내셔널적인 교류 증대를 위한 질서를 형성한다는 점[10)]에서 최근에 이를 뒷받침할 수 있는 게임 이론 모델이 구축되고 있다. 약간의 기술적인 설명이 되겠지만 여기서 이 이론의 전체상을 소개하고자 한다.

우선 행위자가 개개인의 이익(합리성)에 근거하여 행동했을 경우('내쉬 균형'), 사회적 합리성('파레토 최적')을 얻지 못하게 되는 '죄수의 딜레마' 상황을 상정해보자. 여기서는 행위자가 개인 합리성에 근거하여 행동할 경우에도 가능한 한 사회 합리성이 보장될 수 있는지를 고려한다. 그 결과 '상대가 협력하면 자신도 협력하고 상대가 비협력적인 행동을 취하면 자신도 비협력적으로 행동한다'는 상호주의야말로 사회 합리성을 보장하는 것임을 밝히고자 하는 것이다. 앞서 '레짐' 부분에서 설명한 다음 예를 생각해보자.

일본과 미국 상호 간 자유무역체제를 유지하는 것이 보호주의로 이행하는 것보다도 이득이 된다고 하자. 하지만 한 쪽은 자유무역을 준수했으나 다른 한쪽은 보호주의 조치를 취했을 경우 보호주의 조치를 취한 쪽이 큰 편익을 얻는다고 하자. 그렇다면 양쪽 모두 보호주의 조치를 취하게 되어 결과적으로 상호 간 자유무역체제를 유지하려고 했을 때보다 편익이 줄게 된다. 이러한 딜레마를 해결하기 위해 양국 모두 '상대가 자유무역을 유지하면 자국도 자유무역을 유지하고, 상대가 보호주의 조치를 취하면 자신도 보호주의를 취한다'는 상호주의를 채택한다면 결과적으로 양쪽 모두 보호주의를 취하지 않고 자유무역체제를 유지하게 된다('레짐'은 룰을 통해 보호주의를 금지함으로써 이러한 딜레마를 탈피하려고 한다는 점을 상기하자). 그렇다면 그 이유를 몇 가지 모델을 바탕으로 증명해보자.

우선 α와 β 두 나라가 있다고 하자. α국은 국내경제 자유화를 촉진하여 이

10) R. Axelrod and R. O. Keohane, "Achieving Cooperation under Anarchy," *World Politics* 38: 1, 1985, pp. 226-54.

때 창출된 경쟁 기회를 β(의 기업)에 부여할 것인가(협력) 말 것인가(비협력) 두 가지 선택이 가능하다고 하자. β국은 지금보다 시장을 개방하여 이때 발생하는 경쟁 기회를 α(의 기업)에 주거나(협력), 현재 상태를 유지하여 시장을 폐쇄한다(비협력)는 두 가지 선택이 가능하다고 하자. β국에 가장 바람직한 것은 β국 자신은 현행대로 자국 내에서 α국 기업에 대한 경쟁 기회를 부여하지 않으며 α국이 자국(β) 기업에 새로운 경쟁 기회를 주는 것으로 가정한다. β국에 가장 바람직하지 않은 경우는 자국은 α기업에 경쟁 기회를 주지만 α국은 β의 기업에 새로운 경쟁 기회를 주지 않는 것이다. 이보다는 β국도 α국에 경쟁 기회를 주지 않고 α국 또한 β국에게 새로운 경쟁기회를 주지 않는 상태가 나을 것이다. 단 이보다 바람직한 것은 자국과 상대국α 모두 상호 간에 새로운 경쟁 기회를 상대국에 주는 것이다. 만약 α국도 선호 순서가 같다면 〈그림 6-1〉과 같은 행렬 게임으로 나타낼 수 있다.[11]

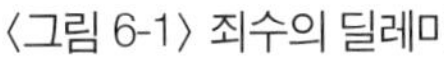
〈그림 6-1〉 죄수의 딜레마

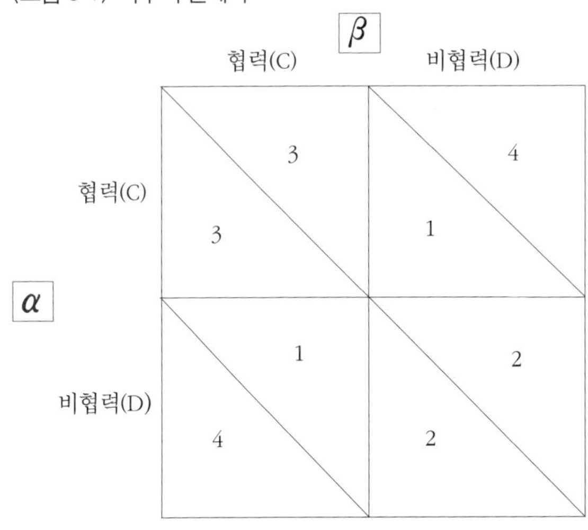

11) 물론 양자의 선호 순서 차이에 따라 게임의 매트릭스는 바뀌게 된다. 예를 들어 통상 분야의 경우 어떠한 조건에서 '죄수의 딜레마'가 나타나는지 B. V. Yarbrough and R. M. Yarbrough, "Reciprocity, Bilateralism, and Economic 'Hostages'," *International Studies Quarterly* 30, 1986, pp. 7-21.

〈그림 6-1〉은 '죄수의 딜레마' 게임을 나타낸 〈그림 2-4〉를 다시 수록하였다. 이 게임에서 비협력 · 비협력(D－D)은 '내쉬 균형'에 해당한다. 그러나 이는 '파레토 최적'이 아니며 협력 · 협력(C－C)이라는 결과와 비교하면 양쪽 플레이어가 얻을 수 있는 편익은 적다.

이러한 딜레마를 해결하는 한 방법은 C－C라고 하는 결과를 룰에 의해서 보증하거나 ('레짐') 패권국이 마치 정부와 같은 역할을 수행하여 약속 위반자를 단속하는 방법을 생각해볼 수 있다. 그렇지만 각자의 행동을 '외부로부터' 구속받지 않는다고 가정했을 경우 여기서 얻을 수 있는 해결 방법이 바로 상호주의이다. 상호주의에 따른 해결 방법의 골자는 '죄수의 딜레마' 상황에서 상대가 협력하면 자신도 협력하고 상대가 비협력적 행동을 취한다면 자신도 비협력적으로 행동하는 '눈에는 눈 이에는 이(Tit-for-Tat)' 전략을 채택하는 것이다. 그리고 이 전략이 결과적으로 C－C를 '내쉬 균형'으로 인도한다는 것이다.

'죄수의 딜레마'가 상호주의에 의해 '해결'된다면 여기에는 두 가지 의미가 있다. 하나는 1회 한정의 게임(단기적인 것)에도 성립되며 이때 메타 게임이 이용된다.[12] 또한 이와는 대조적으로 끝없이 반복될 가능성이 있는 게임을 전제로 상호주의 전략이 C－C를 '내쉬 균형'이 되도록 보증한다는 것이다. 끝없이 반복되는 (또는 반복될 가능성이 있는) 게임을 '슈퍼게임(super game)'이라고 했을 때, 상호의존이 진행되는 오늘날 상황을 감안하면 현실은 1회 한정 게임이 아니라 '끝없이' 반복될 가능성이 있는 게임에 가깝다고 할 수 있다. 따라서 이하 절에서는 슈퍼게임에 따른 상호주의를 살펴보기로 하자.

---

12) 야마모토, 앞의 논문(「상호주의(相互主義)」)을 참조할 것.

슈퍼게임

슈퍼게임이란 〈그림 6-1〉과 같은 '죄수의 딜레마' 게임이 지속적으로 반복되어 언제 종료될지 모른 채 진행되는 게임 상황을 의미한다.[13] 예를 들어 미 · 일 관계를 보더라도 동일한 경제마찰 게임이 반복되고 있으며 언제 종료될지 예상할 수 없다. 그렇다면 게임이 얼마나 반복될 것인가에 관해 확률 개념을 사용해 나타내보자. 현재 진행되는 게임(첫번째 게임)은 확실히 진행되고 있다고 가정하고 그 확률은 1이다. 그 다음으로 게임을 하게 될 확률은 1보다 작다고 하자. 여기서 단순하게 다음 번에도 게임(2번째 게임)을 하게 될 확률을 r, 3번째 게임을 하게 될 확률을 r^2 그리고 n번째 게임을 하게 될 확률을 r^{n-1}이라고 하자. r이 커지면 커질수록 계속해서 같은 게임이 반복될 가능성이 크다는 것을 나타낸다. 즉 그만큼 '장래의 그림자(shadow of the future)'[14]가 크다는 것을 의미한다(또 r이 제로가 아닌 이상 게임은 무한 반복될 가능성이 있다).

• 이득: 상식적으로 '죄수의 딜레마' 게임이 반복될 경우 행위자가 얻는 이득은 1회, 1회 게임에서 얻을 수 있는 이득의 합이라고 생각할 수 있다. 만약 게임이 3번 진행되었고 3번 다 D－D라는 결과가 나왔다면 α와 β의 이득은 똑같은 6(= 2+2+2)이 된다. 그렇지만 실제로 진행되는 (1번째) 게임은 확실하지만 다음 번 게임을 하게 될 확률 r, 그 다음은 r^2……와 같이 게임이 끝없이 반복될 가능성이 있다면 플레이어가 기대하는 이득의 계산은 이와는 다르다. 예를 들어 r을 0.9(다음 번에 게임을 하게 될 확률은 90%)라고 하면 그 다음 번에 게임을 하게 될 확률은 0.81(=0.9×0.9), 그 다음에도 게임을 하게

13) 슈퍼게임에는 몇 가지 해석이 가능하다. Axelrod, *The Evolution of Cooperation*, NY: Basic Books, 1984, Chap. 2.

14) Axelrod and Keohane, 앞의 논문, "Achieving Cooperation under Anarchy."

될 확률은 0.729(0.9의 세제곱)가 된다. 그리고 반복되는 모든 게임에 C−C 라고 하는 결과를 예측한다면 α와 β가 기대하는 이득은 다음과 같다.

$$3 + (0.9) \times 3 + (0.9)^2 \times 3 + (0.9)^3 \times 3 + \cdots$$
$$= 3 \times (1 + 0.9 + 0.9^2 + 0.9^3 + \cdots)$$
$$= 3 \times \frac{1}{1-0.9} = \frac{3}{0.1} = 30$$
$$(1 + r + r^2 + r^3 + \cdots = \frac{1}{1-r}, 0 < r < 1)$$

• **전략**: 게임이 끝없이 반복될 때 플레이어는 매회 게임에서 협력 혹은 비협력 중 어느 한 쪽을 선택하게 된다. 이때 매회 게임에서 어떠한 선택을 할 것인지 미리 지정한 것을 슈퍼게임 전략이라고 한다. 예를 들어 슈퍼게임에서 모두 협력(혹은 비협력)안을 선택할 것이라고 미리 선언하는 것이 그 예이다. 혹은 최초 게임에서는 협력을 선택하고 2번째 게임부터는 이전 게임에서 상대가 선택한 것과 동일한 선택을 하는 것도 슈퍼게임의 한 전략이다. 이 전략은 이전 게임에서 상대가 협력하면 다음 번에는 자신도 협력하고, 상대가 비협력적이었다면 다음 번에는 자신도 비협력을 선택한다는 것을 의미한다. 따라서 이 전략을 슈퍼게임의 '눈에는 눈 이에는 이'(Tit-for-Tat) 전략이라 한다.

또한 최초 게임에서 협력을 선택하고 상대 또한 지속적으로 협력을 유지하는 한 자신도 협력하지만, 일단 상대가 비협력 수단을 선택했을 경우 다음부터는 상대가 어떠한 선택을 하든 자신은 계속해서 비협력적 선택을 한다는 전략도 생각할 수 있다. 이를 '슈퍼(超) 눈에는 눈 이에는 이'(Super Tit-for-Tat) 전략이라고도 한다.

〈그림 6-2〉 슈퍼게임의 매트릭스 표시(〈그림 6-1〉의 죄수의 딜레마에 근거)

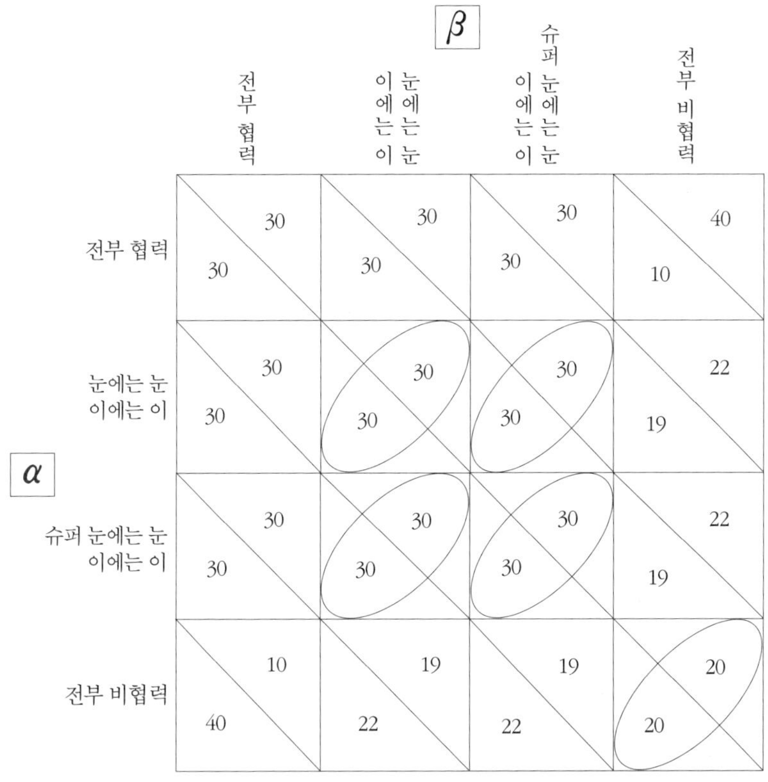

α \ β	전부 협력	눈에는 눈 이에는 이	슈퍼 눈에는 눈 이에는 이	전부 비협력
전부 협력	30, 30	30, 30	30, 30	10, 40
눈에는 눈 이에는 이	30, 30	30, 30	30, 30	19, 22
슈퍼 눈에는 눈 이에는 이	30, 30	30, 30	30, 30	19, 22
전부 비협력	40, 10	22, 19	22, 19	20, 20

r= 0.9로 가정 ○: 내쉬 균형

• 행렬게임: 이러한 전략 조합을 알게 되면 행위자가 기대하는 이득도 분명해진다. 예를 들어 α, β 모두 '눈에는 눈 이에는 이' 전략을 채택한다면 그 결과는 끝없이 반복되는 모든 게임에서 C—C가 된다. 왜냐하면 '눈에는 눈 이에는 이' 전략에서는 최초 게임에서 C(협력)가 나오기 때문에 다음 게임에서 상대는 이와 같은 C를 선택하게 된다. '눈에는 눈 이에는 이' 전략은 이전 게임의 상대 선택과 동일한 선택을 하기 때문에 양쪽 모두 C를 계속 선택하게 된다. 반복되는 모든 게임에서 C—C라고 하는 결과를 얻을 수 있

기 때문에 다음 게임이 발생하는 확률을 r이라고 하면 α와 β가 기대하는 이익은 $\frac{3}{1-r}$ (= $3 + 3 \times r + 3 \times r^2 + \cdots$) (r= 0.9라 하면 30이 된다)이 된다. 이와 같이 슈퍼게임은 전략 조합으로 행렬 게임으로 표현할 수 있다.

그런데 슈퍼게임에서 전략이란 끝없이 반복되는 각 게임에서 행위자의 선택을 미리 지정하기 때문에 그러한 전략이 무한정으로 존재할 수 있다. 그러나 무한 전략의 조합을 모두 표시하는 것은 불가능하다. 따라서 여기서는 앞에서 예를 든 네 가지 전략 행렬 게임을 고찰해보고자 한다. 네 가지 전략이란 (1) 전부 협력 (2) 전부 비협력 (3) '눈에는 눈 이에는 이' 전략 (4) '슈퍼 눈에는 눈 이에는 이' 전략을 말한다.

〈그림 6-1〉 '죄수의 딜레마' 슈퍼게임에서 r= 0.9라 했을 경우 이들 네 전략으로 완성되는 게임의 매트릭스는 〈그림 6-2〉와 같다. 예를 들어 α가 전부 비협력 전략을 채택하고 β가 '눈에는 눈 이에는 이' 전략을 채택했을 경우를 생각해보자. 이 경우 각 게임에서 α와 β의 선택과 이득이 〈표 6-1〉에 나타나 있다. 우선 α는 전부 비협력을 선택했기 때문에 어떤 게임이든 D라는 카드를 낸다. β는 '눈에는 눈' 전략을 채택할 것이므로 첫 번째 게임에서는 C를 내지만 첫 번째 게임에서 상대 α가 D를 냈기 때문에 두 번째 게임에서 β는 (지난 번 게임에서 상대가 택한 선택과 같은 카드를 낼 것이므로) D를 낸다. 그리고 당연히 세 번째 이후 게임에서도 β는 계속 D를 내게 된다.

게임 결과는 첫 번째 게임에서 D—C이며 α는 4, β는 1이라는 이득을 얻게 된다. 두 번째부터는 모든 게임에서 D—D라고 하는 결과를 얻게 되므로 α, β는 모두 2의 이득을 얻게 된다.

그렇다면 α가 기대하는 이득은

$$4 + 2 \times (0.9) + 2 \times (0.9)^2 \times 2 + (0.9)^3 + \cdots$$

$$= 4 + 2 \times (0.9)\,[1 + 0.9 + (0.9^{2)} + \cdots)$$

$$= 4 + 1.8\ (\frac{1}{1-0.9})$$

$$= 4 + 18 = 22$$

가 된다. 같은 방식으로 계산할 때 β가 기대하는 이득은 19가 된다. 다른 경우도 같은 방식으로 계산할 수 있다.

〈그림 6-2〉에서 다섯 개의 '내쉬 균형'을 볼 수 있다. 하나는 α, β가 동시에 전부 비협력 전략을 채택할 때이다. 이때 양국이 기대하는 이득은 20이다. 다른 네 개의 '내쉬 균형'은 '눈에는 눈 이에는 이', '슈퍼 눈에는 눈 이에는 이' 두 전략이 상호 간 번갈아 나타나는 조합이다. 여기서 각 게임의 결과는 모두 C—C가 되며 상호 기대하는 이득은 모두 30이 된다(다시 말해 '내쉬 균형'이란 상대의 선택이 변하지 않는다고 가정한다면 자신이 일방적으로 선택을 바꾼다 해도 이득을 보지 못한다. 그리고 상대 경우도 마찬가지라고 할 수 있는 '균형점(지점)'을 의미한다. 예를 들어 α, β가 모두 '눈에는 눈 이에는 이' 전략을 채택했을 경우 만약 β가 이 전략을 바꾸지 않는다고 가정한다면 α가 다른 전략으로 바꾸어도 30 이상 이득을 얻을 수 없다. 이는 β도 마찬가지일 것이다. 즉 상호 '눈에는 눈 이에는 이' 전략을 채택하게 되면 결과적으로 '내쉬 균형'이 되는 것이다).

하지만 슈퍼게임에서 행위자는 무한한 전략을 가지게 된다. 따라서 〈그림 6-2〉에 나타난 매트릭스 게임은 슈퍼게임의 "빙산의 일각"에 지나지 않는다. 따라서 상호 '눈에는 눈 이에는 이', '슈퍼 눈에는 눈 이에는 이'를 번갈아 채택하는 조합의 형태가 〈그림 6-2〉이다. 여기에 나타난 슈퍼게임에서는 '내쉬 균형'을 알 수 있다고 해도 슈퍼게임 전체에서 반드시 '내쉬 균형'이 된다고는 보장할 수 없다.

〈표 6-1〉 α가 전부 비협력 β가 눈에는 눈 이에는 이

		게임					
		1	2	3	4	5	…
선택	α	D	D	D	D	D	…
	β	C	D	D	D	D	…
이득	α	4	2	2	2	2	…
	β	1	2	2	2	2	…

여기에서는 기술적인 점을 상세히 다루지는 않겠지만, 상호 간에 '슈퍼 눈에는 눈 이에는 이' 또는 '눈에는 눈 이에는 이' 전략을 쓰는 국가들 간에는 일정한 조건이 충족된다면 슈퍼게임의 전략이 무한하더라도 '내쉬 균형'이 이루어진다는 것이 증명되었다. 여기에서 일정한 조건이란 게임이 반복되는 확률(r)이 충분히 크다는 것이다. 예를 들어 모두가 '슈퍼 눈에는 눈 이에는 이' 전략을 쓰는 경우를 생각해보자.

만약 〈그림 6-1〉의 이득 구조를 전제로 한다면 '슈퍼 눈에는 눈 이에는 이' 전략을 쓰는 국가들은 $\alpha\beta$ 모두 $\frac{3}{1-r}$ $(= 3 + 3r + 3r^2 + \cdots = 3(1 + r + r^2 + \cdots)$ $= \frac{3}{1-r}$이라는 기대 이득이 보증된다. 만약 상대가 '슈퍼 눈에는 눈 이에는 이' 전략을 유지한다고 가정했을 경우, α와 β 중 한쪽이 일방적으로 다른 전략으로 전환하여 $3/(1-r)$보다 높은 기대 이득을 얻을 수 있다고 한다면 '슈퍼 눈에는 눈 이에는 이' 전략은 '내쉬 균형'이라 할 수 없다. α가 '슈퍼 눈에는 눈 이에는 이' 전략을 유지한다고 가정했을 경우 과연 β는 다른 전략으로 이행하여 $3/(1-r)$보다 높은 이득을 얻을 수 있을 것인가. 만약 β가 결과적으로 모든 게임에 있어서 C—C가 되는 전략을 선택한다면 이는 $3/(1-r)$보다 큰 이득을 보증하지 못한다. 따라서 $3/(1-r)$보다 큰 이익을 얻으려고 한다면 β는 게임의 한 시점(예를 들어 t번째 게임)에서 D카드를 내야 할 것이다. 만약 β가 t번째 게임에서 D를 낸다면 그 다음 번 게임(t+1번째 게임)부터 α는 항상 D를 내게 된다(〈표 6-2〉). α가 D를 낸다는 것을 알게 될 때 β의 최

〈표 6-2〉 슈퍼 눈에는 눈 이에는 이 전략에 대한 대항

선택	α (슈퍼 눈에는 눈 이에는 이) β	C C ⋯ C C D D D ⋯ C C ⋯ C D D D D ⋯
게임의 회수		1 2 ⋯ t - 1 t t + 1 ⋯⋯
이득	α β	3 3 ⋯ 3 1 2 2 2 ⋯ 3 3 ⋯ 3 4 2 2 2 ⋯

적의 선택은 D가 된다. 따라서 t+1번째 게임부터는 β도 항상 D라는 선택을 하게 된다. 이 경우 β의 이득 E_β는

$$E_\beta = 3 + 3r + \cdots + 3r^{t-2} + 4r^{t-1} + 2r^t + 2r^{t+1} + \cdots$$

$$= 3(1 + r + r^2 + \cdots + r^{t-2}) + 4r^{t-1} + 2r^t \frac{1}{1-r}$$

이 된다. 만약 E_β가 $3/(1-r)$ $(= 3(1 + r + r^2 + \cdots)$보다 작다면 β는 '슈퍼 눈에는 눈 이에는 이' 전략을 바꾸지 않을 것이다.

$$\frac{3}{1-r} - E_\beta$$

$$= (3r^{t-1} + 3r^t + \cdots) - 4r^{t-1} - 2r^t \frac{1}{1-r}$$

$$= 3r^{t-1}\frac{1}{1-r} - 4r^{t-1} - 2r^t \frac{1}{1-r}$$

$$= (r^{t-1})\left[\frac{3}{1-r} - 4 - \frac{2r}{1-r}\right]$$

$$= (r^{t-1})\frac{2r-1}{1-r}$$

따라서 만약 $r > \frac{1}{2}$ 이라면 $3/(1-r)$은 E_β보다 크며 β는 전략을 바꾸지 않는다. 마찬가지로 상호 '눈에는 눈 이에는 이' 전략을 쓰는 국가들 간에 게임이 반복되는 확률(r)이 충분히 크다면 '내쉬 균형'이 이루어진다는 것을 알 수 있다.

이렇게 게임이 반복될 확률이 클 경우 '눈에는 눈 이에는 이' 전략을 쓰는 국가들 간에 '내쉬 균형'이 이루어질 것이다. 그러나 여기서 문제가 되는 것은 '전부 비협력' 전략을 채택한 국가들 간에는 무조건적으로 '죄수의 딜레마'의 슈퍼 게임에서 '내쉬 균형'이 된다는 것도 증명되었다는 점이다.

자연발생적 질서 형성 I

위의 분석모델에서 '죄수의 딜레마' 슈퍼게임을 상정하였을 때, 각자 합리성에 근거한 경우에도 상호주의에 의한 '협력 · 협력' 결과가 '내쉬 균형'이 된다는 것을 알 수 있다. 그러나 문제는 '전부 비협력' 전략을 택한 국가들의 '비협력 · 비협력' 결과도 '내쉬 균형'이 된다는 것이다. 어떤 의미에서 '죄수의 딜레마'는 절반밖에 해결하지 못한다. 즉 상호 간에 일단 '전부 비협력' 전략이 채택되면 이것이 '내쉬 균형'이 되어버리기 때문에 이 상황에서 '탈출'하는 것은 매우 어려워진다. 그러나 '전부 비협력' 전략을 채택한 국가들 역시 상호주의를 도입함으로써 각자의 합리성에 따라 그 상황에서 탈출할 수 있다는 것이 '눈에는 눈 이에는 이' 전략을 채택한 국가들이 '내쉬 균형'이 된다는 이론에 이어지는 액설로드(Robert M. Axelrod)의 제2의 논점이다.

우선 '전부 비협력' 전략을 채택한 '대'집단이 있다고 하자.[15] 두 사람의 '죄수의 딜레마' 슈퍼게임이 전개되고 있다고 가정한다(즉 여기서 n명의 '죄수의 딜레마' 게임을 가정하지 않는다). 이 집단에서는 모든 플레이어가 '전부 비협력' 전략을 채택하기 때문에 결과는 항상 D−D이며 각 플레이어가 기대하는 이득은 20이다.

그런데 '전부 비협력' 전략을 채택한 집단과는 별도로 '눈에는 눈 이에는 이' 전략을 채택한 '소수'의 플레이어 집단이 있다고 가정해보자. 그리고 이

15) n명의 '죄수의 딜레마'에 대해서는 S. S. Komorita, "A Model of the N-Person Dilemma-Type Game," *Journal of Experimental Social Psychology* 12, 1976, pp. 357-73.

소수 그룹과 '전부 비협력' 플레이어로 구성되는 '대'집단 사이에 상호작용이 있다고 가정하자. '전부 비협력' 플레이어는 대부분 '전부 비협력' 전략을 택한 플레이어와 상호작용을 하지만, 이따금 '눈에는 눈 이에는 이' 전략을 택한 플레이어와 만나는 경우가 있다. 여기에서 '전부 비협력' 플레이어가 '눈에는 눈 이에는 이' 플레이어와 만날 확률을 p라고 하자. 그러면 '전부 비협력' 플레이어와 만나는 확률은 $1-p$가 된다. 그리고 '전부 비협력' 플레이어가 선택할 수 있는 방법은 (1) 지금 그대로 '전부 비협력' 전략을 유지하거나 (2) '변경(改宗)'하여 '눈에는 눈 이에는 이' 전략을 채택한다는 두 가지 선택이 가능하다. 만약 '눈에는 눈 이에는 이' 전략으로 전향하는 것이 '전부 비협력' 전략을 계속 유지하는 것보다 더 큰 기대이득을 보장한다면 그 플레이어는 '눈에는 눈 이에는 이' 전략으로 전향할 것이다.

그런데 어떤 플레이어가 '전부 비협력' 전략을 계속 유지할 경우, 〈그림 6-1〉의 '죄수의 딜레마' 슈퍼게임이 전개된다고 가정한다면 이때 기대하는 이득 E_D는 다음과 같이 계산할 수 있다. 우선 '전부 비협력' 전략을 채택한 상대와 만나게 될 경우의 기대 이득은 20이며(r= 0.9로 가정) 그러한 상대와 만나게 될 확률은 $1-p$이므로 이때 기대되는 편익은 $(1-p) \times 20$이 된다. '눈에는 눈 이에는 이' 전략을 채택한 상대와 만날 경우의 기대 이득은 22이며, 그러한 상대와 만날 확률은 p이므로 기대 이득은 $22p$가 된다. 따라서

$E_D = 20(1-p) + 22p = 20 + 2p$가 된다.

다음으로 이 플레이어가 전향하여 '눈에는 눈 이에는 이' 전략을 채택했다고 하자. 이때 기대 효용 E_T는 다음과 같이 계산할 수 있다. 우선 '전부 비협력' 플레이어와 만날 경우 이득은 $19(1 + (0.9) \times 2 + (0.9)^2 \times 2 + \cdots = 1 + 1.8(1 + 0.9 + 0.9^2 + \cdots))$가 된다. 그리고 '전부 비협력' 플레이어와 만날 확률은 $1-p$이므로 기대 효용은 $19(1-p)$가 된다. 마찬가지로 '눈에는 눈 이에는 이'

플레이어와 만날 경우 이득은 30이며, 이때의 확률은 p이므로 기대 효용은 $30p$가 된다. 따라서

$E_T = 19(1-p) + 30p = 19 + 11p$가 된다.

따라서 $(E_T =)\ 19 + 11p > (E_D =)\ 20 + 2p$

즉 $p > 1/9$라면(즉 '전부 비협력' 전략을 채택한 플레이어가 9번에 1번 이상의 비율로 '눈에는 눈 이에는 이' 전략을 채택한 플레이어와 만난다면) 원래 '전부 비협력' 전략을 채택한 플레이어는 '눈에는 눈 이에는 이' 전략으로 전향하게 된다. 그리고 '사회 전체' 참가자 전원이 '눈에는 눈 이에는 이' 전략을 채택하면 반복해서 전개되는 모든 게임에서 결과는 C—C가 되어 사회전체 '파레토 최적'이 보장된다.

이전 항에서 제시한 모델에서는 '죄수의 딜레마' 슈퍼게임에서 '눈에는 눈 이에는 이' 전략을 채택한 행위자들의 관계는 '내쉬 균형'을 이루며 이때의 결과는 C—C가 된다. 그러나 이와 동시에 '전부 비협력' 전략을 채택한 자들의 관계 역시 '내쉬 균형'이 되며 이때 결과는 D—D로 사회의 최적해(最適解)가 되지는 않는다는 것을 알 수 있다. 그러나 여기에서 전개한 모델은 '전부 비협력' 전략을 채택한 큰 집단이 존재해도, 소수이지만 '눈에는 눈 이에는 이' 전략을 채택한 '충분한' 크기의 대항집단이 존재한다면 끝없이 게임을 반복하면서 후자가 전자를 '침략'하여 '전부 비협력' 행위자가 '눈에는 눈 이에는 이' 전략으로 전향하도록 한다는 것을 나타내고 있다. 결과적으로 '죄수의 딜레마' 슈퍼게임에서 모든 행위자는 '눈에는 눈 이에는 이' 전략을 택하게 되며, 모든 게임 결과 C—C가 되어 사회의 최적해(最適解)를 얻을 수 있게 되는 것이다.

이상의 모델은 다음과 같은 특징이 있다. 우선 모든 정보가 드러나 있다는 점이다. 즉 게임 구조(예를 들어 이득의 매트릭스 및 게임이 반복될 확률 등)

와 상대가 선택할 수 있는 전략 등이 모두 명백하다면 '죄수의 딜레마' 슈퍼게임에서는 모든 행위자가 '눈에는 눈 이에는 이' 전략을 채택한다. 그리고 모든 행위자가 '눈에는 눈 이에는 이' 전략을 채택한다면 실제로 보복(상대가 비협력적 행동을 취했을 경우 자신도 비협력적 행동을 취하는 것)이 실행되는 일은 없다.

자연발생적 질서 형성 II

한편 반복되는 '죄수의 딜레마' 게임을 상정할 경우에 현실 세계에서는 상대가 어떠한 전략으로 나올지 알 수 없으며 또한 자신이 생각할 수 있는 전략도 한정될 수밖에 없다. 이러한 상황에서 과연 어떠한 전략을 취해야 하는 것일까?

여기에서 중요한 것은 '죄수의 딜레마'이다. 슈퍼게임에서는 다른 전략과 비교하여 항상 보다 좋은 결과를 보증할 수 있는 전략(즉 지배적인 전략)은 존재하지 않는다는 것이다. 이러한 상황에서 현실적으로 '시행착오'를 통하여 전략을 선택하고 또 이를 도중에 수정해나가는 것이 필요하다. 이러한 상황에서도 상호주의는 비교적 유효한 전략이며 게임이 반복됨에 따라 이를 채택하는 플레이어가 증대한다는 것이 액설로드(Robert M. Axelrod)의 제3의 논점이다.

여기에서 자신은 어느 특정 전략을 채택하려고 하지만 상대가 어떠한 전략을 채택할 것인지 모른다고 가정하자. 이 경우 자신이 채택하려는 전략 평가는 다음과 같이 이루어질 것이다. 우선 상대가 채택할 수 있는 몇 가지 전략을 가정해본다. 그리고 자신이 채택하고자 하는 전략과 상대가 채택할 수 있는 전략을 하나하나 조합해본다. 그러면 각각의 조합에 대한 기대이득을 계산할 수 있다. 상대가 채택 가능한 모든 전략에 대한 기대이득을 계산하여 그 평균을 따져 본다(평균 이득). 그리고 자신이 택할 수 있는 전략 하나하나에 대한 평균이득을 계산하여 그 중 가장 큰 평균이득을 보장하는 전략이 자신에게 가장 좋은 전략이 된다.

액설로드[16]는 이러한 생각을 바탕으로 몇 가지 전략을 비교한 결과 '눈에는 눈 이에는 이' 전략이 매번 가장 큰 평균이득을 보장하고 있음을 시뮬레이션(그의 표현에 의하면 토너먼트 게임)을 통해 증명했다. 사회 전체로 이어질 결과와 별도로 개별 이익만을 고려해도 집단 내에서 '눈에는 눈 이에는 이' 전략을 채택하는 경우가 증가할 것이다. 또 게임이 반복될수록 '눈에는 눈 이에는 이' 전략을 채택하는 경우 역시 증가할 것이다. 그리고 '눈에는 눈 이에는 이' 전략을 채택하는 사람이 증가하면 같은 전략을 채택한 행위자들 간 상호작용이 증가하고 C—C가 많이 나타나 '사회 전체 이익'이 증대된다. 다만 액셀로드의 분석에 의하면 이러한 과정 속에서 '눈에는 눈 이에는 이' 전략을 채택하는 사람이 가장 많아지겠지만 완전히 지배적인 것은 아니다. 이 밖에도 평균 이득이 높은 몇몇 전략 역시 존재하기 때문이다.

이 항에서 소개한 모델에 따르면 불완전한 정보에도 '죄수의 딜레마'가 반복되는 상황에서는 '눈에는 눈 이에는 이' 전략이 비교적 높은 평균 이득을 보장하기 때문에 많은 행위자가 채택하고 있음을 알 수 있다. 이는 '사회 전체 이익'을 증대시킬 수 있을 것이다. 그러나 완전한 정보를 가정한 모델에서는 상호주의에 바탕을 둔 보복이 실행되지 않았지만 이 모델에서는 보복이 자주 실행될 것으로 보인다.

상호주의 함의(含意)

다시 본론으로 돌아가 보자. 1970년대 후반부터 1980년대에 걸쳐 통상 분야 전반, 특히 은행업 등 서비스 분야 무역에서 상대가 시장을 개방하지 않으면(동등한 상업 기회를 주지 않는다면) 자국도 상대국에 시장접근을 제한하는 상

16) Axelrod, *The Evolution of Cooperation*, NY: Basic Books, 1984, Chap. 2.

호주의가 나타났다. 그리고 앞에서 소개한 '죄수의 딜레마' 슈퍼게임은 '눈에는 눈 이에는 이'라는 상호주의가 단지 각 행위자의 편익을 증대시킬 뿐만 아니라 사회 전체 최적의 이익도 보장한다는 것을 보여주고 있다. 이로써 이 모델은 현실 세계에서 전개되고 있는 상호주의 이론의 기초가 되었다. 특히 '완전한 정보'를 상정한 모델에서는 모든 사람이 '눈에는 눈 이에는 이' 전략을 채택함으로써 반복되는 모든 게임에서 '협력해(協力解)' 즉 협력으로 해결을 얻을 수 있으며, 실제로는 보복이 실행되지 않는 세계라는 장밋빛 이미지를 제시한다. 그러나 이러한 모델을 근거로 무조건 상호주의 방향으로 나아가는 것은 문제가 없을까? 현실 세계에서는 상대 전략을 알 수 없으며, 또한 게임 구조가 반드시 '죄수의 딜레마'와 같지 않은 경우도 많을 것이다. 따라서 실제로는 상호주의가 보복을 빈번히 유발하여 극도로 긴장된 세상을 만들 수도 있다.

하지만 이미 상호주의는 미국 통상법에 자리잡고 있으며 현실 세계에서도 사용되고 있다. 앞 항의 모델에 따르면 상호주의는 모방되고 확대된다. 따라서 향후 몇몇 국가(혹은 EC등 지역)에서 채택될 가능성이 크다. 이러한 상황에서 상호주의가 보복의 연쇄상황을 일으키지 않고, 또 거대한 시장을 기반으로 하는 난폭한 행위를 방지할 수 있도록 신중하게 상호주의를 운용하는 장치를 만들어갈 필요가 있다. 예를 들어 '상업 기회의 평등', 제도 자유화와 조화 등 상호주의가 추구하는 것에 대하여 국제적으로 최소한의 공통룰을 만들거나 혹은 이를 위한 협력 체제를 만들어가는 것도 필요할 것이다. 또 '양보의 평등성'을 주장하는 GATT 체제에서의 상호주의가 개발도상국에 '면책'되었던 것과 마찬가지로, '상업 기회의 평등'을 요구하는 상호주의에도 그러한 '면책'조치를 취하는 것이 필요할 것이다.

현재 상호주의는 주로 통상 분야에서의 시장접근 문제를 논의하고 있다(단 미 · 일 과학기술협정 등의 분야에도 확대되고 있다). 그러나 일반적으로 상호주의는 적어도 이론적으로는 합의 실행에서도 응용된다.[17] 즉 두 나라가 어떤 합의를 했을 경우 각국은 그 합의를 지킬 것인가 말 것인가라는 두 가지 선택사항이 가능한 게임을 상정해볼 수 있다. 그리고 이 게임은 '죄수의 딜레마'와 같은 구조가 되기 쉽다(상호 간 합의를 지키는 것은 양쪽 모두가 합의를 지키지 않는 것보다 바람직하다. 그러나 한 쪽은 합의를 지키고 다른 나라가 합의를 지키지 않았을 경우 합의를 지키지 않은 나라는 큰 이득을 본다). 따라서 국제 합의를 준수할 것인가 말 것인가 여부를 둘러싸고 '눈에는 눈 이에는 이' 전략이 채택될 가능성이 전혀 없는 것은 아니다. 이론적으로는 상호주의가 예를 들어 거시경제적 정책 협조(다음 절을 참조할 것) 과정에서 다루어질 가능성도 없지는 않다.[18]

2. 정책 협조— 공동 관리

1980년대 후반 현재 다양한 분야에서 정책 협조가 이루어지고 있다. 그 전형적인 예는 환율 안정을 위한 정책 협조일 것이다. 일본이나 서독 등은 낮은 금리를 유도하여 미국과의 금리 격차를 유지하며 또한 빈번한 달러 매수 개입을 통하여 달러 하락을 방지하고 있다. 또 미국의 무역적자라는 '불균형' 해소를 위해 미국은 재정적자를 감소하려고 노력하는 한편 일본 혹은 서독의 경우 자국 내수의 확대가 요구되고 있다. 이러한 정책 협조는

---

17) 예를 들어 L. G. Telser, "A Theory of Self-enforcing Agreements," *Journal of Business* 53: 1, 1980, pp. 27-44.

18) 상호주의에 의한 질서 형성은 모두 '죄수의 딜레마' 슈퍼게임에 의한 것이었다. 그러나 상호의존에서의 게임이 모두 '죄수의 딜레마'가 되는 것은 아니며, 또 슈퍼게임에서 가정하는 몇 개의 전제도 반드시 현실과 일치하는 것은 아닐 것이다. 게임이론적인 모델과 정치 현실과의 관계에 대해서는 R. Jervis, "Realism, Game Theory, and Cooperation," *World Politics* 40: 3, 1988, pp. 317-49.

국제경제시스템 전체의 안정을 위해서 이루어진다. 하지만 이것은 반드시 각국의 국익과 정합적 관계라고는 할 수 없다. 일본과 서독 입장에서도 계속해서 내수를 확대하고 금리를 낮추어 간다면 결과적으로 인플레이션을 피할 수 없게 된다. 만약 인플레이션을 억제하기 위해서 금리를 상승시키면 달러 하락을 초래하거나 혹은 미국의 금리 상승을 유도하게 된다. 이러한 금리의 상승은 주가 하락 등을 유발하게 될 것이고 누적채무를 안고 있는 개발도상국에 큰 손해를 주게 될 것이다. 그러나 일본, 서독 등에서 인플레이션이 발생하면 이는 국제경제에 마이너스 효과를 미칠 뿐만 아니라 이들 국가의 집권당(여당)에도 마이너스 효과를 초래할 것이 분명하다. 이와 같이 정책 협조는 복잡한 경제 시스템에서 각국이 정책 협조를 시행함으로써 국제경제 안정과 '국익' 사이의 균형을 유지하려는 것에 그 본질이 있다고 할 수 있다.

정책 협조는 미국 경제 패권의 쇠퇴와 다국 간 교류 증대라는 두 상황이 중복되면서 초래된 것이라고 할 수 있다. 1장에서 언급한 바와 같이 1960년대 후반에 리처드 쿠퍼는 이미 상품 교류 증대에 따라 각국 경제가 밀접하게 연계되고 물가, 경제성장 등 연동성이 높아져서 각국의 정책 목표는 '독립'적으로는 달성할 수 없음을 지적했다. 현 시대는 상품뿐만 아니라 자금 교류도 활발히 진행되고 있어(금액 면에서 보면 국가 간 자금 흐름은 상품 간 흐름의 수십 배에 이른다고 한다) 각 국가 간 경제 연동성은 1960년대와는 비교할 수 없을 정도로 높아졌다고 할 수 있다. 그러나 다국 간 교류에 의한 경제 상호작용이 활발해졌다해도 이것이 비대칭적인 경우 정책 협조의 필요성은 발생하지 않을 것이다. 예를 들어 다국 간 교류가 진행되어도 어떤 한 나라가 거대하고 연동의 방향성이 일방적일 때는 그 나라가 주도권을 가지고 국제경제 운영을 도모하는 것이 가능하다. 그러나 현재 미국은 20%에 가까운 무역의존도를 보이고 있으며 또한 엄청난 무역적자 상태이기 때문에 이를 보충하기 위해서는 각국으로부터 대량 자본 도입이 이루어지지 않으면 안 된다. 미국조차도 다른 여러 국가들의 경제 상태, 금리 등에 자국 경제가 크게 좌우되는 상황에 놓이게 된 것이다. 말하자면 '정책 영향'이 대칭화되고 있는 것이다.

다소 추상적이기는 하지만 경제학 관점에서 정책 협조가 요구되는 (필요) 조건과 이유는 다음과 같다.[19] 정부는 경제성, 물가안정 등의 목적을 이루기 위해서 재정정책 및 금융정책을 실시한다. 만약 외부 경제로부터 영향이 없거나 크지 않다면 그 정부는 다른 나라와는 '독립'적인 정책을 통해 목표 달성을 이룰 것이다. 그러나 이와는 대조적으로 외부로부터 강한 영향을 받으며 그 나라 정책 또한 외부에 무시할 수 없는 영향을 끼치는 상황을 가정해 보자(4장에서 언급한 '중견국'에 해당한다). 이러한 상황의 국가들과 관련하여 경제학적으로 다음과 같은 점이 증명되었다. 즉 이들 국가들의 무역 및 자본이동 상호의존도가 높아질 경우 (1) 자국의 재정정책 및 금융정책, 경제성장 등 목표 달성을 위한 유효성이 저하된다. 또한 반대로 (2) 자국의 재정정책, 금융정책이 다른 나라의 경제성장 등에 미치는 영향이 증대된다는 것이다. 여기서 무역 및 자본이동에 있어서 상호의존이란 단지 양적으로 다국간 교류의 양이 증대하는 것뿐만 아니라 질적으로도 무역에 소득탄력성이 높아지는(즉 일정한 소득 증대로 수입량이 증대한다) 것을 의미하며, 자본이동의 경우 금리차가 동일한 국가들 사이에서 보다 많은 자본이동이 이루어지는 것을 의미한다.

이상의 정책 협조는 '중견국' 간 상호의존이 심화된 시스템에서 필요한 것이다. 포스트 패권(Post-Hegemony)의 한 형태라고 할 수 있을 것이다.[20]

---

19) Cooper, 앞의 논문, "Economic Interdependence and Coordination of Economic Policies."

20) 예를 들어, 이노구치 구니코(猪口邦子), 『포스트 패권 시스템과 일본의 선택(ポスト覇権システムと日本の選択)』(筑摩書房, 1986).

〈그림 6-3〉 정책 협조의 유형

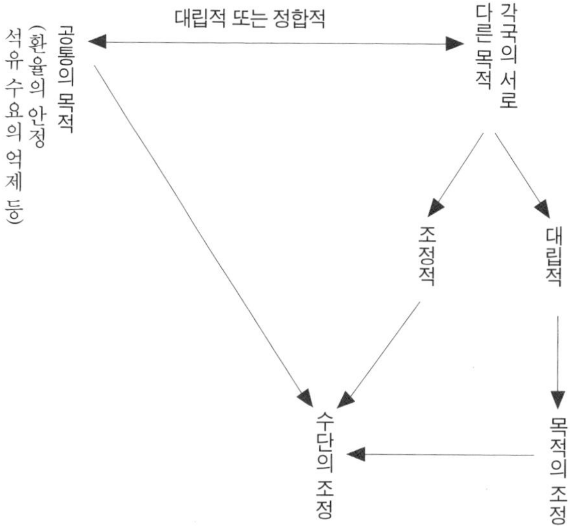

정책 협조의 유형

정책 협조에는 다양한 유형이 있다. 〈그림 6-3〉을 바탕으로 검토해보자. 우선 정책을 목적과 수단으로 나누어 생각해보자(물론 이것이 항상 가능하다는 것은 아니다). 우선 정책 협조가 목적과 관련된 것인지 혹은 수단과 관련된 것인지를 구별해야 한다. 다음으로 협조가 정책 목적 그 자체를 지칭한다 하더라도 '공통의 목적'인지, 혹은 각국이 서로 다른 개별 목적을 전제로 목적 그 자체가 협조(조정) 대상인지를 구별해야 한다.

공통의 목적: 정책 협조에서 '공통의 목적(common purpose)'이 강조되는 경우가 있다. 추상적으로는 전 세계의 '인플레이션 없는 성장' 등이 그 예이다. 보다 구체적으로 석유위기가 닥쳤을 때 세계적 에너지 수요 억제 및 현재의 환율 안정 등이 있다. 예를 들어 1979년 IEA(국제에너지기구— 선진 석유 소비국 클럽)는 석유 수요 억제를 위해서 참가국들에 각각 석유 소비량을 할당하려 했으며 제1차 도쿄정상회담에서도 국가별 할당이 시도되었다.

(선진) 각국이 국가별로 경제성장을 위해 석유를 소비하면 석유 소비량이 증대되고 결국 석유 가격이 상승한다. 즉 한 나라의 석유 소비량은 다른 나라의 목적 달성(인플레이션 억제, 경제성상)에 큰 영향을 주며 이는 상호적으로 모든 나라에 적용된다고 할 수 있다. 이 경우 전 세계 전체 석유 소비량을 일정량 이하로 억제하는 것은 전 세계 '공통의 목적'이 된다. 그러나 전체적으로 어느 정도 소비량으로 제한할 것인지를 둘러싼 구체적인 논의 과정에서 힘겨운 정치적 홍정이 전개된다. 그리고 일단 전체 소비량 제한 수치가 결정되어도 구체적으로 각국에 소비량을 할당하는 '수단의 조정'이 필요하다. 이때 각국 모두 자국에 더 많은 할당량을 확보하기 위해 필사적인 정치활동을 전개하게 된다. 여기서 '비용 분담'이라는 말이 정치적 기본 상징이 되며 이는 한편으로는 각국 간 할당 정당화의 근거로, 또 한편으로는 할당에 대한 자국 내 불만을 설득하는 수단으로 사용된다. 물론 석유 소비량을 억제하기 위해서는 각국 소비량 할당이라는 강력한 조정 수단만이 아니라 각국의 총수요억제 정책, 에너지절약 정책 그리고 신 에너지개발 정책 등에서도 정책 협조가 필요하다.

환율에서는 무역 불균형(혹은 자본이동의 불균형)을 조정하기 위해 환율 변동이 필연적인 반면 한편으로는 무역 및 자본이동을 원활하게 하기 위해서 환율 안정이 바람직하다. 따라서 무역 불균형이 발생했을 경우 이를 조정하기 위해서 환율의 급격한 변동이 반드시 필요하다. 그러나 환율이 지나치게 변동하는 경우에는 반대로 환율 안정이 요구된다. 1980년대 전반 달러 환율은 안정되어 있었지만 이는 미국의 무역수지 적자 등을 고려하면 매우 높은 수준이었다. 달러고 현상은 미국과 다른 나라와의 금리차가 컸던 점 그리고 미국의 고금리는 거대한 재정적자로 초래된 것이었다. 그리고 달러고 현상은 미국 무역수지의 적자폭을 증대시켜 미국 기업의 해외 이전을 부추겼으며 이 때문에 미국의 공급 능력이 저하되었다. 그러나 제1차 레이건 정권의 국제통화정책은 리건(Donald Reagan) 재무장관이 주도했는데 그의 기본 정책은 정부의 시장개입을 배제하고 환율을 시장에 맡기는 것이었다.

앞서 밝혔던 바와 같이 레이건 대통령은 달러고 현상을 미국 위상의 상징으로 간주하고 이를 바꾸려 하지 않았다. 하지만 제2차 레이건 정권은 제임스 베이커(James Baker) 재무장관이 취임하자 1985년 9월 플라자합의를 통해 환율 정책을 180도 전환한다.[21] 국제 협조 개입을 통해 달러고 현상을 대폭 시정하려는 것이었다.

결과적으로 이 정책은 성공하였으며 엔화, 마르크화 등 주요 통화에 대한 달러 환율은 현저하게 저하되었다. 그러나 달러가 급격히 저하되자 환율 안정을 요구하는 상황으로 바뀌었다. 이때 주요 각국(G5, G7)은 환율 안정을 위하여 단지 환율 개입뿐만 아니라 금리정책 등을 통한 국제 협력으로 환율 안정을 유지하고자 했다. 이와 같이 현재(혹은 역사의 한 시점의) 환율 안정이 '공통의 목적'이 되고 각국은 이 목적 달성을 위해 다양한 수단으로 조정을 실시하고 있다. 하지만 낮은 금리로 경제성장을 이루면 필경 인플레이션을 초래하게 된다. 그리고 특히 인플레이션을 우려하는 서독 등의 '국익'과 환율 안정을 위한 국제 협조가 서로 충돌하게 되는 것이다.

이상에서 살펴본 바와 같이 현재 혹은 역사의 한 시점에서 어떤 특정 문제가 '공통의 목적'이 되는 경우가 있다. 왜 어떠한 문제가 '공통의 목적'이 되는지 그 메커니즘은 앞서 3장에서 자세히 살펴보았다. 간단히 말하자면 어떠한 '불균형'이 발생하여 이것이 많은 국가들의 목표 달성을 위협하고 또 국제경제의 안정을 해친다고 인식되었을 때 '공통의 목적'에 합의하는 기반이 성립되는 것이다. 또 '공통의 목적'은 변화하는데, 예를 들어 석유 소비량 억제도 '석유위기'가 완화되면 현시적인 국제적 정책 협조 대상에서 벗어나게 된

21) 이 시기와 이후의 통화 정책을 둘러싼 정치과정에 대해서는 다음을 참조할 것. 후나바시 요이치(船橋洋一), 『통화열렬(通貨烈烈)』(朝日新聞社, 1988).

다. '공통의 목적'이 변화할 가능성은 경우에 따라 문제 자체에 '내포'되어 있다고 할 수 있다. 예를 들어 환율에는 변동과 안정이라고 하는 동시에 달성할 수 없는 기능을 필요로 한다. 따라서 어떤 경우에는 변동이 요구되고 그것이 지나치면 반대로 안정이 요구된다. 그리고 지나친 안정으로 실물 경제의 움직임과 괴리되면 이번에는 변동이 요구된다. 이러한 과정에서 안정이든 변동이든 '과도함'이 나타나면 이에 대한 수정이 '공통의 목적'이 될 가능성이 항상 열려있다. 이는 보다 추상적인 세계경제의 '인플레이션 없는 성장'에도 해당된다. 일반적으로 국내경제에서 물가와 고용(성장)은 반비례한다. 즉 경제가 성장하여 완전 고용에 가까워지면 임금 등이 상승해 인플레이션이 발생한다. 그러나 인플레이션을 억제하기 위해서 금리를 올리고 긴축재정을 실시할 경우 경기는 정체(혹은 침체)되고 실업률은 증가한다. 이러한 물가와 고용과의 반비례를 나타내는 곡선을 필립스 곡선(Phillips curve)[22]이라 한다(이러한 경제학상의 상식을 깬 것이 이른바 스태그플레이션이다). 만약 이러한 필립스 곡선이 국제 현상에서도 적용된다면 장기적으로 볼 때 '인플레이션 없는 성장'은 지극히 달성하기 어려운 목표라고 할 수 있다. 따라서 어떤 경우에는 인플레이션이, 또 어떤 경우에는 성장이 커다란 이슈가 되어 국제적인 '공통의 목적'이 되는 기반이 조성된다.

대립하는 목적: '공통의 목적'이 존재하지 않고 각국이 개별 목적을 추구하는 경우를 생각해보자. 이 경우에도 상호의존 세계에서는 정책 협조가 필요하다. 이 중에는 각국이 서로 대립하는 목적을 갖고 있어서 목적 자체를 조정하려는 정책 협조가 있다. 서로 대립하는 목적 중 전형적인 것이 정의(定

22) 인플레이션율과 실업률 간에 역의 상관 관계가 있음을 나타내는 곡선이다. 즉 실업률이 낮으면 임금상승률이 높고 실업률이 높으면 물가상승률이 낮다는 반비례 관계를 나타낸다.(역자주)

義)에 의해 이들 목적이 양립 불가능한 경우이다. 예를 들어 무역수지나 환율에 각국이 독자적으로 목표를 설정하는 경우이다. 각국이 무역흑자의 증대(혹은 수출 주도에 의한 경제성장)를 각각의 목표로 정했을 경우를 생각해보자. 이 경우 각 목표를 모든 국가가 달성하는 것은 불가능하다. 왜냐하면 모든 국가의 무역수지를 합했을 때 제로가 되어야 하기 때문이다. 또 환율에서도 예를 들어 일본이 1달러 = 140엔(엔저), 미국이 1달러 = 110엔(엔고)이라는 목표를 세웠을 경우 두 나라 모두 목표를 달성할 수는 없다. 이러한 경우 목표 자체를 조정하지 않는 한 수단을 어떻게 조정하든 양쪽 모두가 보다 좋은 결과를 얻을 수는 없다.

따라서 이러한 '대립하는 목적'을 협조 방향으로 돌리려면 목적 자체를 조정해야 한다. 예를 들어 무역수지에서는 대폭적인 흑자를 올리고 있는 나라는 흑자폭을 축소하는(수출주도형의 경제성장에서 내수주도형 경제성장으로 이행한다) 등 정책 목표를 바꾸지 않으면 안 된다. 또 환율에서는 양국이 합의할 수 있는 수준의 환율을 모색(조정)해야 할 것이다.

정합적 목적과 수단의 협조: 각국이 개별 목표를 가지고 있으나 이 목표들이 반드시 대립하는 것은 아니라고 하자. 예를 들어 각 국가들이 경제성장과 물가안정의 적당한 조합을 추구하고 있으며 각국은 목표 달성을 위해서 각각의 정책 수단을 활용한다. 그러나 상호의존 세계에서 한 국가의 정책 수단은 다른 국가의 목표 달성에 무시할 수 없는 영향을 준다. 그렇다면 각국의 채택 가능한 수단과 다른 국가들이 채택하는 수단과의 조합이 각국의 목표 달성의 정도를 좌우하는 게임이론의 세계를 상상해볼 수 있다. 이러한 상황을 모델화한 것은 하마다 고이치(浜田宏一)[23]이다. 하마다는 이러한 상호의

---

23) 하마다 고이치(浜田宏一), 『국제금융의 정치경제학(国際金融の政治経済学)』(創文社, 1982), 특히 第5章.

존 상황에서 각국이 다른 나라의 정책을 주어진 여건으로 삼고 자국의 목표를 추구했을 때 그것이 과연 개별 국가뿐만 아니라 국제사회에 최적의 결과를 가져올 수 있는지 만약 그렇지 않다면 무엇이 필요한지를 밝혀내려 하였다. 하마다는 구체적인 예로 다음을 들었다. 우선 두 국가가 있으며 변동환율제에서 이들 두 국가는 경제성장률 상승과 인플레이션률 억제라는 두 가지 목표를 두고 행동한다고 가정한다. 그리고 유일한 정책 수단으로 통화 공급 변화율을 고려한다. 여기서 각 나라는 성장률과 인플레이션 수치 모두 플러스 방향이건 마이너스 방향이건 그 수가 지나치게 커지지 않는 것을 목적으로 하며 하나의 목적 함수를 가지고 있다고 가정하자. 그리고 생산에 대한 수요는 양국 간 가격 차이와 금리의 함수, 소비자 물가는 수입 가격과 국내 가격의 함수와 같이 양국 간 경제를 연계하는 (상호의존) 모델을 제시한다. 하마다의 상호의존 모델은 두 국가의 통화 공급이라는 정책 수단이 성장률과 인플레이션 수치로 구성되는 목적 함수에 어떠한 영향을 끼치는지를 다음 세 가지 경우로 나누어 분석했다.

(1) 각국 모두 상대국의 행동을 주어진 여건으로 보고(즉 상대국가가 자국 행동에 어떻게 반응할지 고려하지 않고) '독립'적으로 행동하는 경우.
(2) 한 국가는 '독립'적으로 행동하지만 다른 국가는 상대국가가 자국 행동에 어떻게 반응할지를 고려하며 행동하는('리더[leader]'와, '추종자[follower]'로 구별) 경우.
(3) 양쪽 모두 자국 행동이 상대에 어떠한 영향을 주며 또 어떠한 반응을 일으킬지 고려하며 행동하는 경우.

하마다의 분석 결과는 다음과 같다. (1)은 '내쉬 균형'으로 이어지는 것으로 일반적으로 '파레토 최적'이 아니다. (2)는 이른바 '슈타켈버그 해

(Stackelberg value)'로 이어지며 일반적으로 '파레토 최적'이 아니다. 그러나 '리더'의 경우 '내쉬 균형'에서 얻을 수 있는 편익보다 더 큰 편익을 얻을 수 있다. 단 '추종자'의 경우는 '내쉬 균형'보다 높은 편익을 얻을 수도 있고 또는 더 낮은 편익을 얻기도 한다. (3)은 '파레토 최적'으로 이어지는 경우로 두 국가 모두 (1)과 (2)의 경우 보다 높은 편익을 얻는다. 이상의 분석에서 알 수 있듯이 상호의존 세계에서 각국 모두가 자국의 정책 수단이 상대에 어떻게 영향을 주며 또 자국이 상대국 정책에 어떠한 영향을 받게 되는지를 주의 깊게 고려하여 정책 수단을 결정하는 것이 중요하다. 즉 자국 이익의 증대뿐만 아니라 '국제사회 전체 복지'도 증대시킨다.

〈표 6-3〉 정책 협조의 레벨

목적			수단		
협조의 레벨	높다 ↑ 낮다 ↓	일치('공통의 목적') 정합성의 유지 / 정합화 / 대립 (개별의 목표)	협조의 레벨	높다 ↑ 낮다 ↓	목표치 설정 방향의 강화 방향의 정합성 유지 방향의 정합화 방향의 불일치

정책 수단의 협조 유형

앞에서 지적한 바와 같이 정책 협조에는 목적에 관련된 것과 수단에 관련된 것이 있다. 목적에 관련된 것이든 수단에 관련된 것이든 협조 형태는 다양하며 또한 협조의 정도도 다를 것이다. 여기서는 〈표 6-3〉을 바탕으로 주로 정책수단의 조정 유형을 고찰하고자 한다. 우선 목적과 관련하여 각 국가가 독자적인 목적(함수)을 가지고 있으며 이들이 서로 대립하는 경우에는 우선 목적들의 정합화(正合化)를 추구한다. 만약 목적들이 정합적이라 해도 이를 장기적으로 유지하는 것 역시 하나의 정책 협조가 된다. 나아가 상황에 따라서는 '공통의 목적' 설정에 대해 합의하는 것도 필요할 것이다.

그런데 각 국가들의 개별 목적이 정합적인 경우 혹은 '공통의 목적'이 존재하는 경우 이러한 목적을 달성하기 위해서 각국은 다양한 형태로 정책 수단에 협조하고자 할 것이다. 보다 쉽게 이해하기 위하여 '공통의 목적'이 존재하는 경우 어떠한 수단 협조가 가능한지 생각해보자(아래에서 언급하는 것은 각국이 개별의 목적을 달성하기 위해 정책 협조를 실시하는 경우에도 해당할 것이다). 우선 각국이 현재 채택하는 정책 수단이 '공통의 목적'과 방향을 같이 하는지 문제가 될 것이다. 예를 들어 석유 총수요억제 정책이 '공통의 목적'이 되었을 때 특정 나라가 석유를 대량으로 소비하는 산업을 발전시키려고 한다면 이는 '공통의 목적'과 정합적이지 않다. 이 경우 '공통의 목적'에 맞추어 정책 수단의 '정합화'가 필요하다.

다음으로는 각국이 현재 채택하는 정책 수단이 '공통의 목적'에 비추어볼 때 모두 정합적이라고 하자. 예를 들어 석유위기 당시 각국 모두 석유 수요를 억제하고 에너지절약 정책을 촉진시킨다. 이 경우 정책 협조로 문제가 되는 것 중 하나는 예를 들어 어떤 나라가 성장을 위하여 석유 소비를 증대시키는 쪽으로 정책 수단을 변경하여(이 경우 그 나라의 목적 자체가 바뀌었다고도 할 수 있다) '공통의 목적' 달성을 위협하는 것이다. 이와 같은 상황을 방지하기 위한 방책은 국제 합의에 의해 각국 정책 수단의 '정합성 유지'를 도모하는 것이다. 현재 각국이 채택하는 정책 수단이 정합적일 경우 정책 협조의 형태는 이러한 정합적인 방향을 유지하면서 상호 간 정책을 한층 더 강화하려고 하는 것이다. 석유를 예로 들면 현재보다 석유 소비를 줄이고 상호 간 에너지 절약 정책을 보다 강화하는 방향으로 나아가는 것이다. 이러한 상황이 한층 더 진행되면 정책 수단의 방향을 강화하기 위한 정책 협조뿐만 아니라 '목표치의 설정'을 논의하게 된다.

이 같은 정책 협조는 다양한 분야에서 이루어진다. 그리고 이때 통상적으로 정책 협조를 위한 국제 조직이 만들어지거나 혹은 이미 존재하는 국제 조직이 이용된다. 에너지 분야라면 IEA(국제에너지기구), 통화의 경우에는 G5, G7 혹은 IMF, 통상 분야의 경우에는 GATT 그리고 거시경제적인 정책 협조와 관련해서는 선진국 간 경제정상회담 등이 이에 해당한다. 〈그림 6-3〉에 나타낸 정책 협조 유형 혹은 〈표 6-3〉에 나타낸 정책 협조 레벨은 어떤 분야에도 일반적으로 적용된다. 예를 들어 퍼트남과 베인(Putnam and Bayne)은 경제정상회담에서의 정책 협조와 관련하여 다음 네 가지 유형을 예로 들었다.[24)]

(1) 상호 계몽: 각국의 정책 방향 정보를 공유하는 것.
(2) 상호(정책 협조) 강화: 국내 저항에 대항하여 바람직한 정책을 채택할 수 있도록 서로 돕는 것.
(3) 상호 조정: 상호 정책 괴리를 완화시키거나 줄이는 방안을 추구하는 것.
(4) 상호 양보: 공공의 복지후생(collective welfare) 증대를 위해서 국가 간 정책 공동 패키지에 합의하는 것.

(1) 상호 계몽은 어떠한 정책 협조든 필요불가결한 것이다. (2)의 상호 정책 협조 강화란 〈표 6-3〉의 목적 및 수단에 대한 '정합성' 유지에 대응할 것이다. (3)의 상호 조정은 〈표 6-3〉의 목적 및 수단 정합화에 대응할 것이다. (4)의 상호 양보는 '공통의 목적'에 합의하거나 혹은 수단과 관련하여 방향의 강화를 도모하고 목표치 설정에 대응할 것이다.

이와 같이 정책 협조에는 다양한 레벨이 존재한다. 그리고 정책 수단의 협조 역시 낮은 레벨에서부터 높은 레벨에 이르기까지 다양하다. 하지만 정책 협조 레벨이 높다고해서 좋은 것은 아니다. 최적의 협조 레벨은 당면한 문제의 성격 등 몇 가지 기준으로 결정될 것이다. 예를 들어 세계적으로 매우 중

24) Putnam and Bayne, 앞의 책, *Hangin Together*.

요한 '불균형' 문제를 다룰 경우에는 방향 강화 혹은 목표치 설정 등 높은 레벨의 협조가 요구될 것이다. 또 해당 문제를 중요시 여기며 또한 이해 관계에 깊이 얽혀 있는 나라일수록 높은 레벨의 협조를 요구할 것이다. 게다가 정책 협조는 한편으로는 시장 메커니즘, 다른 한편으로는 각국 '주권'과의 균형을 고려하지 않으면 안 된다. 국제경제의 장기적 동향은 시장 메커니즘으로 결정된다고 할 수 있다. 그리고 정책 협조는 이러한 시장 메커니즘에 정부가 협조적으로 개입하는 것이다. 만약 장기적인 조정이 시장 메커니즘으로 이루어진다면 정책 협조는 이를 원활하게 작동하는 데 주된 의미가 있기 때문에 가능한 경직되지 않는 것이 바람직할 것이다. 목표치 설정 등 강한 정책 협조는 시장 메커니즘과 정합적이지 못한 경우가 많다. 또한 정책 협조는 각 국가(정부)의 재량권을 인정하여 신속하게 그리고 '주권'을 침해하지 않는 범위에서 문제에 대처하고자 한다. 이러한 의미에서 정책 협조의 레벨은 필요 최소한의 강도를 유지하는 것이 중요하다고 할 수 있다.

3장에서 정책(이슈) 사이클을 살펴보았다(〈그림 3-3〉 참조). 이러한 정책(이슈) 사이클은 당연히 정책 협조의 정치과정에도 해당된다. 다시 말하자면 정책 협조의 장에서 다루는 문제란 어떤 의미에서는 커다란 '불균형'이다. 이는 많은 국가들의 기본 목표 달성을 위협하며 또한 국제경제 전체의 안정을 붕괴할 가능성이 있는 것 또는 그렇게 인식된 문제이다. 이처럼 어떤 문제가 정책 협조의 장에서 구체적으로 다루어지는 과제(어젠다)가 되면 문제 해결을 위해 다양한 대안이 검토되고 어느 안을 채택할 것인지 결정(합의)이 이루어진다. 그리고 그 다음에 합의(결정)된 정책 패키지를 실행에 옮긴다. 또한 합의가 어느 정도 실행되었는지 그리고 효과가 있었는지에 대한 평가를 받게 된다. 다음으로 정책 협조와 관련한 대안 검토, 선택/결정, 실행, 평가라는 각 단계의 정치과정을 고찰해보고자 한다(어떠한 문제가 어젠다로 설정되는지에 대한 정치과정은 3장 참조).

대안을 둘러싼 정치

어떤 문제가 어젠다로 설정되었을 경우 우선 그 문제의 '구조'를 확정해야 한다. 즉 해당 문제에 관한 원인과 결과의 연결과정을 분명히 해야 한다. 왜냐하면 문제 '구조'를 분명히 할 때 비로소 문제 해결을 위한 적절한 대안을 마련할 수 있기 때문이다. 예를 들어 미국의 거대한 무역적자(채무국화)라는 '불균형' 문제를 생각해보자. 그 원인으로 다양한 요인을 들 수 있을 것이다. 미국의 거대한 재정적자, 달러고, 수출경쟁력의 저하, 공급 능력 부족과 수입구조 등등. 물론 이에 대한 미러 이미지(mirror image)로서 다른 주요국들의 재정적 '보수주의', 수출 경쟁력 증가, 과다 공급 능력과 수출구조, 환율 저하 등도 그 원인으로 들 수 있을 것이다. 그렇다면 이러한 원인 중에 어떤 것이 주요하며 또 어떠한 국제 정책 조합이 미국의 거대한 무역적자를 해결하고 허용 가능한 범위에서 수습할 수 있는지 문제가 된다. 원인과 관련해서는 어떤 이(정부)는 지나치게 높은 달러의 환율에서 주요 원인을 찾을 것이다. 그리고 문제 해결을 위한 주요 수단으로 달러 환율 저하를 주장할 것이다. 또한 어떤 이(정부)는 미국 재정적자를 주요 원인으로 간주하여 적자 삭감이 문제 해결을 위한 최선의 수단이라고 주장할 것이다.

상호의존의 세계에서 각국의 정책 조합이 각국의 목적 달성에 어떠한 영향을 끼치는지(즉 이득 구조)를 명확히 규정하는 것은 매우 어렵다. 이러한 상황에서 각국은 정책 영향을 측정하기 위해서 다양한 경제모델을 개발한다. 하지만 이러한 모델은 어떤 한 정책이 각국 목표 달성에 어느 정도 영향을 미치는지 반드시 일치하는 결과를 보여주는 것은 아니다.

이는 대안을 제시하고 평가하는 과정에서 각국의 이해 관계가 복잡하게 얽혀 있음을 의미한다. 예를 들어 미국은 자국에서 개발한 모델을 바탕으로 서독(정부)의 재정 지출 증대가 서독 경제성장을 극대화시키며 국제적인 파급효과도 높다고 주장하며 서독에 재정완화 정책을 요청한다. 하지만 이에 반해 서독은 자국의 독자 모델을 바탕으로 재정 지출 증대가 경제성장에 미치는 영향은 미국이 주장하는 만큼 크지 않을 것이라며 미국의 요청을 거부한다. 이러한 과정은 일상적으로 볼 수 있다. 또 위의 예에서 미국의 거대한 무역적자 원인을 기본적으로 미국의 재정적자에서 찾고자 하는 것은 일본, 서독 등과 같은 외국들이었다. 왜냐하면 그러한 주장을 통해 이 국가들은 '불균형'의 '책임'을 미국에 넘김으로써 자신들의 국제 정치 책임을 회피할 수 있기 때문이다. 이 논리는 미국 정권에도 거울에 비추듯 그대로 적용(mirror image)할 수 있다. 즉 미국 레이건 정권은 재정적자를 만들어낸 책임과 재정적자 삭감으로 인한 국내 정치의 어려움에 직면하자 미국 무역 불균형의 원인을 환율 등 다른 원인에서 찾고자 했다.

쿠퍼[25]가 지적하듯이 정책 협조가 순조롭게 진행되기 위해서는 지식(知識)의 증진과 지식 레벨의 일치가 매우 중요한 역할을 하게 된다(반대로 말하면 정책 협조에는 단지 각국의 정치 힘겨루기뿐만 아니라 각 국가 간 '지혜 비교'가 매우 중요한 역할을 하게 된다는 것이다).

그런데 여기에서 문제의 '구조'와 관련하여 어느 정도 합의가 형성되었다고 하자. 예를 들어 미국의 무역 불균형과 관련하여 미국의 재정적자, 달러고, 수출 경쟁력 저하, 공급 능력의 부족과 수입구조(수입의존 구조) 등 요인이 많든 적든 원인이 되었으며 다른 국가들도 각자의 입장에서 재정완화, 달러에 대한 환율 인상(예를 들어 일본으로서는 엔저 선호), 수출의존 구조 개선 등이 필요하다는 합의를 얻을 수 있었다고 하자. 그렇게 되면 〈표 6-3〉에서 제시한 다양한 정책 협조가 전개될 것이다. 먼저 합의를 바탕으로 정책 방향의 정합화를 시도할 것이다. 예를 들어 무역흑자를 내고 있는 나라는 수출구조를 개선하고 수입 증대를 위한 재정완화 정책으로 경제성장을 촉진시키며, 또한 환율을 인상한다는 것이다. 예를 들어 일본의 '마에카와(前川) 보

25) Cooper, 앞의 논문, "Economic Interdependence and Coordination of Economic Policies."

고서'는 이러한 전환을 잘 설명하고 있다(그리고 '마에카와 보고서' 혹은 보다 구체적으로는 보고서 내용 중의 일본 재정완화 정책은 일본 정부가 유지해 온 '재정재건(혹은 건전화)' 노선과 충돌하는 것이었다). (물론 이러한 정합화는 반드시 합의에 따라 순조롭게 진행되는 것은 아니다. 예를 들어 환율 수정을 위해 미국이 한국, 대만 등에 가한 강력한 정치 압력을 상기해보자.)

'정합화'가 완료되면 그 정합 방향을 유지하기 위해 노력하게 된다. 예를 들어 경제정상회담, G5, G7 등에서의 합의, 성명 등 국제적인 공약(commitment)의 형태로 진행된다. 이러한 합의의 공표는 단지 합의의 확인뿐만 아니라 각국이 내정과 관련된 문제로 정책을 변경하는 것을 막기 위함이기도 하다(내정의 관점에서 보면 이러한 합의는 '외압'이 된다). 물론 정책협조가 단지 '정합적인 방향'을 유지하는 것에 그치지 않고 나아가 그러한 방향을 강화하거나 혹은 수치적인 목표를 설정하는 형태가 되기도 한다. 예를 들어 각국의 경제성장 목표치를 설정하는 것이 그 예이다. 이러한 정책 협조 내용을 결정하고 국제 공약을 공표할 때 각국은 국제적으로 합의된 목적을 존중하면서도 가능한 한 자국에 부담이 되지 않도록 또는 반대로 상대국의 공약을 가능한 강화시키기 위해 전술을 전개하는 것이다.

실행과 감시

어떤 특정 대안(정책 패키지)이 정부 간 합의되었다고 하자. 하지만 각국이 주권을 가지며 각각 기본 자원을 지배하고 있는 현행 국제시스템에서 정부 간의 합의된 안을 실행하는 것은 각국에 맡길 수밖에 없다. 각국은 국내 정치과정 속에서, 또는 법률을 제정(혹은 개정)하거나 예산 조치를 취함으로써, 또는 민간 자원을 동원하여 그 합의를 실현해야 한다.

이와 같이 분권화된 국제시스템에서의 정책 실행(policy implementation)은 국내 실행과는 비교할 수 없을 만큼 어려움이 따른다. 그리고 국제적으로 '공약'된 것과 실제로 실행된 것을 비교하면 그 사이의 괴리는 당연 크지 않을 수 없을 것이다. 이를 전제로 실행의 어려움을 예견할 수 있다. 다른 한편으로는 국제 '공약'은 막연한 것일 수밖에 없으며, 각국 모두 최소한의 공공약만을 실행하려는 상황이 벌어지는 것과 동시에 반대로 국내에서 '삭감될' 것을 미리 상정하여 과대하게 부풀린 국제 '공약'을 하게 될 수도 있을 것이다. 예를 들어 미국 카터 정권은 석유가격의 국내 통제 해제라는 국내정치상 매우 어려운 정책을 국제적으로 약속하였으며, 일본도 본 정상회담(1978 G7 Summit in Bonn)에서 후쿠다 수상이 7% 성장이라는 국내적으로 지극히 어려운 목표를 국제적으로 약속했다. 이러한 움직임은 국제무대에서 압력이 강하고 그렇게 하지 않을 수 없는 상황이라는 점도 있긴 하지만, 처음부터 국내에서 실행 가능한 정도를 약속하면 실제로는 국내에서 '삭감'될 것이므로 아예 조금 과하게 국제 공약을 설정한 측면도 강하다.

이렇게 본다면 국제 '공약'과 '실행' 사이에 차이가 존재하는 것이 정상적이라고 할 수 있다. 그리고 이 차이는 실행을 담당하는 주체가 주권을 가진 국가라는 구조적 요인에 의한 것, 즉 실행이 국내정치와 밀접한 관계를 가지고 있기에 발생한다. 따라서 상호의존 세계에서 국제 합의와 실행 사이의 차이를 이유로 '실행되지 않는 국제 합의는 의미가 없다'는 평가는 반드시 정당하다고 할 수 없을 것이다.

그런데 실행 및 감시와 관련하여 정책 협조 범위 안에서 특정 시스템을 만들어 가고자 하는 것이 최근의 경향이다. 예를 들어 경제정상회담, OECD, GATT 등에서 일정 지표(GNP, 무역수지, 인플레이션 등)를 항상 감시하는 시스템이 만들어지고 있다(이러한 감시는 단지 합의 실행뿐만 아니라 목적 조정, 정책 수단 조정에도 사용될 것이다). 물론 이러한 시스템은 매우 다양한 방식으로 사용될 것이다. 정책 협조 합의의 '실행 정도'를 논의하기 위한 단순 자료로 사용되는 경우도 있을 것이다. 또한 시스템을 바탕으로 실행 효과가 저조한 국가들에 대한 압력 또는 강제적 조치로 발전하는 경우도 있을 수 있다. 그리고 이러한 경우 근본적인 문제는 각국의 주권을 지키는 것과 합의의 효율적인 실행이라고 하는 이율배반적인 문제를 어떻게 조화시켜 나갈 것인가에 대한 것이다.

평가를 둘러싼 정치

어떠한 정책 협조가 합의되고 이것이 많든 적든 실행되었다고 하자. 그렇다면 정책 협조는 원래 해결하려고 한 '불균형'에 비추어 그 '불균형'이 어느 정도 개선되었는지에 따라 평가될 것이다. 또한 각국의 정책은 국제 합의를 기준으로 그것이 어느 정도 실행되었는지에 따라 평가될 것이다. 예를 들어 1988년 토론토 정상회담(1988 G7 Summit in Toronto)에서 각국의 거시경제 정책 방향의 정합성이 확인되었고 또 일본의 내수 주도형 경제 운영도 높이 평가되었다. 물론 정책 협조가 실패(혹은 문제점이 있다)로 평가되는 경우도 많다. 예를 들어 1970년대 후반 카터 정권이 주창했던 것으로, 미국 · 독일 · 일본이 세계경제를 견인하기 위해 재정(지출의 증대)을 통해 경제성장을 높이고자 했던 '기관차'론은 일반적으로 실패로 평가된다. 즉 '기관차'론에 따른 재정 지출 증대가 인플레이션을 일으키고 또 재정 부담을 가중시켜 일본이나 서독 등에서 재정적자가 발생하게 된 하나의 원인이 되었기 때문이다. 혹은 그 후 인플레이션 억제, 재정 긴축이라는 정책 협조가 오히려 고금리, 디플레이션의 편견을 갖게 함으로써 세계경제 전체 성장을 저해하였으며 또한 누적채무 상태에 처한 개발도상국들에게 커다란 마이너스 영향을 주었다고 한다.[26] 하지만 정책 협조에 대한 이러한 평가는 반드시 정책 협조의 필요성을 부정하는 것은 아니다. 오히려 정책 협조가 원활하게 작동되기 위해서는 구체적으로 어떤 정책 협조가 취해졌을 경우 그 결과를 바탕으로 평가하고

26) M. Stewart, *The Age of Interdependence*, Cambridge: MIT Press, 1984.

수정해나가는 피드백 회로(feedback loop)를 만들어 학습 과정이 유효하게 작동되도록 하는 것이 중요하다는 점을 지적하고자 하는 것이다.

정책 협조에 대한 평가는 이와 같이 그 대상이 된 경제 동향을 바탕으로 이루어진다. 그러나 많은 경우 정책 협조의 공헌도를 정확히 측정하기란 매우 어려운 일이다. 예를 들어 현재(1989년) 석유 수급과 가격으로 볼 때 (적어도 당분간) '석유위기'는 지나갔다고 보아도 좋을 것이다. 그렇지만 1970년대부터 1980년대에 걸쳐 선진 국가들이 채택한 석유문제 정책 협조가 '석유위기' 해결에 어느 정도 공헌했는지를 정확히 측정하는 것은 거의 불가능할 것이다. 동시에 정책 협조 평가는 지극히 정치적 요소를 포함하고 있다. 현실의 정책 사이클을 고려할 때, 평가 주체가 정부이며 평가에 대한 국제 합의 형태가 이후 어떠한 대안이 제출될지, 또 각국이 어떠한 정책을 요구받게 될지를 크게 좌우하게 된다. 따라서 각국 모두 자국이 채택해온 정책의 정당성을 주장하며 국제적인 무대에서 자국 정책에 대한 '지지'를 얻으려고 할 것이다. 이러한 국제 평가는 국내 정치에서 볼 때 집권 정권에 대한 국제적 지지와 비(非)지지를 나타내는 것으로 정권유지에 매우 중요한 요인이 되는 경우가 많다. 예를 들어 1988년 토론토 정상회담에서 일본은 그때까지 지극히 신중한 태도를 취해 왔던 미국과 캐나다의 자유무역협정을 지지하는 입장을 밝혔다. 이는 미국과 캐나다의 설득에 의한 것임과 동시에 자유무역협정에 대한 국내의 강한 반대론과 선거를 앞에 둔 캐나다의 브라이언 멀루니(Brian Murloney) 수상에 보낸 정치적인 엄호 사격이기도 했다. 미국과 캐나다의 자유무역협정의 미래와 이 협정이 국제사회에 미치게 되는 영향력이 반드시 분명한 것은 아니었다. 그러나 이것은 국제무대에서 정책 협조에 대한 평가가 정치적 요인으로 뒤틀릴 가능성이 있다는 것을 나타낸다. 여기서 우리는 정책 협조의 평가에 관해서도 경제시스템과 정치시스템이 대립한다는 것을 엿볼 수 있다.

7장
상호의존의 현 단계와 미래

상호의존 정치에서 기본 문제 중 하나는 다국 간 교류가 증대하는 가운데 어떻게 전체 이익과 개별 이익의 조화를 이루어 갈 것인가라는 점이다. 그것은 각국 간 이해대립 속에서 국제사회 전체의 이익을 증진시키는 틀(구조)이나 제도를 어떻게 만들어 갈 것인가, 또는 국내 모든 집단의 이해대립을 국가 전체 이익과 어떻게 조정해 갈 것인가라는 문제 등에서 전형적으로 나타난다. 그리고 '전체' 이익이란 거기에 속하는 구성원(나라, 집단, 개인)의 복지나 요구를 전체적으로 증대시키는 것을 의미한다. 상호의존론에서 이러한 전체 이익은 국경을 넘나드는 자유로운 다국 간 교류(및 그것을 보증하는 제도) 자체에 의해 증대시킬 수 있다고 가정된다. 그리고 이는 분명 상호의존론 정통성의 근원이 된다. 게다가 상호의존론은 국가 간 관계를 포지티브섬으로 간주하는 점에서 국가가 제로섬적인 게임을 전개하고 있다고 보는 세력균형론에 대치하는 이론으로 자리 잡게 되었다. 자유로운 교류 및 그것을 보증하는 제도(전형적으로는 시장 메커니즘)는 이와 같이 전체 이익을 증대시키지만, 한편으로는 경쟁('약육강식') 세계에서 항상 창조적 파괴를 동반한다. 이는 상호의존 세계에도 국가 간 경쟁과 대립이 결코 종결되지 않는다는 것을 의미한다. 그리고 국가 간 경쟁과 대립은 어떤 경우에는 상호의존 범위 그 자체를 위협해 그것을 붕괴시킬 정도로 강해지기도 한다. 보다 더 경쟁이 치열한 세계에서는 부의 배분에 있어서 어떻게 공정성을 유지할 것인지가 항상 문제가 된다. 즉 상호의존 세계는 효율 증대(전체의 이익 증대)라는 관점에서는 정통화되지만, 한편으로는 공정성의 관점에서 비판받고 수정이 요구되기도 된다.

이와 같이 상호의존은 그 자체로서 많은 '모순'을 내포하고 있으며 이는 각 시점에서 역사적 조건을 기초로 생성, 발전, 변용해나간다. 이러한 점들에 대하여 지금까지 각 장에서 전개해온 논의를 정리하면서 본 논문의 목적(문제의식)에 답을 제시하고자 한다. 나아가 상호의존의 현 단계와 미래에 대해 고찰해보고 몇 가지 문제를 제기하고자 한다.

상호의존과 국가의 자율성

우선 상호의존의 '발전' 단계에는 (1) 국가의 트랜스내셔널적 교류에 있어서 매우 어려운 장벽이 완화되는 단계 (2) 트랜스내셔널적 교류가 증대하여 '대외 의존'이 높아지고 '취약성', '민감성'이 증대해나가는 단계 (3) 각국 경제가 강하게 결합된 '구조적 상호의존'이 출현하는 단계 (4) 거시적 경제 목표(경제성장, 물가의 안정 등) 달성을 위해 각국의 상호 정책 영향이 커지는 '정책 상호의존'이 성립하는 단계 등 몇 개의 단계가 존재한다. 현재 상호의존은 전체적으로 심화되고 있지만 현실적으로는 그 세계적 배치 상황에 정도의 차가 존재한다. 예를 들어 주요 선진국 간 상호 정책 영향이 강해지고 있는 국가들이 있는가 하면, 비대칭적인 상호의존 속에 있는 국가들도 있고 이제 겨우 트랜스내셔널적 교류 장치를 완화하기 시작한 국가들도 존재한다.

상호의존의 진전은 각국의 '대외 의존'도를 증대시킨다. 즉 상호의존 진전에 따라 각국은 천연자원, 시장, 고용, 자본 등 국민경제의 기반이 되는 것을 대외적으로 크게 의존하게 된다. 이것은 각국의 경제복지를 증대시키지만 한편으로는 국가의 대외적인 '취약성', '민감성'도 증대시킨다.

상호의존은 나라, 지역뿐 아니라 분야에 있어서도 파행적(跛行的)으로 진전된다. 제2차 세계대전 후의 상황을 보면 상호의존은 상품→자금(자본)→서비스→정보→인적자원이라는 경로를 거쳐 전개되어 왔다. 1960년대까지는 상품의 상호의존이 이미 고도로 진전되었고, 그 후 1970년대부터 80년대에 걸쳐서 자금(자본)의 흐름이 큰 폭으로 자유화되었으며 자금의 상호의존 시대('카지노 자본주의')[1] 양상을 나타내었다. 그리고 1980년대 중반 이후 (금융, 전기통신 등) 서비스 및 정보 분야 교류가 증대되어 이러한 분야에 '레짐'이 형성되었다.

이러한 과정에서 각 분야에 다국 간 교류가 증대하면 분쟁이 많이 발생하고 결과적으로 어떠한 규제조치가 취해진다는 메커니즘이 작동해왔다. 예를 들어 상품 교류를 살펴보자. 섬유, 철강, 조선, 텔레비전, 자동차 등의 분야는 기술이 전파되고 경쟁국이 증가해 시장이 포화상태가 되면 많은 분쟁이 차례로 발생해 규제의 망을 피할 수 없었다. 그리고 1970~80년대에 진전되어온 자금의 자유화도 지나치게 자유화가 진행되면 장래에는 어떠한 규제가 취해질 것이다(현재 그 전조는 이미 보이고 있다).

상품→자금→서비스→정보라고 하는 상호의존 전개는 국가 간 관계를 단순한 '국경선' 관점에 머무르지 않고 국내의 다양한 제도, 법률, 관행과 관계되는 것으로 확대시켰다. 상호의존이 진행되면 국가는 관세 등 국경조정조치를 철폐하여 재정/금융정책 등을 국제 정책 협조의 장에서 논의하게 되고, 제도/법률/관행을 국제적 조화의 대상으로 여기게 된다. 즉 이전에는 엄연히 주권 범위에 있던 사항들이 차례로 공식적으로 국제 논의의 대상이 되어 가고 있다. 바꾸어 말하면 현재 모든 것이 국제화되어 국제적 논의 대상이 될 수 있는 상황에 이르는 것이다. 이와 같이 국가는 서서히 '알몸'이 되어 국민사회들 간의 상호 침투가 진행된다. 그리고 국가는 목표 달성과 제도에

---

1) S. Strange, *Casino Capitalism*, London: Blackwell, 1986.

관해서도 상호의존으로 얻는 편익의 '대가'로서 고전적 의미의 자율성을 더욱 더 잃어가게 된다.

내정과 외교의 융합과 보더리스 폴리틱스

상호의존이 진행된 국제 관계에서는 정책 결정을 기존 (분석)틀로는 좀처럼 파악하기 힘들게 된다. 상호의존 세계에서 (1) 경제서미트, GATT 등 국제시스템 레벨의 다국 간 정책결정 (2) 국내 정부 내 정책결정(정부 내 정치) (3) 국내 모든 집난을 둘러싼 성잭결정(국내정치)이 각각 전개된다. 이와 동시에 서로 다른 레벨의 정책 결정이 복잡하게 상호간섭하는 형태가 전개된다. 또한 그 복잡함은 국경을 넘은 관료끼리의 연결(관제[官際] 관계), 민간집단끼리의 연결(민간 관계)로 증폭된다. 즉 상호의존에 있어서의 정치는 한편으로는 내정과 외교가 융합된 것임과 동시에 국경을 교차하는, 말하자면 '보더리스 폴리틱스(탈국경의 정치; borderless politics)'라고 할 수 있을 정도의 색채를 강하게 띄게 되는 것이다. 또 국제시스템 레벨의(다국 간, 혹은 2국간의) 정책결정 제도화에 따라 이른바 '외압'이 항상적으로 작용하며, 이는 정부 내 정치 및 국내 모든 집단 간 정치에 큰 영향을 미치게 된다. 그 안에서 정부는 다양한 얼굴(기능)을 가지게 된다. 정부는 국가 전체의 이익을 대표함과 동시에 '외압'을 국내로 향하게 하는 그리고 '내압'을 밖으로 향하게 하는 기능을 수행하며 또 양자를 조정하는 '중개인' 역할도 수행하는 것이다.

게다가 상호의존을 통해 다루게 되는 '이슈'는 다방면으로 확대된다. 그리고 정부 내 정치 및 국내정치 참가자도 '이슈'에 따라서 달라진다(일본은 일반 통상 분야에서는 통산성(현 경제산업성) 및 외무성이 정부 내 정치에서 주요 액터가 되지만, 통화/금융 분야에서는 대장성(현 재무성)/일본은행이, 전기통신의 분야에서는 우정성이 주된 행위자가 될 것이다). 이때 한편으로 정부 내 협조가 강하게 요구되고 동시에 상호의존은 많은 집단에 서로 다른 이익/비용의 배분을 초래하기 때문에 정부 내부의 대립이라는 긴장 관계를 항상 만들어 가는 것이다. 또한 상호의존에서의 '이슈'는 극히 전문적인 판단이 요구되는 것이 많다. 이것은 니콜슨(Harold Nicolson)이 '외교의 전문가(=직업으로서의 외교관)'[2]에서 말한 외교와는 아주 이질적인 것으로 전문화된 외교 전개를 의미한다. 그와 동시에 이는 외교의 민주적 조정에도 중대한 문제를 제기한다.

즉, 이러한 의미의 외교 전문화는 일반 국민을 한편으로는 해당 문제와 관련하여 큰 이해 관계로 얽힌 이익 집단에 속하는 자와 다른 한편으로는 문제가 너무나 전문화되어서 (예를 들어 지적소유권을 둘러싼 법률논의, 전기통신을 둘러싼 기술 용어 등) 적절한 판단 능력이 결여된 자로 나누어 양극으로 분화시킬 것이다. 상호의존 세계에는 국제사회 전체의 이익, 상대의 이익, 자국의 이익, 또 관청의 이익, 집단의 이익 등 다양한 이익이 분포(周流)하고 있다. 이러한 상황에서 '이슈'가 전문화되고 있는 가운데 상호의존 세계에서 국내 및 국제적인 '정치제도'를 어떻게 만들어 갈 것인가가 앞으로의 큰 과제라고 할 수 있다.

미래의 시스템

상호의존의 국제정치에서도 경제 규모와 발전 단계로 규정되는 각국 간 경제력의 분포는 매우 중요한 역할을 맡게 된다. 여기서 경제력을 다른 국가들에 대한 각국의 정책 영향의 크기라고 하자. 그렇다면 국제경제 시스템을 크게 두 가지로 나누어 볼 수 있다. 하나는 어떤 큰 나라(大國)가 존재하며 그 나라는 다른 나라들에게 막대한 정책 영향을 줄 수 있지만 다른 나라들로부터는 그다지 영향을 받지 않는다. 다른 하나는 큰 나라(대국)는 존재하지

---

2) H. Nicolson, *Diplomacy* (3rd ed.), Oxford: Oxford U. P., 1962. (사이토[斉藤]·후카야[深谷] 옮김, 『외교(外交)』[東京大学出版会, 1965]).

않고, 다른 나라에 큰 정책 영향을 주며 외부로부터 큰 영향을 받는 몇 개의 '중견국'이 존재하며 그러한 나라가 중심이 되는 국제경제시스템이다.

전자를 패권 시스템이라고 부른다면 후자는 다극 시스템이라고 부를 수 있다. 패권적인 나라가 자국 시장을 다른 나라에 개방하고 자본의 환류, 원조 등의 정책을 전개하며 통상, 통화 등 분야에서 룰의 세트를 설정하여 상호의존을 관리하는 시스템이 형성될 것이다. 하지만 상호의존이 극도로 진전된 다극화 시스템에서는 각국이 각 개별의 합리성만을 바탕으로 행동한다면 단지 국제사회 전체 이익을 증내시킬 수 없을 뿐만이 아니라, 결국 각국의 이익 또한 충분히 달성할 수 없는 상태가 발생할 것이다. 이러한 상황에서 '국제사회 전체 이익'과 '개별 이익'을 조정하는 장치가 '레짐'이고 정책협조이며 또한 어떤 의미에서는 상호주의이다. 그리고 이들은 분권적 국제정치 시스템과 세계적으로 통합된 국제경제 시스템을 조정하는 장치도 된다. 현재는 전후 형성된 패권 시스템으로부터 '레짐'을 다국 간 협력으로 수정 · 유지하면서 정책 협조와 상호주의에 따라 새로운 상호의존 관리 체제가 만들어지고 있는 시기라고 할 수 있다.

그런데 전후 체제는 통상 분야에 있어서 그리고 통화에 있어서도 말하자면 '유니버설'한 체제였다. 이는 GATT의 무차별 룰(조항)을 통해 상징적으로 나타난다. 이러한 '유니버설리즘'은 보통 패권시스템의 특징이라고 할 수 있다. 하지만 앞으로도 진행될 다극 시스템에서 이러한 '유니버설리즘'은 과연 유지 가능한 것인가?

GATT 체제하의 룰(규정)에서는 다른 나라들에 대한 장벽을 현재의 상태보다 높이지 않는 이상 관세동맹, 자유무역지역이 이른바 '예외조치'로 인정되었다. 그리고 바로 최근까지 다양한 지역에서 경제통합이 시도되어 왔지만 EC를 제외하고는 그다지 현저한 성과를 거두지는 못했다. EC의 경우도 1968년 역내의 관세가 자유화되고 공통농업정책(GAP)이 확립된 후 1979년

EMS(유럽 통화제도)가 만들어졌지만 특별히 질적으로 큰 전환을 이룬 것은 없었다. 하지만 양적으로는 12개국 인구 3억2천 만으로, 질적으로도 1992년을 목표로 한 '완전 통합'을 도모하고 있고, 나아가서는 공통 통화, 중앙은행 설립까지도 논의 대상으로 지정하는 것에 합의하였다. 한편 미국에도 1988년 체결된 미국과 캐나다 자유무역협정을 본보기로 남북아메리카 대륙을 포함하는 자유무역권을 목표로 하는 움직임이 일어나고 있다. 게다가 미국은 일본 및 아시아 국가들(특히 한국, 대만 등의 NIES)과의 자유무역협정 가능성을 모색하고 있다. 만약 이러한 경향이 계속되고 또한 강화된다면 관세동맹이나 자유무역지역은 GATT 체제에서 '예외'가 아니라 장래 상호의존 세계의 지배적인 조류가 될 것이다. 그러나 이 '대지역주의'가 예를 들어 1930년대와 같은 블록경제를 재출현시킨다고는 생각할 수 없다. 현재 주요국 사이에 자유로운 교류가 보장되는 제도가 이미 완성되어 있기 때문이다. 그리고 GATT 룰이 지켜지는 한 지금 출현하는 '대지역'은 다른 나라들에 현재보다 장벽을 높이지는 않을 것이다. 그리고 자본, 서비스, 정보는 보다 자유롭고 큰 상업 기회를 추구하며 이동한다는 원리를 고려하면 '대지역' 간 '자유화 레이스' 상황(현상)이 발생할 가능성도 존재하는 것이다.

그러나 이러한 '대지역' 간 다국 간 교류를 규정하는 룰은 무차별 룰(조항)보다 오히려 상호주의가 될 가능성이 크다. 미국의 1988년 종합무역법(포괄통상법)에는 상호주의를 취지로 하는 슈퍼 301조가 포함되어 있고 EC도 1992년의 '완전 통합'을 목표로 하는 가운데 역외 국가들에게 상호주의를 적용하겠다고 표명하고 있다. 물론 이러한 상호주의는 결과적으로 보다 자유로운 교류를 보증하는 제도를 형성할지도 모른다. 하지만 그것은 완만한 '블록화(Soft Regionalism)'를 형성시키는 계기가 될지도 모른다. 또한 상호주의는 극히 권력적(즉 상대 의지에 상반한 목표를 달성하려고 한다) 힘의 행사를 초래하기 쉽다. 그리고 만약 지금까지 부여해왔던 시장접근을 제한하는 등의 행위가 만연된다면 자유로운 경제교류 자체가 실패할지도 모른다. 이러한 점을 고려해볼 때 상호주의에 제동을 거는 장치를 만드는 것이 필요하나. 예를 들어 시장접근, 제도, 법률 등 최소한 표준적인 국제 합의를 만들고, 그 이상의 자유화 요구에 보복하는 것을 금지하는 것이다. 이것은 우루과이라운드 교섭에서 서비스 무역, 무역관련 투자, 지적재산권 분야의 룰 제정과도 관련해서 '유니버설리즘'을 수행하고자 하는 수단이 된다고 생각할 수 있다. 우루과이라운드는 1990년 타결을 목표로 교섭이 진행되었다. 그러나 미국의 1988년 종합무역법은 대통령에게 1993년까지 교섭권한[신속처리권한]을 부여하였다. 따라서 과거의 예에서 보듯이 우루과이라운드 교섭은 1993년까지 계속될 공산이 크다. 그때까지 '유니버설리즘', 대지역주의, 상호주의에 관한 분쟁이 계속될 것이다.

상호의존론의 기원은 원래 1960년대에 주로 EC를 분석 대상으로 하여 발전한 통합이론 중 하나이다. 따라서 이 책에서 전개해온 상호의존론은 단지 세계적 상호의존 현상만이 아니라 '대지역'에서의 경제통합(및 그것을 둘러싼 정치과정)에도 당연히 응용할 수 있다. 그리고 다극 시스템에서 세계적 차원의 '레짐' 만들기와 정책 협조가 이루어지고 또 한편으로 각 '대지역' 간 통합의 진전과 '레짐' 형성, 정책 협조가 마련된다. 나아가 '대지역' 간 교류는 상호주의에 따라 규율되는 다층적 상호의존 '관리'를 행할 가능성이 있다.

경쟁과 대립

한편 상호의존 세계에서 국가 간 경쟁과 대립은 없어지지 않고 오히려 상호의존 틀조차도 붕괴될지도 모른다. 국제경제시스템에서 각국은 기술, 산업 개발에 격렬한 경쟁을 반복하고 있다. 이 안에서 각국 간 격차, 계층성은 확대되거나 축소되기도 한다. 어떤 나라가 그 시대의 선구적(프런티어)인 기술과 산업을 개발하면 생산성이나 소득에서 다른 나라들과 격차가 커질 것이다. 그리고 그 기술 및 산업이 표준화되어 전파됨과 동시에 다른 나라는 그 나라를 따라잡기(catch up) 시작하고 그 산업은 다른 나라에서도 창설된다. 나아가 처음 개발한 그 나라에 수출되기도 한다. 그리고 보다 '하위' 국가들에도 차례차례로 전파되어 이른바 기러기가 차례로 날아오르는 '기러기 행렬 형태(안항[雁行])'의 다이너미즘이 작동한다. 이러한 다이너미즘이 발전할 때 최첨단의 어떤 나라는 그 지위를 지키기 위해서 산업생산 공정을 혁신하고 다른 나라에 대한 리드를 유지하든가, 또는 새로운 선구기술을 추구하며 연구/기술개발을 실시해 새로운 산업 분야를 개척할 것이다. 현재 세계는 정보 혁명을 중심으로 하는 제3차 산업혁명의 한복판에 있으며 미국을 비롯해서 최첨단에 서있는 나라들은 새로운 프런티어를 추구하며 격전을 벌이고 있다. 또한 NIES의 급격한 추격에도 대비해야 할 것이다.

현재의 이러한 치열한 경쟁하에서 일본이나 NIES의 급격한 추격과 관련하여 찰머스 존슨은 국가를 '시장형 국가'와 '발전지향형 국가'로 나누어 설명하고 있다. 예를 들어 미국 등은 '시장형 국가'로, 일본 및 NIES는 '발전지향형' '비(非)리버럴' 국가로 파악하는 것이다. 게다가 '시장형 국가'와 '발전지향형 국가'의 관계는 '시장형 국가' 간의 관계와는 다른 차별적 룰(예를 들어 상호주의)에 의해서 규율되지 않으면 안 된다고 주장하였다. 과연 이러한 격렬한 국가 간의 경쟁을 현재의 상호의존 범위 안에서 제어해나가는 것은 가능한 것인가?

상호의존 정치에서 경제적으로 어떠한 '불균형'이 나타나고, 그것이 단지 많은 나라들의 기본 목표 달성을 위협할 뿐 아니라 시스템 전체의 안정과 정통성을 쉽게 무너뜨렸을 경우, 이는 국제시스템 레벨에서 해결해야 할 '이슈'로 채택된다. 석유위기 혹은 스태그플레이션의 발생이 이에 해당된다. 현재 그리고 미래에 이르기까지 또 하나의 '이슈'가 되는 것은 미국의 거대한 무역적자와 누적채무이며 그 배후에 있는 거대한 재정적자일 것이다. 미국의 거대한 누적채무는 달러를 기축으로 하는 국제 금융/통화체제에 큰 위협이 되고 있다. 자주 언급되고 있듯이 미국의 채무는 1990년대 전반에는 1조 달러에 다다를 전망이다(1980년대 말 현재 개발도상국 전체의 누적채무는 1조2천 억 달러이다). 이 누적채무 이자가 연이율 5%라고 하면 미국은 매년 5백억 달러의 '변제'를 해야 한다. 이러한 '불균형'을 국제경제의 안정이 위협받지 않을 정도로까지 시정하기 위해 다양한 수단을 취하지 않으면 안될 것이다. 예를 들어 무역에서 이 불균형을 시정하기 위해서는 수출을 증대시키고 수입을 억제해야 한다. 이를 위한 수단은 환율(달러 가치의 저하) 조정, 경쟁력 강화, 또는 수입규제(보호주의) 등 다양할 것이다. 또한 문제의 근원인 재정적자 삭감도 당연히 시도될 것이다. 미국 사회 전체에 나타나는 과잉소비성향도 시정해나가지 않으면 안 될 것이다.

반면 재정적자 삭감이(시간이 걸린다 하더라도) 성공하여 과잉수요가 감소했을 경우(혹은 강한 보호주의가 취해졌을 경우), 미국의 수요(需要)에 경제성장을 의존하는 많은 나라들은 큰 손해를 입을 것이다. 따라서 세계경제의 지속적 성장을 도모하고 미국의 수요 감소를 보전하기 위해서 다른 주요국들은 수요 확대를 시도해야 할 것이다. 물론 이러한 '불균형'은 주요국 간 단순한 정책 협조만으로는 해결 가능한 것이 아닐지도 모른다. 문제의 해결을 위해 현재 국제경제의 큰 틀 자체를 장기적으로 바꾸어 가지 않으면 안 될지도 모른다. 예를 들어 달러를 기축통화로 하는 통화체제를 바꾸어 가거나, 몇 개의 '대지역'이 형성되어 단순히 세계적 레벨 조정에 그치지 않고 각 지역통합과 경제 안정을 도모하여 미국의 경제 부하를 줄여 나가는 노력이 필요할지도 모른다. 어쨌든 이러한 '불균형' 해결에는 다양한 문제가 얽혀 있어 그 해결은 다극 시스템의 성공 여부와 행방을 크게 좌우할 것이다. 그리고 일본은 미국의 거대한 무역적자와 관련된 상당 부분을 차지하며 또한 대규모 흑자를 안고 있다. '불균형' 해결을 위한 주역의 한 국가임을 부정할 수 없을 것이다.

상호의존의 두 가지 한계

이미 언급한 '시장형 국가'와 '발전지향형 국가'의 대립은 어떤 의미에서 후자의 성공 때문에 생긴 문제였다. 하지만 현재까지 '기러기 행렬 형태(안항[雁行])'의 다이너미즘으로는 설명할 수 없는 많은 국가들이 존재한다. NIES 등의 급격한 성장은 현재의 상호의존 틀을 흔들고 있지만 그것이 상호의존이 가져온 큰 성과라는 점은 변함없는 사실이다. 세계적 관점에서 보면 아직도 많은 나라들이 비대칭적 상호의존과 이에 따른 많은 어려움에 골치를 앓고 있다. 그리고 그것은 앞으로도 계속될 것이다. 따라서 현존하는 상호의존시스템은 공정성을 추구하는 다양한 비판과 수정 요구를 계속 받게 될 것이다.

1974년 '신국제경제질서'는 개발도상국들이 공정함을 요구하며 일으킨 거대한 정치운동이었다. 이 운동은 개발도상국들이 아랍산유국들의 석유 전략을 모방해 자기 요구를 관철시키기 위해서 선진 제국의 '취약성'에 착안한 것이었다. 따라서 남북(선진국-개도국) 간 힘의 관계가 변화되면 이 공정성을 요구하는 운동의 힘도 당연히 쇠약해진다. 이에 선진국도 자신의 (단기적인) 이익이 위협받지 않는 한 비대칭적 상호의존에 강한 관심을 가지거나 우선순위가 높은 과제로 인식하지 않게 되었다. 물론 국가 단위로 분단되어 각국이 제각각 부와 권력을 추구하고, 또 그 행동의 정통성을 자국민의 복지 증대와 이에 따른 지지율 증가를 추구하는 현재의 국제정치 시스템에서 이러한 행동양식이 나타나는 것은 당연한 일일지도 모른다. 하지만 그러한 한계에도 불구하고 개발도상국이 보다 많은 자본과 기술을 도입할 수 있으며, 자조 혹은 집단 자조의 노력으로 경제개발을 촉진하고, 이를 위해 선진국은 개발도상국에게 시장을 계속 개방하는 시스템을 완성해가는 것이 필요할 것이다.

남북 문제는 남반구(개도국) 국가들이 선진국의 '취약성'을 정치적으로 이용하거나 혹은 '취약성' 결여로 선진국이 남북 문제를 경시하는 정치 메커니즘 속에서는 해결될 수 없다. 해결을 위해서는 남북 유대감까지는 필요하지 않더라도 적어도 경제적으로 남반구는 북반구에, 북반구도 남반구에 의존하고 있다는 상호의존 실태('취약성'이 아닌 '민감성'을 높인다)와 감각을 착실히 만들어 가는 것이 필요하다. 이와 같이 상호의존론은 여전히 비대칭적 상호의존을 '미해결' 문제로 남겼으며, 한편으로는 군사 양극 대립 구조를 실제로도 이론상으로도 무너뜨리지 못하고 있다.

전후 서방제국 사이에는 볼딩(Kenneth Ewart Boulding)이 말하는 '평화의 삼각지대'(미국, 유럽, 일본+오세아니아)가 형성되고 나아가 심화, 확대되는 경향이 있다. 하지만 동서 대립이라는 안전보장상의 긴장이 이러한 서방권 내 평화 유지와 상호의존 촉진에 큰 역할을 해온 것 또한 의심의 여지가 없는 사실이다. 칸트는 '공화제의 평화권'을 주장하면서 이를 뒷받침하여 발전시키는 두 가지 요인이 있는데, 하나는 '공화제'를 채택한 국가들 사이의 트랜스내셔널적 교류 확대를 지적하였으며, 다른 하나는 외적으로부터 '공화제'를 지키기 위한 '공화제의 동맹' 형성을 지적하였다. 오늘날에도 어떤 의미에서는 이 두 요인이 서로 결합하여 서방권 내 평화와 상호의존을 촉진해왔다고 할 수 있다.[3]

한편 서로 다른 체제에서도 트랜스내셔널적 교류를 증대하여 보다 안정되고 평화로운 관계를 만들어 나갈 수 있다는 가설이 완전히 무너졌다고는 할 수 없다. 1970년대 미 · 소 데탕트 시대는 이러한 가설을 바탕으로 미 · 소 혹은 유럽과 소련(동구) 사이의 경제 교류가 상당히 진전되었다. 하지만 1970년대 말부터 1980년대에 걸친 '신 냉전'으로 이러한 가설은 이념으로서도 현실적으로도 무너져버린 것처럼 보였다. 미 · 소의 대립이 격화되면 경제서미트 등 서방권 내 상호의존 관계를 다루던 것들이 정치화될 뿐만 아니

3) 이 점은 B. M. Russett and H. Starr, *World Politics*, San Francisco: Freeman, 1981, Chap. 15.

라, 구미 사이에서 일어났던(유럽과 소련과의 사이의) 천연가스 파이프라인 대립에서도 볼 수 있듯이 동서 상호의존의 진전은 늦춰질 것이다.

하지만 1980년대 중반 이후 긴장완화가 미 · 소 간에 진전되면서 다시 서로 다른 '체제' 간 상호의존 가설이 소생되는 것처럼 보였다. 소련은 국내 경제개혁을 실시했을 뿐만 아니라, 대외적으로도 관세제도 등을 정비하거나 합병사업을 진행하여 적극적으로 서방 측과의 교류 확대를 도모하려 했다. 또한 서방 측도 특히 EC 국가들을 중심으로(예를 들어 EC와 코메콘[COMECON] 간 공식적 관계수립, 신용 공여[信用供與][4]의 개시 등) 소련과의 경제 관계를 증대시키려고 하였다.

소련의 고르바초프 서기장[5]은 오늘의 세계를 '한 배에 함께 탄 지구인'으로 파악해야 할 것이며, 또 '현대 세계는 모든 다양성과 모순에도 불구하고 더욱 더 서로 관련되어 있고 서로 의존하는 것'이 되고 있다고 논하였다(1987년 5월 18일, 이탈리아 우니타지). 또한 그는 '신사고(新思考)' 개념을 한 축으로 제로섬적인 사고로부터 탈피할 것을 호소하였다. 즉 제로섬 사고를 '낡고 안이한 법칙'으로 간주하고 '누군가와 양호한(우호적인) 관계를 유지하고 있으면 반드시 누군가를 희생시킨다는 법칙'(1987년 12월 28일, 중국 주간지 '리아오왕[瞭望]'), '오늘날에는 타인의 희생을 바탕으로 한 중장기적 정책은 구축할 수 없다'(앞 주간지)고 말하였다. 또한 '국가 간 관계의 이데올로기 복종'을 실제로 포기하고 '대등한 기브 앤 테이크(give-and-take)' 관계를 만들어가겠다고 하였다(1988년 2월).

이러한 '사고'는 어떤 의미에서는 상호의존론의 기저에 있다. 물론 이러한 말로 뒷받침된 소련의 대외경제 행동이 현실적으로 어느 정도 진행될지는

---

4) 금융 거래에서 자기의 재산을 타인에게 빌려 주어 일시적으로 이용하게 하는 일.(역자주)

5) 이상 고르바초프 서기장의 발언은 나카자와 다카유키(中沢孝之) 편역, 『고르바초프는 이렇게 말했다(ゴルバチョフはこう語った)』(潮出版社, 1988). 또한 M. 고르바초프(다나카[田中] 옮김), 『페레스트로이카(ペレストロイカ)』(講談社, 1987), 특히 第2部.

알 수 없으며, 그것은 수많은 요인에 의해 결정될 것이다. 고르바초프 정권이 얼마나 계속 안정될 것인가, 서방과의 트랜스내셔널적 교류 증대에 소련 정치 사회가 얼마나 적응할 수 있는가는 소련이 안고 있는 문제이기도 하며, 또한 서방 제국이 여기에 어떻게 대응하며 보조를 맞추어 나갈 것인가의 문제도 있다. 그러나 가장 중요한 요인은 미 · 소의 정치 · 군사 관계가 장래 어떻게 변화될 것인가라는 점이다. 고르바초프 서기장은 미 · 소의 전략적인 우선사항을 단호히 지킨다고 하면서도 대폭적인 군축, 비핵 세계로의 이행을 언급하고 있다.

하지만 현재 미국은 이러한 소련의 정치적 스탠스의 전환을 주의 깊게 지켜보면서도 이를 레이건 정권에서 추진해온 '힘의 정책'의 성과로 간주하고 있으며, 소련의 경제정책 전환도 1987년 베니스정상회담 전에 레이건 대통령이 표현한 것처럼 소련이 자본주의와의 경쟁에 패배한 결과라고 보는 것이 지배적 견해이다. 이와 같이 미 · 소 관계는 현재 긴장완화의 과정을 걷고 있지만 아직도 냉전의 색채를 강하게 띠고 있다. 그리고 여기에 나타나는 정치 · 군사적인 다이나믹스는 상호의존론 메커니즘이라기보다는 오히려 기본적으로는 이데올로기적 각축과 핵 억제(전략적인 균형)라는 고전적 국제정치 메커니즘이라고 볼 수 있을 것이다. 그러나 이러한 상황에서 동서 간의 트랜스내셔널적 교류에 안정된 틀을 만들고, 그 틀을 통해 조금이라도 긴장완화를 촉진하며 유지해가는 것이 전후 국제정치사적인 관점에서 보더라도 평화를 향한 도정을 위해서 매우 중요한 일이라고 할 수 있다.

8장

지역통합과 아시아태평양/동아시아

이론과 현실

1. 글머리에

지역통합의 움직임은 최근에도 매우 활발하게 진행되고 있다. 미국을 포함한 9개국은 환태평양경제연계협정(TPP: Trans-Pacific Partnership) 교섭을 추진하고 있으며, 2011년 일본이 이 교섭에 참가의도를 밝히자 ASEAN은 곧바로 이에 대항하듯이 ASEAN+6의 FTA를 추진할 것을 표명하였고 중국은 이를 지지했다. 또 동아시아정상회담(EAS)은 같은 해에 미국과 러시아를 포함시킨 ASEAN+8이 되어 아시아태평양/동아시아의 정치 및 안전보장에 큰 역할을 수행하게 되었다. 이러한 흐름과 함께 한국과 미국은 2국 간 FTA를 비준했고 일본을 비롯한 동아시아 국가들은 2국 간 FTA를 더 확대시키려 하고 있다.

이러한 현상을 염두에 두고 본 장은 국제 통합이론 시점에서 아시아태평양, 동아시아 지역통합의 역사적 전개를 명확히 밝히는 것을 목표로 하고자 한다. 1절에서는 지역통합 이론에 관한 간단한 소개와 분석을 시도했다. 여기에서는 경제적 지역통합, 사회통합, 정치통합, 안전보장공동체론 등의 이론 및 이들 이론 사이의 관계를 검토한다. 2절은 제2차 세계대전 이후의 세계에서 보이는 지역통합의 전개를 고찰한다. 1958년의 EEC 발족 이래로 지역통합에 이들 4개의 물결이 나타났으며 데이터를 통하여 이 4개의 물결을 검증하고자 한다. 3절에서는 지역통합의 4개의 물결 중에서 아시아태평양, 동아시아의 통합 시도가 어떻게 전개되어 왔는가를 고찰한다.

2. 지역통합의 이론[1]

지역통합의 한 이미지는 어떤 지리적 범위 안에서 그곳에 속하는 국가 간에 경제적, 사회적, 정치/안전보장상 밀접한 제도적, 실질적 관계가 성립하는 것이다. 그러나 이러한 지역통합의 내포(지역 내부의 상황)와 외연(지역 외부와의 관계)은 다양한 형태를 취할 것이며, 시대에 따라 변화하기도 할 것이다. 예를 들어 뒤에서 밝히겠지만, 제2차 세계대전 후에 지역통합은 4개의 물결을 동반하며 나타났는데, 지역통합의 내포와 외연은 각각의 물결에 따라 다르다. 따라서 현실에 맞는 지역통합 이론도 달라질 것이다. 이는 순차적으로 명확히 밝히기로 하고, 여기에서는 경제와 안전보장, 사회 그리고 정치라는 4개의 분야를 생각하며 지역통합의 이론을 설명하기로 한다(〈그림 8-1〉).

〈그림 8-1〉 통합의 분야와 상호 관계

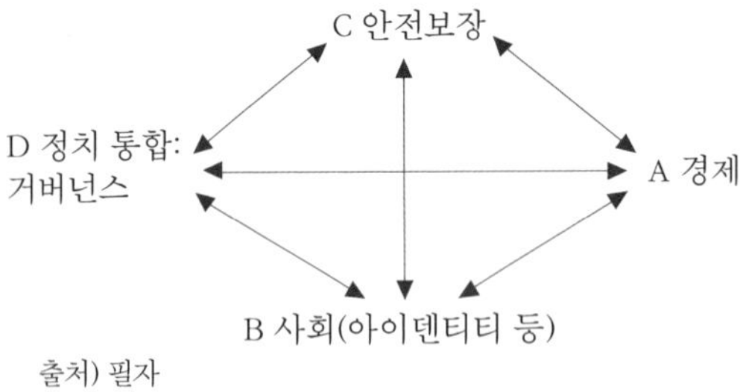

출처) 필자

1) 이 장에서 논의하는 것은 야마모토 요시노부(山本吉宣)의 「지역통합이론과 아시아 —지역복합체와 지역국제사회의 틈새에서(地域統合の理論とアジア——地域複合体と地域國際社會のはざまで)」, 天兒慧他 編, 『アジア地域統合學』(勁草書房, 근간)와 중첩되는 부분이 있음을 밝혀둔다.

1) 경제통합

예를 들어 발라사(Bela Balassa)가 주장하는 지역경제통합이론은 자유무역협정/관세동맹에서 시작하여 생산요소(노동과 자본)의 자유로운 이동을 허용하는 공동시장, 나아가서는 노동과 금융, 통화 등의 정책 통합(경제동맹)이라는 프로세스로 진행된다(〈표 8-1〉의 A에서 직접 D에 도달한다).[2] 이는 E. 하스(Ernst Haas) 등 신기능주의와 강한 친화성을 갖고 있다. 즉 신기능주의는 실무적으로 협력하기 쉬운 분야(특히 경제 분야)부터 통합을 시작하면 그 분야와 밀접한 관계가 있는 다른 분야와의 협력으로 이어져서 자동적으로, 혹은 의식적으로 파급(spill over)되어 간다. 이러한 프로세스는 새로운 분야를 포함한 통합을 차례차례 유도한다. 그리고 최종적으로는 정치 통합에 도달하는 것이다(이것도 A에서 시작하여 D에 도달하는 것이다).[3] 단 경제통합이라고 하더라도 자유무역협정으로 끝나는 것, 관세동맹에서 공동시장에 이르러 끝나는 것 그리고 공동시장에서 경제동맹에 도달하는 것 등 다양하다. 그리고 발라사의 통합이론도 하스의 통합이론도 유럽의 EEC 통합을 염두에 두고 관세동맹을 설명하고 있다고 할 수 있을 것이다. FTA에서는 역외(域外) 관세와 관련하여 각국의 주권이 유지되고 있는데 반하여, 관세동맹에서 역외 관세는 일률적인 공통관세이며 역외관세 설정과 관련하여 가맹국은 주권을 지역통합에 맡기고 있다.

---

2) Bela Balassa, *The Theory of Economic Integration*, Homewood(Ill): Richard Irwin, 1961. 유럽경제통합의 현상에 대해서는 예를 들면 Richard Baldwin and Charles Wyplosz, *The Economics of European Integration*, (2nd ed.) London McGraw-Hill, 2004. 다른 부분에서도 언급하겠지만 정치에 관해서도 경제에 관해서도 EU가 고도로 통합되어 제도화 되었기 때문에 통합의 프로세스라기보다는 현재의 제도에 있어 어떻게 EU가 기능하고 작동하고 있는가에 초점을 맞추고 있다(통합체의 이론). 그 점에 있어서 통합이론, 비교지역론과는 다른 발전을 나타내고 있다(EU정치론, EU경제론이라고 해야 할지도 모르겠다).

3) 신기능주의(neofunctionalism)에 대해서는 Antije Wiener and Thomas Diez, *European Integration Theory* (2nd ed.) Oxford: Oxford University Press, 2009, chapter 3 (東野篤子(역)『ヨーロッパ統合の理論』勁草書房, 2010年).

뒤에서 자세히 다루겠지만, 1980년대 후반부터는 지역통합의 제2의 물결이 일어나 대륙규모의 지역통합이 지향점이 되었으며, 1990년대 후반부터는 제3의 물결[4]이 시작되어 많은 2국 간 FTA가 체결되었다. 그리고 이 새로운 물결의 지역통합에 있어서는 발라사나 하스의 이론이 반드시 현실에 맞는다고는 할 수 없었다(이 글의 문맥에서 말하자면 그들의 모델은 지역통합의 제1의 물결 이론이다). 각 시대마다 어떤 물결에 따라 어떤 지역통합의 이론이 전개되어 갔는지는 별도로 설명하기로 하겠다.

2) 사회통합

칼 도이취(Karl Deutsch)의 교류이론은 사회(B)에 주목한다. 그는 어떤 지역을 조사할 때 그 지역에 살고 있는 사람들 사이에 기본 가치가 공유되어 있는가라는 점에 착안한다(〈그림 8-1〉의 B). 그리고 만일 리버럴한 가치가 공유되어 있다면 그 지역에 복수 국가가 병존하고 있어도 그들 국가 사이에 무력행사는 생각할 수 없는 다원적 안전보장공동체(pluralistic security community)가 형성된다고 본다(〈그림 8-1〉 C).5) 여기에서 특징적인 것은, 도이취가 가치통합(B)과 정치통합(D)은 별개로 본다는 점이다. 그리고 도이취가 사회통합에서 출발하여 안전보장공동체에 이르는 프로세스(도정)를 제시하고 있는데 반해, 최근 찰스 A. 쿱찬(Charles A. Kupchan)은 적대 국가가 우호 관계를 재구축하고 나아가 안전보장공동체(〈그림 8-1〉 C)로 진행하며 그 후 사회통합(B)이 이루어지고 또 경제통합(A)

4) 제3의 물결에 대해서는 예를 들면 Theresa Carpenter, 'A Historical Perspective on Regionalism', Richard Baldwin and Patrick Low, eds. *Multilateralizing Regionalism*, Cambridge: Cambridge University Press, 2009, chapter 1, particularly pp.22-23.

5) Karl W. Deutsch et al., *Political Community and the North Atlantic Area: International Organization in the Light of Historical Experience*, Princeton, N.J.: Princeton University Press, 1957.

이 진행되면 그 후에 정치통합(D)에 이른다는 가설을 제시하고 있다.[6]

3) 안전보장

(1) 다원적 안전보장공동체

다원적 안전보장공동체는 도이취가 주장하는 바와 같이 사회에서 기본 가치의 공유(〈그림 8-1〉의 B)에 근거하여 형성될뿐만 아니라 경제적으로 밀접한 상호의존(A)에 의해서도 이루어지며, 또한 해당 지역 국가 간의 문제를 다스리는 룰의 형태(D)에 의해서도 이루어질 것이다.[7] 안전보장에서 다원적 안전보장공동체는 각국의 주권을 양도하는 것은 고려하지 않으며 오히려 주권존중, 내정불간섭이라는 원칙이 강조된다. 또한 분쟁이 있어도 무력행사는 하지 않는다는 관행(practice)이 지배적이다.[8]

(2) 지역의 안전보장복합체

이러한 점에서 지역 안전보장에는 몇 가지 유형이 존재하는 것을 알 수 있다. B. 부잔(Barry Buzan) 등에 따르면 지역 안전보장 시스템은 지역 내 국가들 간의 힘의 분포, 글로벌 레벨, 다른 지역과의 관련 등에 영향을 받는 동시에 ① 스탠다드한 지역안전보장복합체(standard regional security complex), ② 안전보장 레짐, ③ 안전보장공동체라는 세 유형이 있다.[9] ①은

---

6) Charles A. Kupchan, *How Enemies Become Friends: The Sources of Stable Peace*, Princeton: Princeton University Press, 2010.

7) Bruce Russett, 'A Neo-Kantian Perspective: Democracy, Interdependence and International Organizations in Building Security Communities,' Emmanuel Adler and Michael Barnett, eds., *Security Communities*, Cambridge: Cambridge University Press, 1998, chapter 11.

8) Vincent Pouliot (2010), *International Security in Practice: The Politics of NATO-Russia Diplomacy*, New York: Cambridge University Press.

9) 부잔의 지역안전보장복합체론을 베이스로 하면서도 P. 모건(Patrick Morgan)은 안전보장의 관리형태를 지역의 질서라고 보았으며 5개의 다른 레벨로 나눈다. 이는 세력균형(힘을

무질서(anarchy), 세력균형 등이 지배적이다. ②의 지역의 안전보장 레짐이란 어떤 지역에서 안전보장 레짐이 형성되어 있는 것이고, ③의 안전보장공동체는 무력행사 가능성이 없다는 것이다.[10] 물론 안전보장 분야에서도 안전보장 분야의 국가권한을 초국가적 조직에 위양하는 통합을 생각할 수 없는 것은 아니다.[11] 이러한 통합이 진행되어 해당 지역 유일의 군사조직이 결성되면, 그 지역은 막스 베버적인 의미에서 주권국가가 된다.

4) 정치통합과 지역 거버넌스

〈그림 8-1〉의 D와 관련하여 통합이론이라는 측면에서 보면 몇 개의 다른 시점이 있다. 첫째는 정치통합(political unification)으로, 이는 통합의 최종 결과로 그 지역이 주권국가가 되는 것이다(연방주의 등이 그 예이다).[12] 물론 여기에는 〈그림 8-1〉에서 보이는 경제통합이 진행되고(A), 또 지역의 사회적 가치통합이나 아이덴티티가 형성되어 국가를 넘어선 지역의 아이덴티티(B), 다원적인 안전보장공동체가 되며(C) 그 위에 헌법을 가지고 하나의 정부 · 군 · 외교권을 갖는 주권국가가 형성된다는 패턴이 있다.[13]

힘으로 제약한다), 대국 간 협조, 집단적 안전보장, 다원적 안전보장, 통합의 5개 레벨이 있다. Patrick Morgan, "Regional Security Complexes and Regional Orders," David Lake and Patrick Morgan, eds., *Regional Orders: Building Security in a New World*, University Park: The Pennsylvania State University Press, 1997, chapter 2.

10) 안전보장의 유형과 관련해서는 비슷한 주장으로 쿱찬의 주장을 들 수 있다. 그는 대립 → 우호 관계의 재구축(rapprochement)→ 안전보장공동체(security community)→ 통합(union)이라는 경로를 생각한다. Kupchan, *op. cit*.

11) 이상, Barry Buzan and Ole Waever, *Regions and Powers: The Structure of International Security*, Cambridge: Cambridge University Press, 2003, chapter 3.

12) 연방주의에 관해서는 예를 들면 비나(Antije Wiener)와 디즈(Thomas Diez), 앞의 책, 제2장.

13) Deudney는 이런 여러 분야의 통합 프로세스의 결과로 국가를 초월한 주권국가가 형성되는 것이 아니라, 국가 간의 상호 파괴력이 강하여 하나의 국가를 형성하지 않으면 파멸을 막을 수 없을 때 주권국가가 형성된다는 가설을 제시한다(Daniel H. Deudney, *Bounding Power: Republican Security Theory from the Polis to the Global Village*, Princeton: Princeton University Press, 2008. particularly chapter 9).

또 하나는 해당 지역에서 그러한 주권국가의 형성을 원하는 것이 아니라, 여러 분야에서 각각 통합된 국제조직(주권의 공유)이 있고 또한 국제 레짐이 형성되지만, 주권국가가 되지 않고 여러 가지 레벨의 통합을 조합하여 거버넌스를 도모하는 것이다. 물론 지역 거버넌스는 주권 공유가 일어나기 전에도 국가 간 협조가 확립되며 그 중에는 주권을 스스로 제약하거나 상호제약하는 거버넌스(상호제약적인 체계, negarchy)도 있을 것이다.[14)]

3. 지역통합의 네 개의 물결— 경제통합의 시점에서

1) 네 개의 물결

이 절에서는 지역통합의 움직임 그 중에서도 특히 경제 중심의 지역제도의 변용을 고찰한다. 지역경제제도는 다양하며 제2차 세계대전 이후 GATT가 발족한 이래(1947-) 지역 경제통합의 한 지표는 GATT 24조에 나타난 지역자유무역, 관세동맹이라는 지역경제협정이었다. 이 룰을 바탕으로 1958년에 로마조약에 의거하여 유럽경제공동체(EEC: European Economic Cooperation)가 발족한 이래로 많은 지역협정이 만들어졌다. 필자는 1958년 이후 약 50년간에 걸친 움직임을 통해 지역통합에는 네 개의 물결이 있으며 현재는 제4 물결의 한가운데에 있다는 결론을 얻었다.[15)] 이하에서는 이 주장에 기초한 논의를 전개하기로 한다. 먼저 '네 개의 물결'이란 무엇을 의미하는지 살펴보고, 데이터 분석을 통해 '네 개의 물결'의 변화 및 상호작용을 검증하고자 한다.

---

14) Daniel H. Deudney, ibid.

15) 예를 들어, 야마모토 요시노부(山本吉宣)의 『국제 레짐과 거버넌스(国際レジームとガバナンス)』, (有斐閣, 2008년), 제8장.

(1) 제1의 물결

제1의 물결은 1950년대 말 유럽통합(EEC)의 출범부터 시작되었는데 이는 유럽에서 EFTA의 형성을 가져왔으며 1960~70년대에는 라틴아메리카, 아프리카로 확산되었다. 이때의 특징은 선진국은 선진국끼리 개발도상국은 개발도상국과 경제통합을 추진하였으며 구성원들은 경제적으로도 정치적으로도 균질했다는 것이다. 형태면에서는 소다자주의(小多角主義, 소다국주의)[16]로, 복수의 그다지 많지 않은 국가가 지역통합을 추진하고자 했다. 덧붙여 말하자면 제1의 물결 지역통합은 근린국가 간에서 시도되어 유럽, 라틴아메리카, 아프리카 등 지역 내부에서 형성되는 것이 통례였다. 따라서 단순히 경제뿐 아니라 정치, 나아가서는 문화 공동체를 목표로 하는 경우도 볼 수 있었다. 앞에서 서술한 지역통합이론에 관한 정치적, 경제적 다양한 모델은 제1의 물결에서 형성된 것이라고 할 수 있다. 제1의 물결에서 몇몇 소다자주의 경제통합이 시도되었으나 성공한 것은 EEC(EC)에 국한되었다고 할 수 있다.

(2) 제2의 물결

지역주의의 제2의 물결은 1980년대 후반부터 시작되었다. 제2의 물결의 특징은 대지역통합을 향한 움직임이 동반되었다는 것이다. EC는 심화와 확대 움직임을 강화하였다. 그리고 이 움직임은 냉전 종언으로 스웨덴 등 북유

16) 지역통합(협정)의 경우, 몇 개국이 참가국에 대한 특징을 파악하고, 또 어떻게 부르는가에 대한 문제는 의외로 어렵다. 지역협정에는 2국 간(bilateral)의 협정도 있고 3개국 이상의 국가가 참여하기도 한다. 3개국 이상이라 해도 비교적 소수의 국가가 참가하는 경우도 있고, 현재의 EU처럼 28개국이나 되는 나라가 참가하기도 한다. 또 WTO의 경우는 약 150개국 정도의 가맹국으로 구성되어 있다. WTO를 다자적(multilateral) 무역 시스템이라 한다면 2국 간의(bilateral)협정을 제외하고 3개국 이상, 상당수의 참가국을 가진 지역협정을 무엇이라 부를지가 문제가 될 것이다. 때로는 다수주의(plurilateral)라는 말이 사용된다. 이 장에서는 지역협정에 국한하여 2개국 간, 소다자주의(일본어로는 小多角主義, 소다국주의), 대다자주의(일본어로는 大多角主義, 대다국주의)라고 부르기로 한다.

럽의 여러 국가들뿐만 아니라 중부유럽의 국가들까지 널리 확대되었다(현재 28개 구성원이 있다). 또한 서반구에서는 1989년에 미국 · 캐나다 간 자유무역협정, 1994년의 북미자유협정이 체결되고 1994년에는 서반구 전체를 아우르는 FTAA를 체결하자는 선언이 나왔다. 아시아 · 태평양으로 시선을 돌려보면 1989년에 APEC이 형성되어 미국 · 캐나다 · 일본 · 한국 · 호주 · 뉴질랜드 · ASEAN이 가입한 후 세 개의 중국(중국 · 대만 · 홍콩)이 참가하였으며 또 멕시코 · 칠레 · 러시아로 확대되었다.

제2의 물결은 대륙규모의 지역통합을 목표로 하는 것이었는데 이로 인하여 선진국과 개발도상국이 함께 가입한 경제협정이 다수 나타나는 특징을 띈다. 예를 들면 APEC에는 미국이나 일본 등의 선진국과 ASEAN 국가들이 함께 가입해 있었다. 제2의 물결의 특징 중 또 한 가지는 단순히 무역뿐만이 아니라 투자 등이 중시된다는 점이다. 제2의 물결은 GATT의 우루과이라운드(1986-1994) 교섭이 진행되고 있는 가운데 더욱 두드러졌으며 지역협정은 우루과이라운드가 실패했을 때 안전망으로 고안되었는데 큰 지역협정을 만들어 발언권을 강화하려고 했던 것이었다. 통상적으로는 이 제2의 물결은 '새로운 지역주의(new regionalism)'라 불려졌다.

제2의 물결은 물론 제1의 물결에서 형성된 지역통합을 파괴하거나 없애는 것이 아니라 오히려 제1의 물결에 추가된 것이었다. 즉 유럽통합이 진행되고 1967년에 형성된 ASEAN은 더욱 발전하여 AFTA를 만들고 APEC, 나아가서는 안전보장 틀인 ARF의 핵심이 되었다.

단 제2의 물결로 나타난 대륙규모 지역통합은 각각 매우 다른 특징을 띠는 것이었다. EU는 크게 제도화된 통합체이며 북미 · 서반구는 다각적인 FTA를 추구하였고 APEC은 어느 쪽도 아닌 '열린 지역주의'를 목표로 하였다. 이 모두를 설명할 수 있는 통일적인 지역통합이론의 구축은 어려웠다.

(3) 제3의 물결

제3의 물결은 이와 같은 제1, 제2의 물결과 겹쳐서 발생했으며 1990년대 후반부터 보이기 시작한다. 제3의 물결의 큰 특징은 제2의 물결과는 반대로 2개국 간에 많은 자유무역협정이 형성되었다는 것이다. 제1의 물결이 소다자주의, 제2의 물결이 대다자주의라고 한다면, 제3의 물결에서는 양자주의(bilateralism) 현상이 매우 두드러졌으며 이는 지금도 계속되고 있다. 제3의 물결의 특징, 혹은 이러한 물결이 일어난 이유 중 하나는 소위 '이행경제' 국가들 사이에서 많은 2국 간 FTA가 체결된 것이다. 이는 냉전이 종식되고 소련이 15개 공화국으로 분열된 후 1990년대를 걸쳐 현재까지도 '이행경제 국가들'이 경제적으로 살아남아 국제경제와 관련된 수단으로 2개국 간 협정이 취해진 것을 나타낸다. 또 양자주의는 WTO(세계무역기구)는 말할 것도 없고 대 · 소다자주의에서 일어나는 이해조정의 번잡함을 피할 수 있다는 것이었다. 그리고 제3의 물결은 1995년 WTO가 설립되어 2001년에 발족된 도하 라운드(Doha Round)의 정체 속에서 전개되었다.

양자주의에 기초한 FTA는 극히 유연한 정책수단으로 사용될 가능성이 있으며, FTA는 대륙을 넘어서 체결된다. 예를 들면 미국은 중동 요르단이나 모로코와 FTA를 맺었다. 또한 일본도 걸프협력회의(GCC: Gulf Cooperation Council)나 스위스와 FTA를 맺었다. FTA는 이제 소다자주의, 대다자주의에 따라, 우리가 상식적으로 생각하는 '지역'으로는 파악할 수 없게 되었다. 또 양자주의가 만연해지고 대륙을 초월하여 체결이 이루어지게 된 이유 중 하나는 경제 관계가 글로벌화되어 FTA 간 경쟁원리가 작용하기 때문이다.

제1, 제2의 물결 그리고 제3의 물결은 중첩되면서 존재한다. 제1의 물결에서 만들어진 소다자주의는 확대되면서도 건재하며 대다자주의(대지역)도 함께 존재한다(다만, 서반구에 있어서의 FTAA구상은 좀처럼 구체화되지 않고 있으며, 또 APEC은 정체되어 있지만—APEC은 후에 서술하기로 한다). 아울러 그 위에 적극적인 양자주의가 겹쳐있는 것이다.

(4) 제4의 물결—FTA의 다각화

양자 간 FTA의 만연은 한편으로는 경제자유화를 진행함과 동시에 지역을 분단시키고 또 '스파게티 볼'이라 불리는 복잡하고 때로는 비효율적인 시스템을 만들어냈다. 여기에 2국 간 FTA를 보다 광역적으로 통합해가는 제4의 물결이 일어났다. 예를 들어 동아시아에서 현재 ASEAN, 일본, 중국, 한국에서 2국 간 FTA가 체결되고, 이로써 13개국 간에 다각적인 FTA가 체결되게 된다면 대다자주의로 수렴될 것이다(이는 ASEAN+6에 대해서도 마찬가지이다). 또한 APEC과 같은 대지역에서 대지역 FTA가 형성된다면 분단 지역이 다시 하나가 되고, 스파게티 볼이 아닌 정돈된 FTA가 만들어질 것이다. 사실 2000년대 중반 이래로 APEC을 기초로 광역 FTA(예를 들어 FTAAP)를 만들려는 움직임이 나타났다(FTAAP). 그리고 2010년 요코하마에서 열린 APEC정상회담에서는 FTAAP의 형성에 ASEAN+3, ASEAN+6, TPP를 기초로 한다는 내용을 선언했다.

2) 데이터로 본 지역통합의 물결

이하에서는 데이터에 기초하여 지역통합의 물결을 고찰하고자 한다. 단 데이터 자체가 2004년까지이며 또 제4의 물결에서 상정된 다각적 FTA는 아직 구상단계(예를 들면 ASEAN+6의 FTA) 혹은 교섭 중(예를 들면 TPP)이므로 데이터 검증은 제3의 물결까지로 한다.

(1) 지역협정의 빈도

〈표 8-1〉은 1958년부터 현재에 이르기까지 각 연도에 GATT/WTO에 통보

된 지역협정 빈도를 나타낸다. 첫째는 지역협정 전체의 빈도이다. 둘째는 지역협정 중 3개국 이상이 가입되어 있는 지역협정(다자적협정)으로 각 연도에 설립이 통고되었다. 셋째 가입(acccssion)이라고 되어 있는 것은 기존의 다각적 지역협정에 새로이 가입을 통고한 건수이다(기존 다자적 지역협정에 어느 한 국가가 가입하는 것을 의미한다). 넷째 '가입'은 기존의 다자적 지역협정에 신규가입은 아니지만 예를 들어 대상국가와 FTA를 맺어간다는 것이다(「가입a(accession)」 혹은 「2국 간 협정」이라 부를 수 있다). 다섯째는 새로운 2개 간 협정이 통고된 건수이다. 〈표 8-1〉을 도식화한 것이 〈그림 8 2〉이다.

〈그림 8-2〉를 보면 통고된 지역협정의 빈도(전체의 빈도)는 1958~1990년대 초반까지 그리 큰 변화는 없다. 이것이 제1의 물결이다. 그러나 1990년대 초반부터 크게 증대하여 연평균 5-10개가 된다. 이것이 1990년대 말까지 계속된다. 이것이 제2의 물결이다. 그러나 1990년대 말부터 2000년대 이후 더욱 급속히 증대된다. 2004년에는 26개의 지역협정이 통고된다. 이것이 제3의 물결이다.

〈그림 8-2〉에서 제1의 물결, 제2의 물결 그리고 제3의 물결의 특징을 생각해보자. 제1의 물결에서 2국 간 지역협정은 거의 보이지 않으며 다자적 협정, 신규가입이 대부분이다. 제2의 물결(1980년대 말부터 1990년대)에서 1993년, 1994년, 1995년의 지역협정 빈도가 높아지지만 그 중 새로운 다자적 협정도 다수 체결되고, 또 기존 다자적 협정에 '가입'도 발견된다. 그러나 1990년대 중반이 되면서 기세가 약해지고 1995년 이후로는 2국 간 협정이 주류가 된다. (이는 연4회 정도로 안정된 것이었다.)

그러나 2000년이 되면 2국 간 협정이 급격하게 증가한다. 그리고 기존의 다자적 협정에 「가입a」 하거나, 실제로 한 국가가 기존의 다자적 지역협정에 신규가입하는 경향이 증대된다. 「가입a」이나 가입 모두가 한쪽은 기존의 다자적 협정이 대상이고, 다른 쪽은 하나의 국가가 대상이지만, 2국간적(二國間的) 색채가 강하다. 제3의 물결의 특징은 바로 2국간주의(二國間主義)

라고 해도 좋을 것이다.

〈표 8-1〉 지역협정의 빈도

연도	전체	다자	가입	「가입a」	양자 간	연도	전체	다자	가입	「가입」	양자 간
1958년	2	2	0	0	0	1982년	0	0	0	0	0
1959년	0	0	0	0	0	1983년	1	0	0	0	1
1960년	1	1	0	0	0	1984년	0	0	0	0	0
1961년	1	1	0	0	0	1985년	1	0	0	0	1
1962년	0	0	0	0	0	1986년	1	0	1	0	0
1963년	0	0	0	0	0	1987년	0	0	0	0	0
1964년	0	0	0	0	0	1988년	1	1	0	0	0
1965년	0	0	0	0	0	1989년	2	1	0	0	1
1966년	0	0	0	0	0	1990년	0	0	0	0	0
1967년	0	0	0	0	0	1991년	3	1	0	1	1
1968년	1	1	0	0	0	1992년	2	1	0	1	0
1969년	0	0	0	0	0	1993년	11	2	0	5	4
1970년	1	0	1	0	0	1994년	6	4	0	1	1
1971년	1	0	0	1	0	1995년	10	1	2	2	5
1972년	0	0	0	0	0	1996년	6	0	0	1	5
1973년	6	2	1	3	0	1997년	9	2	1	2	4
1974년	0	0	0	0	0	1998년	5	0	0	1	4
1975년	0	0	0	0	0	1999년	8	1	1	2	4
1976년	2	1	0	1	0	2000년	11	3	0	4	4
1977년	2	0	0	1	1	2001년	12	0	0	5	7
1978년	0	0	0	0	0	2002년	15	1	1	4	9
1979년	0	0	0	0	0	2003년	14	0	1	5	8
1980년	0	0	0	0	0	2004년	26	0	2	3	21
1981년	3	2	1	0	0						

출처) WTO의 데이터를 바탕으로 필자 작성

〈그림 8-2〉 지역협정의 빈도

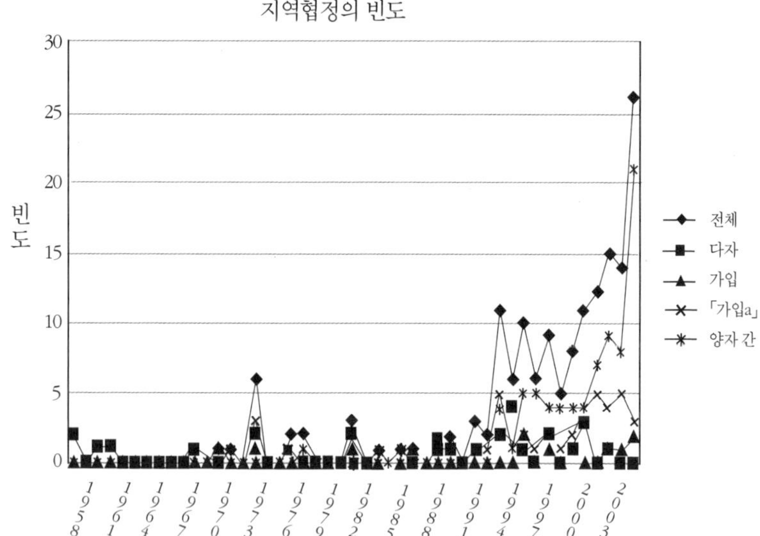

(2) 경제발전 정도의 조합

그렇다면 지역협정을 맺을 때에 상대국가의 경제발전 레벨은 어떠할까? 선진국은 선진국끼리 개발도상국은 개발도상국과 체결하는 것일까?

〈표 8-2〉는 지역협정에서 구성원의 경제발전도 조합 추이를 나타낸 것이다. 〈표 8-2〉(〈그림 8-3〉)에는 6개의 가능한 조합이 표시되어 있다. 먼저, 경제발전 레벨로서 선진국, 개발도상국 그리고 이행경제라는 세 레벨을 생각해 보자. 이행경제국이란 사회주의에서 시장경제를 병행하는 국가로, 냉전 후 90년대 이후의 카테고리이다. 그렇다면 조합은 ① 선진국-선진국, ② 선진국-개발도상국, ③ 선진국-이행경제국, ④ 개발도상국-개발도상국, ⑤ 개발도상국-이행경제국, ⑥ 이행경제국-이행경제국 여섯 개가 된다.

먼저 '제1의 물결'의 초기, 적어도 1970년대 이전에는 선진국은 선진국과 개발도상국은 개발도상국과 지역협정을 맺었다. 1970년대에 들어서면서 선진국과 개발도상국과의 협정이 체결되는데 1980년대 후반까지는 두 국가 간 통합은 그다지 많지 않았다. 그러나 제2의 물결이 본격화되는 1990년대에 들어서면 선진국과 개발도상국 간의 지역협정은 급속히 증가한다. 그리고 개발도상국가 간의 협정 또한 증가한다. 또한 당연한 일인지도 모르나 이행경제국을 포함한 지역협정이 급속히 증가한다. 1990년대 초반(1990년에서 1994년)에는 개발도상국 간 · 이행경제국 간 · 선진국 간 · 선진국과 이행경제국 등 다양한 지역협정이 거의 같은 빈도로 나타났다. 제2의 물결의 특징이다.

그러나 그 후에 특히 이행경제국가 간 협정이 증가하였고 빈도 또한 가장 많아진다. 게다가 선진국과 개발도상국과의 지역협정도 크게 증가한다. 그리고 개발도상국가 간 협정도 형성빈도가 높다. 이러한 움직임과는 대조적으로 선진국 간의 지역협정은 다른 경우에 비교하면 빈도가 낮다고 볼 수 있다. 그리고 〈표 8-1〉(〈그림 8-2〉)와 함께 생각하면 이행경제국 간 · 선진국과 개발도상국 · 개발도상국 간의 협정 중 다수는 2개국 간에서 이루어지고 있다. 이것이 제3의 물결의 특징이다.

〈표 8-2〉 지역협정의 경제발전 레벨의 조합

년	선-선	선-개발	선-이행	개-개	개-이행	이행-이행	전체
58-64	2	0	0	1	0	0	3
65-69	0	0	0	1	0	0	1
70-74	5	1	0	2	0	0	0
75-79	0	3	0	1	0	0	4
80-84	2	1	0	2	0	0	5
85-89	1	1	0	2	0	0	4
90-94	3	3	4	5	1	5	21
95-99	3	7	0	4	2	16	32
00-02	0	11	4	8	2	5	30
03-	2	9	0	4	2	16	33
전체	18	36	8	30	7	42	141

출처) Jo-Ann Crawford and Roberto V. Fiorentina, "The Changing Landscape of Regional Trade Agreements," World Trade Organization, Geneva, Discussion Paper No.8, 2005, Table1.

〈그림 8-3〉 지역협정의 경제발전 레벨의 조합

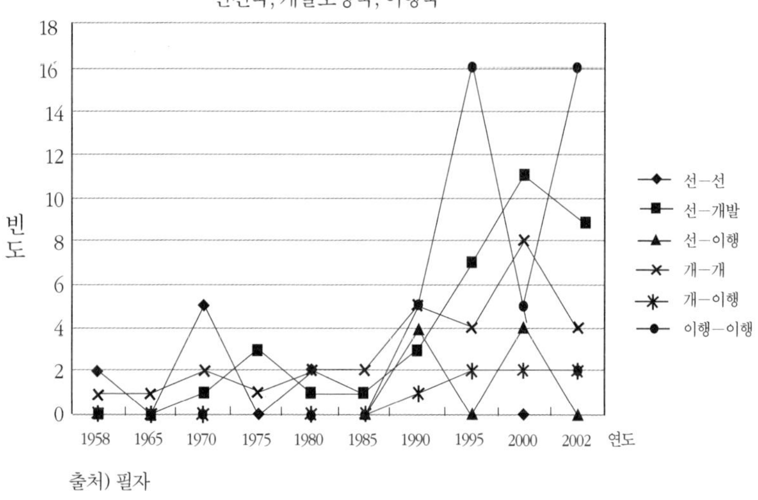

출처) 필자

(3) 교차 지역협정

지역경제통합은 통상 인근 국가들 사이에서 이루어진다고 보았다. 그러나 제2의 물결에서는 대륙규모의 지역통합이 나타나고 이에 더하여 대륙을 초월한 협정도 맺어졌다. 가까운 경우를 생각해보면 일본-멕시코 FTA, 한국-칠레 FTA 등이 있다. 이렇게 대륙을 초월한 협정을 '교차 지역협정(cross-regional agreements)'이라고 한다. 〈표 8-3〉에는 1958년 이래의 지역협정 전체 빈도와 그 중 교차 지역협정 빈도가 표시되어 있다(Crawford and Fiorentino 2005). WTO에 통고되어 현재 유효한 지역협정 중에 교차 지역협정은 10%라고 한다. 그러나 이러한 교차 지역협정은 교차지역을 정의하지 않고 시계열적(時系列的)인 변화도 나타내지 않는다.

교차지역을 정의하기는 어려운데, 여기서는 '대륙'을 초월하여 맺어진 협정을 교차 지역협정이라고 부른다. 물론 '대륙'을 정의하는 것 또한 쉬운 일이 아니다. 여기에서는 '대륙'을 서반구, 아프리카, 유럽(구 소련 포함), 아시아(동아시아, 남아시아, 오세아니아)의 네 곳으로 보고 이 대륙들 사이에서 체결된 협정을 교차 지역협정이라 하였다. 현재 교차 지역협정은 국가단위 협정이 되기도 하고, 다각적 협정이 되기도 하며, 다른 한 편으로는 국가 단위라는 형태가 되기도 한다.

〈표 8-3〉 교차지역의 지역협정의 변화

연도	전체	교차 지역협정	연도	전체	교차 지역협정
1958년	2	0	1982년	0	0
1959년	0	0	1983년	1	0
1960년	1	0	1984년	0	0
1961년	1	0	1985년	1	1
1962년	0	0	1986년	1	0
1963년	0	0	1987년	0	0
1964년	0	0	1988년	1	0
1965년	0	0	1989년	2	1
1966년	0	0	1990년	0	0
1967년	0	0	1991년	3	1
1968년	1	1	1992년	2	0
1969년	0	0	1993년	11	1
1970년	1	0	1994년	6	0
1971년	1	0	1995년	10	0
1972년	0	0	1996년	6	0
1973년	6	1	1997년	9	2
1974년	0	0	1998년	5	1
1975년	0	1	1999년	8	1
1976년	2	1	2000년	11	5
1977년	2	1	2001년	12	5
1978년	0	0	2002년	15	2
1979년	0	0	2003년	14	4
1980년	0	0	2004년	26	7
1981년	3	0			

출처) WTO의 자료를 바탕으로 필자가 작성

다음 〈표 8-3〉을 도식화한 것이 〈그림 8-4〉이다. WTO의 통고 자료에 따르면 첫 교차 지역협정은 1968년 이집트, 인도, 유고슬라비아 3개국에서 실시한 특혜관세협정(TRIPARTITE)이다. 그러나 이후 그다지 높은 빈도로 교차 지역협정이 맺어지지는 않았다. 그러나 1980년대 후반부터 1990년대 전반 제2의 물결에서 서서히 가시화(顯在化) 되어 갔다. 그리고 1990년대 말부터 제3의 물결이 급속하게 증대되어 갔다.

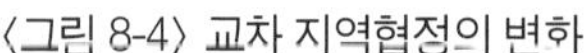
〈그림 8-4〉 교차 지역협정의 변하

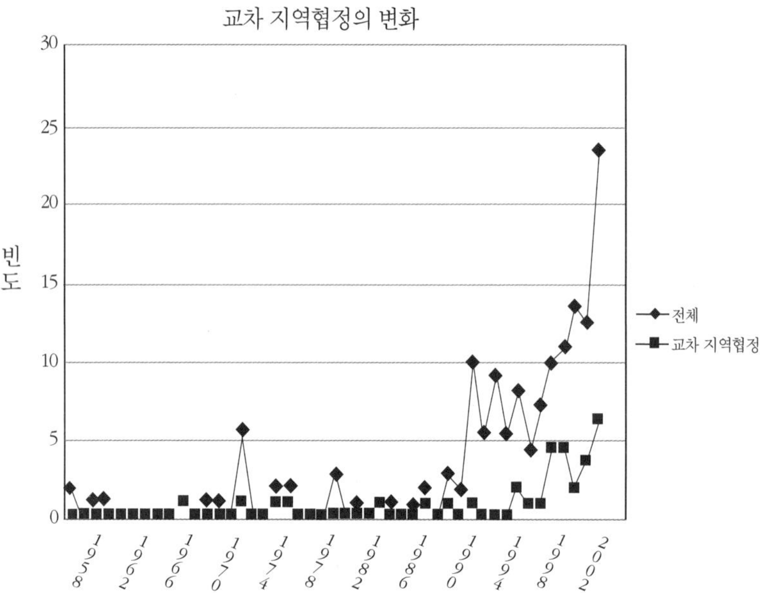

(4) 3개 물결의 정리

이상으로 3개의 물결을 데이터에 기초하여 검토하였다. 그 결과가 〈표 8-4〉이다. 제1의 물결에서 지역협정의 형식은 (지금과 비교하면) 그다지 많지는 않았으며, 그 크기는 소수 가맹국들로 구성되는 소다자적인 것이었다. 이 소다자적협정은 가맹국 입장에서 보면 균질적인 것으로 선진국들 사이에 선진국과 개발도상국은 개발도상국끼리 체결되었으며 대륙을 넘어서 체결되는 협정은 적었다.

〈표 8-4〉 3개의 물결의 정리

	제1의 물결 (~1980년대)	제2의 물결 (1980년대 말~1990년대)	제3의 물결 (1990년대 말~2000년대)
지역협정의 형성 빈도	그다지 많지 않음	빈번	매우 빈번
사이즈	소수의 가맹국	대규모의 협정	2개국 간 협정
가맹국의 균질성, 이질성	균질 선진국 간, 개발도상국 간	이질 선진국과 개발도상국	균질+이질 이행국 간 개발도상국간 선진국과 개발도상국 간
교차 지역협정	적음	산재	상당히 많은 협정이 교차지역

제2의 물결에서 지역협정의 빈도가 잦아져서 대륙규모의 협정을 추구하게 되었다. 그리고 지역협정은 선진국과 개발도상국을 포함하는 이질적인 구성원을 포섭하는 경우가 많아졌다. 그리고 대륙을 넘어서 형성되는 교차 지역협정도 볼 수 있게 되었다. 1990년대 말부터 제3의 물결에서 매우 빈번하게 지역협정, 그것도 2개국 간 협정이 체결된다. 그리고 이들 협정은 한편으로는 이행경제국 간, 개발도상국 간에 체결되는 균질적 협정이 많이 나타났고, 다른 한편으로는 선진국과 개발도상국 간에 맺어지는 이질적 구성원 간 협정도 증가했다. 그러나 선진국 사이의 새로운 협정은 적었다(선진국 간에는 포화상태라는 점이 그 배경으로 작용했을 것으로 보인다). 그리고 대륙을 넘어선 교차 지역협정은 매우 빈번하게 나타났다. 이상 3가지 물결의 특징은 1절 '지역통합의 이론'에서 기술한 질적인 특징과 잘 부합하는 것이었다.

4. 네 개의 물결과 아시아 · 아시아태평양 지역통합

1) 제1의 물결과 아시아

제1의 물결에서 아시아태평양 혹은 아시아는 냉전으로 완전히 분단되었다고 할 수 있다. 아시아태평양에서는 한편으로는 선진국(미국, 일본, 호주 등) 경제협력(통합)이 고려되었으며(그러나 결실은 맺지 못했다), 다른 한편으로는 동남아시아국가연합(ASEAN)이 1967년에 발족했다. ASEAN은 베트남전쟁 이후 격렬한 냉전 중에 반공국가들이 만든 것으로 기본적으로 지역 내의 국내적 · 지역적인 안정을 추구하며 주권을 존중하고, 현재 회자되는 안전보장공동체를 추구하는 것으로 정치통합을 추구하는 것은 아니었다. 또한 경제통합(경제발전 협력을 위한 것이기는 했다)을 추구하는 것도 아니었다. 이러한 점에서 볼 때 세계적 지역경제통합 물결에서 아시아태평양 혹은 아시아 지역통합의 움직임은 보이지 않았다고 할 수 있다.

2) 제2의 물결과 아시아태평양

(1) APEC과 ARF

ASEAN은 1976년에 TAC(동남아시아우호협력조약)을 체결하는 등 발전의 움직임을 보였는데, 아시아태평양, 아시아에 있어 지역통합이 두드러진 것은 세계적 지역통합의 제2의 물결 시기였다. 즉 이 시기의 지역통합은 먼저 1989년에 APEC의 발족으로 나타난다. APEC은 제2의 물결의 특징이라 할 수 있는 대규모의 대륙 지역통합(보다 정확하게 당초에는 경제협력이 주였다)을 목표로, 선진국과 개발도상국 양쪽 모두가 지역통합에 참가하는 것이었다. 그리고 냉전 종식과 궤를 같이 하여 형성되었으며 1991년도에는 중국, 홍콩, 대만 등 '3개의 중국'이 가입하여 20개국(경제) 이상이 가입된 거대한 프레임워크가 되었다(정치적으로 이질적인 국가도 포함된다). 1993년에는 시애틀 회의에서 (비공식) 정상회담이 시작되었다. 클린턴 대통령은 같은 해에 와세다(早稲田)대학 강연에서 '신태평양공동체(New Pacific Community)'를 제창하고 민주주의와 자유시장경제를 기초로 한 태평양공동체를 주창하였다. 또 1994년에는 인도네시아 회의에서 보고르 선언이 발표되고, 2010년에는 선진국, 2020년까지 개발도상국의 무역 및 투자의 완전한 자유화를 목표로 삼게 되었다. 이때부터 APEC은 지역 내 자유화로 크게 방향을 전환한 듯이 보였다.

지역경제통합이라는 관점에서 볼 때, 몇몇 의미에서 APEC은 매우 특수한 것이었다. 하나는 그것이 자유무역협정도 아니고 더욱이 관세동맹도 아니었다는 점이다. APEC은 '지역 내 자유화'(예를 들어 관세인하 · 비관세장벽의 철폐)를 추구하는데, 이는 지역 외 국가들에게도 차별 없이 평등한 것이었다. 말하자면 열린 지역주의였다(이는 1950년대에 ECC가 형성되기 전의 유럽경제협력기구[OEEC: Organization for European Economic Cooperation]에 해당한다). 또한 APEC의 자유화 프로세스 과정은 교섭이 아니라 각국이 자발적으로 자유화하는 것이며 이는 협조적 일방주의(concerted unilateralism)라고 불렸다.

이러한 APEC 자유화 방식에 미국은 1994년경 특히 APEC 현인(賢人)회의 의장이던 F. 벅스텐(Fred Bergsten)에 의해 자유무역협정에 매우 가까운 안을 작성하고 있었다. 그러나 이것은 받아들여지지 않았다(당시에는 ASEAN을 중심으로 APEC에 관해서 자유화가 아니라 경제협력에 중점을 둔 제도로 간주하는 조류가 강했다). 즉 많은 이질적 국가들을 영입한 국제제도에서 다루는 문제영역(scope)이 넓어지고(APEC에는 다양한 분야에서의 협력이 존재한다) 또 통합은 희박해진다(주권의 이양[委譲]은 좀처럼 일어나지 않는다).

이러한 APEC 형태의 자유화는 무난하게 진척되지 않았다. 물론 반도체 등의 자유화를 내용으로 하는 IT 합의는 APEC에서 채택되어 1996년에 WTO의 룰이 되었다. 그러나 이 룰을 임업 등 다른 분야에도 응용하기 위해 1996년부터 시작된 '분야별 조기자유화(EVSL: Early Voluntary Sector Liberalization)'는 실패했다. APEC의 자유화는 1990년대 후반에 한계에 다다랐다. 이를 극복하기 위한 수단의 하나가 제3의 물결에서 보이는 2국 간 자유무역협정의 빈발이라고 생각된다(후술).

또 APEC과 대응하기 위하여 안전보장 분야에서 아세안지역안보포럼(ARF: ASEAN Regional Forum)이 1994년에 발족했는데 ARF는 아시아태평양 안전보장에 관심을 갖고 역할을 수행할 수 있는 국가들로 형성되었으며, 여기에 인도나 EU도 참여하고 또 북한이나 파키스탄도 참가하게 된다. APEC의 경제분야와 마찬가지로 이 지역에 이해 관계를 갖는 모든 국가를 포함하는(all-inclusive) 안전보장 틀로서 안전보장대화를 통한 신뢰 조성(trust building), 나아가 예방외교, 분쟁처리 등을 목표로 하는 것이었다. 그러나 ARF는 기대에 반하여 대화의 틀로서는 중요했지만 구체적인 안전보장 문제 해결에는 유효한 역할을 수행하지 못하였다. 1996년 '대만 위기', 1997년 아시아 통화위기를 계기로 발생한 동티모르 사건, 1998년 인도 · 파키스탄의 사건 등과 관련하여 두드러진 활약을 하지 못하였다.

APEC과 ARF에 있어서 공통된 점은, ASEAN이 수행하는 역할이다. APEC과 ARF는 행동양식에 있어서 (교섭이 아니라) 대화, 컨센서스 등이 기본원리이며 이는 ASEAN의 행동원리에 가깝다. 또한 주최장소도 APEC은 (처음에는) 격년으로 ASEAN과 비ASEAN국가에서, ARF는 언제나 ASEAN 국가 중의 한 곳에서 개최된다. 따라서 예를 들면 APEC이 전체적으로 엄격한 교섭을 수반하는 자유무역협정으로 이행하는 것은 쉽지 않다. 흔히 APEC은 호주와 일본이 주도권을 쥐고 형성되었으며, ARF 또한 호주와 일본에 더해 캐나다가 주도했다고 한다. 그러나 이러한 상황에서 ASEAN은 자신의 주도권(운전석)을 놓으려 하지 않는다. 아시아태평양 지역 형성에 있어서 누가 리더십을 갖게 되고 그것이 다른 국가들에게 인정받게 될 것인가를 생각해볼 때, 그것은 미국도 일본도 아니며, 또 중국도 아니다. 리더십 역할의 수용 상황에서 ASEAN이 기본적으로 주요 지위를 점하는 구조가 되었으며 또 다른 면에서 경제통합 및 정치안전보장 협력이 ASEAN을 허브로 넓게 동심원적으로 아시아태평양 전체로 확대되었다는 점도 이유 중의 하나이다.

(2) 아시아의 반응— 동아시아주의

- ASEAN+3

APEC은 아시아태평양 지역의 협력모색을 위한 것이었다. 그러나 아시아 측에서 아시아의 통합을 제시하는 몇 가지 징후가 보이기 시작했다. 하나는 1990년 당시 말레이시아 마하티르 총리가 중국의 리펑(李鵬) 총리에게 말했다는 동아시아경제그룹(EAEG: East Asian Economic Group)이다. 이는 ASEAN과 한 · 중 · 일이라는 동아시아 각국(현재의 ASEAN+3)이 협력하여 당시 정체되어 있던 GATT 우루과이라운드를 촉진하고 또 동아시아 협력을 강화하려는 것이었다(ASEAN+3는 광역 혹은 대륙규모 경제협력이며 제2의 물결의 흐름에 따른 것으로 보인다). 그리고 ASEAN 국가들은 당시 버블경기의 최전성기였던 일본이 리더십을 발휘할 것을 요구했다. 미국은 아시아태평양이라는 관점을 중요하게 여기고 있었기에 당시 J. 베이커 미국 국무장관은 EAEG의 움직임은 태평양을 분단하는 것이라며 강하게 비난하였고(1992년), 클린턴 대통령이 '신태평양공동체론'을 논한 것은 1993년이었다. 그리고 같은 해 시애틀에서 개최된 APEC에서 클린턴 대통령은 APEC 정상회담을 개최하는 주도권을 발휘한다. EAEG는 APEC의 코커스(EAEC: East Asian Economic Caucus) 중 하나라는 자리매김도 시도되었으나 결국 결실을 맺지는 못했다. 말하자면 트랜스퍼시픽(transpacific)이 아시아(Asia)보다 강했다고 할 수 있다.

ASEAN+3는 1996년에 아시아-유럽정상회의(ASEM: Asia Europe Meeting) 논의 과정에서 그룹의 형태로 활동을 시작했다고 할 수 있다. 이러한 활동에 미국은 크게 반대를 하지는 않았다. 이는 일본이 버블 붕괴로 약화된 것이 명확한 상황이었으며 동아시아 협력이나 통합이 미국을 향한 도전이 될 리는 없다고 생각했기 때문일지도 모른다.

• ASEAN의 경제통합과 확대

또 하나는 ASEAN의 경제통합을 향한 움직임이다. 앞에서 서술한 것처럼 ASEAN은 경제뿐만아니라 안전보장 분야에서도 협력이 결과적으로 ASEAN을 넘어서 광역화되면 ASEAN 지역 내 통합이나 협력을 높여 ASEAN의 존재의식을 높이려 한다. APEC이 발족되고 또 냉전이 끝나면서 ASEAN은 EC처럼 심화와 확대를 도모하였다. 1992년 ASEAN은 아세안자유무역협정(AFTA)을 발족하여 ASEAN역 내 자유화를 도모하였다. AFTA가 발족하게 된 계기는 해외의 투자를 증대시키는 것이며, 이는 또한 제2의 물결의 지역통합 특징에 부합하는 것이었다. ASEAN은 명확하게 자유무역협정을 기반으로 했고 그것이 ASEAN의 기본 중 하나가 되어 이후 AFTA 달성이 가속화되었던 것이다. 그리고 이는 현재 진행 중인 ASEAN 경제공동체, 안전보장공동체 그리고 사회공동체의 기초가 되고 있다.

ASEAN은 이렇듯 심화의 길을 선택함과 동시에 냉전 후 베트남(1995년), 라오스, 미얀마(1997년), 캄보디아(1999년)로 시야를 확대한다. 이 확대에 있어 캄보디아 가맹이 늦어진 것에서 알 수 있듯이, 정치 안정, 경제 조건 등 ASEAN 확대가 무조건적인 것은 아니었다. 그러나 그 조건은 'EU의 확대'에 비해 명시적인 것은 아니었다. 또 신규 가맹국들은 기존 가맹국과 경제 혹은 정치 안정 등 격차가 있어 ASEAN의 조건이 균질하다고는 보기는 어렵다. 이는 AFTA 진전 계획에서 신규 가맹국에 예외조치를 준다는 것을 봐도 알 수 있다. 그럼에도 불구하고 ASEAN10이 달성된다.

(3) 아시아태평양(Transpacific)에서 동아시아로

• ASEAN+3, 동아시아공동체, 동아시아정상회담

1990년대 후반이 되면 태평양을 아우르는 APEC은 무역, 경제 자유화라는 면에서는 정체된다. 그리고 1997년은 아시아-태평양에서 아시아로 중심이 이동되는 전환점이 된다. 1997년 초 일본 하시모토 류타로(橋本龍太郎) 총리는 당시 ASEAN과 일본이 정상회담을 개최할 것을 제안했다. 그러나 ASEAN의 회담은 일본뿐만이 아니라 중국과 한국을 포함한 정상회담을 개최하는 것이었고 그 해 연말 ASEAN과 한 · 중 · 일의 정상회담이 개최되었다. 이것이 이후 제도화되어 ASEAN+3로 발전하였다. 아시아로 중심이동을 한 요인 중 하나는 1997년 7월에 발생한 '아시아 통화위기', 경제위기였다. 태국 통화 바트의 폭락으로 시작된 통화위기는 인도네시아, 한국 등으로 확산되어 경제적으로(그리고 인도네시아의 경우 정치적으로도) 큰 타격을 주었다. 이 위기는 결과적으로 약 2년이라는 단기간에 극복되었다. 그러나 이 아시아 통화위기에서 IMF는 유효하게 작동하지 못했고, 또 APEC도 유효한 수단을 제공하지 못했다. 아시아의 통화위기는 한편으로 '동아시아의 기적'에 의문을 제기하였고 미국의 아시아 경시로 이어졌다. 다른 한편으로는 동아시아 각국으로 하여금 아시아(지역)에 있어서 협력할 필요성을 느끼게 만드는 계기가 되었다. 2011년 ASEAN+3의 통화교환협력(융통성)을 위한 '치앙마이 이니셔티브(CMI: Chiang Mai Initiative)' 창설이 그 단적인 예이다(단 이는 IMF와 깊이 링크되어 있다). 그리고 1998년 한국 김대중 대통령은 '동아시아 비전그룹(EAVG: East Asia Vision Group)'을 제안한다. 이것은 원래

아시아 통화위기에 대응하는 방안을 동아시아 각국 지식인들에게 묻고자 하는 것이었는데 2001년에 정리된 보고서는 동아시아의 폭넓은 협력을 지향하는 것이었다. 또한 취임 후 최초 외국방문을 ASEAN으로 정했던 고이즈미 준이치로(小泉純一郎) 총리가 2002년 1월 싱가포르에서 동아시아공동체를 제시한다. 일본의 동아시아공동체는 ASEAN에 주안점을 둔 것으로 2003년 말에 도쿄(東京)에서 일본과 ASEAN 간 정상회담이 개최되었다.

그리고 이러한 흐름 속에서 2005년에 ASEAN+6의 동아시아정상회담(EAS: East Asia Summit)이 개최된다.

• 지역통합 이론의 영향

지금까지 대규모 지역통합을 특징으로 하는 제2의 물결 시대에 아시아태평양의 경제통합과 협력 그리고 동아시아의 움직임을 고찰한 결과, 1990년대 말 이후 아시아태평양에서 아시아로 중심축의 큰 전환이 일어났음이 명확히 밝혀졌다. 단지 문제는 제1의 물결에서 만들어진 이론은 균질한 국가들의 소규모 통합을 염두에 둔 것인데, 신기능주의(정치통합을 최종단계로 하는) 또한 커뮤니케이션을 매개하는 기본적인 가치의 공유를 바탕으로 한다는 도이취(Karl Deutsch)류 다원적 안전보장공동체도 제2의 물결에서 형성된 대규모 통합을 설명하기에 충분하거나 혹은 적절하지는 못했다는 점이다. 물론 유럽 통합의 심화와 관련하여 신기능주의 부활이라는 측면도 존재했지만 제2의 물결시대에 형성된 대규모 지역통합(APEC, NAFTA 그리고 잠재적인 FTAA)은 정치 통합을 추구하는 것은 아니었다. 또 제2의 물결에서 의미하는 통합은 이질적 국가에 의해 형성되어, 리버럴한 가치를 동일 레벨에서 공유하는 것이 아니었다(물론 NAFTA가 근접해 있으며 1993년 클린턴 대통령의 신태평양공동체는 자유로운 경제와 민주주의를 기반으로 추구하는 것이었다). 제2의 물결의 지역통합을 이론적으로 어떻게 파악할 것인지

몇 가지 예를 들어보자.

새로운 다원적 안전보장공동체론

하나는 도이취와 다른 의미의 안전보장공동체 개념의 등장이다. 다시 말하면 도이취의 안전보장공동체는 어떤 지역에 있어서 해당하는 사회나 사람들의 기본적 가치(도이취가 상정하는 것은 리버럴한 가치)가 공유되고, 그 지역에 몇 개 국가가 병립해도 이 국가들 사이에 분쟁은 발생하겠지만 분쟁해결에 무력이 행사될 가능성은 거의 없는 상태를 일컫는다. 그러나 예를 들면 ASEAN을 보더라도 엘리트 레벨에서 공통가치가 공유되어 있을지는 모르지만 일반인들 사이에 혹은 정치체제가 민주주의나 인권 존중을 공유하고 있다고는 할 수 없다. 그러나 ASEAN은 가맹국 간 전쟁이 일어날 가능성은 거의 없다. 이러한 안전보장공동체의 성격을 결정하고 이에 대하여 어떻게 설명하는가가 하나의 과제가 되었다.[17] 예를 들어 안전보장공동체는 웨스트팔리아 체제 속에서 국가 간 분쟁의 평화적 해결, 내정불간섭 등과 같은 행동 규범이 공유되어 성립한다는 구성주의(constructivism hypothesis) 가설이 제시되었으며 이는 ASEAN과 관련하여 현재까지 이어지고 있다.

지역개념의 재검토

또 제2의 물결에서는 대규모 지역통합이 추구되었기 때문에, 예를 들어 아시아태평양(혹은 아시아)과 서반구(나아가 2000년대 중유럽까지 확대된 EU)를 보고 지역이란 무엇인가, 어떻게 인식되고 형성되는가 등의 문제는 큰 연구과제가 되었다. 물론 경제학 차원에서 최적 통화권이나 최적의 (가장 효율이 좋고 지역 내외를 구분하지 않으며 경제복지가 증대하는)

---

17) Emanuel Adler and Michael Barnett, eds., *Security Communities*, Cambridge: Cambridge University Press, 1998.

관세동맹[18] 등을 논하겠지만 현실에서 지역이란 그 자체가 존재하는 것이 아니라 인간이 인식하고 만들어가는 것이다. 또 이는 정치적, 경제적 조건에 따라 변화된다. 이렇게 지역의 인식이나 아이덴티티가 어떻게 형성되어 변화되어 가는가를 연구하게 된다. 이것이 구성주의적 관점에서의 또 하나의 연구영역이다.[19]

3) 제3의 물결과 동아시아

(1) 2개국 간 FTA

1990년대 말부터 2000년대 전반에 걸쳐 ASEAN+3 및 동아시아공동체 등의 동아시아 협력의 움직임은 세계경제 통합의 움직임이라는 차원에서 바로 제3의 물결 속에서 나타났다. 다시 말하면 제3의 물결은 제1의 물결(EU)이 심화, 확대되어, 제2의 물결(대규모 통합[mega-regionalism])과 중첩되는 형태로, 2개국 간 FTA가 우후죽순처럼 형성되는 현상이다(ASEAN+3나 ASEAN+6는 이를 기초로 한 광역 FTA가 구상되었는데, 아직 실현되지 않았다). 2개국 간 FTA 확대 현상은 이행경제 국가들 사이에서도 많이 나타났으며 또 대륙을 넘나드는 교차지역적인 것도 많이 나타났다.

2개국 간 FTA에도 몇 가지 종류가 있다. 하나는 글자 그대로 2개국 간 신규 FTA이다. 또 하나는 이미 다국 간 관세동맹 혹은 FTA를 맺은 상태에서 어느 한 국가와 FTA를 체결한다는 것이다. 예를 들면 EU가 어느 국가와 FTA를 체결하거나 ASEAN이 어느 국가와 FTA를 체결하는 것이 이에 해당된다. 이는

18) Kemp, Murray C. and Henry Wan, Jr. 1976. "An Elementary Proposition Concerning the Formation of Customs Unions," *Journal of International Economics* 6, (February), pp. 95-97.

19) 예를 들면 오바 미에(大庭三枝)의 『아시아태평양 지역 형성의 과정(アジア太平洋地域形成への道程)』(ミネルヴァ書房, 2004년).

기존 다국 간 관세동맹이나 FTA에 신규로 어떤 국가가 참가하는 '확대'와는 다르다. 확대는 기본적으로 신규 가맹국이 기존 가맹국과 같은 권리와 의무를 지는 것이다(예를 들면 1990년대 ASEAN의 확대). 이에 반해 어떤 다국 간 관세동맹이나 FTA와 어떤 국가가 신규로 FTA를 체결할 경우에 신규 국가는 기존 가맹국과 같은 권리와 의무를 지지 않는다(예를 들어 일본-ASEAN 간의 자유무역협정).

아시아(혹은 아시아태평양)에서 1990년대 말부터 2000년대에 걸쳐 많은 FTA가 체결되었다. FTA의 두드러진 특징의 하나는 한국, 일본 그리고(2001년에 WTO에 가맹한) 중국이라는, 그 동안 FTA나 관세동맹이라는(GATT/WTO 하에서) 지역경제통합에 들어있지 않았던 동아시아 국가가 다양한 FTA를 체결하기 시작했다는 것이다. 일본은 1998년 9월에 오구라 카즈오(小倉和夫) 주한대사가 한일자유무역협정을 체결해야 한다고 발언하고 10월에 김대중 대통령이 방일한 이래로 한일 FTA를 위한 기운이 조성되어 2003년에 체결교섭이 시작된다(아직도 체결되지는 않았다). 1999년에 교섭을 시작한 싱가포르와는 2001년 경제제휴협정이 맺어졌다(다음해 1월 발효). 이어서 멕시코(2005년), 말레이시아(2006년) 그리고 필리핀이나 태국과 같은 ASEAN 국가들과는 개별적으로 발효되었으며, 또 ASEAN 전체와도 FTA가 체결되었다. 또한 인도, 스위스 등과도 FTA가 체결되었으며, 호주 등과도 교섭이 진행되고 있다.

중국의 경우 아직 WTO에 가입하지 않았던 2000년 11월 중국-ASEAN 정상회담에서 주룽지(朱容基) 총리는 중국과 ASEAN의 자유무역지역을 만들자는 제안을 한다.[20)]

---

20) 중국－ASEAN자유무역협정에 관해서는 Alyssa Greenwald, "The ASEAN-China Free Trade Area (ACFTA): A Legal Response to China's Economic Rise?" Duke Journal of Comparative and International Law, 16, pp.193- http://www.law.duke.edu/journals/ djcil/articles/ djcil16p193.htm

2002년 11월 제8회 중국-ASEAN 정상회담에서 "중국 · 아세안자유무역협정(ACFTA) 프레임협약(Framework Agreement)"이 체결된다. 2010년까지, 1990년대에 ASEAN에 가입한 4개국을 제외한 6개국과 상품 무역에 대한 자유무역지역을 만든다는 내용을 담고 있다(4개국과는 2015년까지다). 이는 중국의 첫 FTA이며 또 ASEAN 입장에서도 ASEAN 전체로서 타국과 맺는 첫 FTA였다. 그리고 2004년에 ACFTA의 "조기수확프로그램(EHP: Early Harvest Programme)"이 개시되었다. 2005년에 재화무역 합의가 발효된다. 또 중국은 현재 대만은 물론 아프리카를 포함한 몇몇 국가들과 FTA를 맺고 다른 국가들과의 교섭을 하고 있다.

한국 또한 아시아통화위기 때부터 자유무역협정 체결에 나서 일본과 교섭을 개시하고 칠레 및 싱가포르, 유럽자유무역연합(EFTA: European Free Trade Association)의 노르웨이 등 4개국과 FTA를 체결하고, 2006년 5월에 ASEAN과 FTA에 합의했다. 또 EU, 미국과 FTA를 체결하고 중국과 FTA 교섭을 시작하고 있다. 한국은 싱가포르와 함께 동아시아 FTA 네트워크 형성을 리드하고 있다.

(2) FTA 네트워크의 특징

이상과 같은 움직임을 ASEAN과 한 · 중 · 일이라는 동아시아 공간에서 고찰하면 흥미로운 구조를 볼 수 있으며, 이는 몇 가지 특징과 시사점을 제시하고 있다.

하나는, ASEAN을 허브로 간주할 경우, 문어발처럼 FTA를 전개하고 있다는 것이다. ASEAN은 한 · 중 · 일뿐만 아니라 인도, EU, 미국 등과 FTA 관련 교섭을 진행하고 있다(혹은 이미 FTA가 체결되어 있다). 다른 한편 ASEAN을 둘러싼 FTA 체결 경쟁이 일어나고 있다. 예를 들면, 앞에서 살펴보았듯이 2000년대 초부터 일본, 중국이 ASEAN과 FTA를 체결하기 위해 움직이기 시작하자 미국은 2002년 10월 EAI(Enterprise for ASEAN Innitiative)를 발표한다. 이는 ASEAN과의 FTA를 목표로 하면서도 ASEAN 전체로서가 아니라 개별 가맹국과의 FTA를 목적으로 하는 것이며, 상대는 WTO 가맹국으로 미국과 무역투자구조협정(Trade and Investment Framework Agreement)을 체결하고 있는 국가이다. 즉 한편으로는 ASEAN을 획득하기 위한 경쟁이며 다른 한편으로는 ASEAN의 다각화 전략이 여기에 대응하고 있다.

또 한 가지는 중국과 한국은 ASEAN 회원국 전체 정부 간 FTA가 체결되었으며, 일본도 싱가포르, 필리핀, 말레이시아 등 ASEAN 개별 국가들과 FTA를 체결하고 나아가 ASEAN 전체와 FTA를 맺고 있다. 그런데 한・중・일 사이에는 2개국 간(다각적인 것은 말할 것도 없이) FTA가 아직 체결되지 않았다. 물론 한・일 혹은 한・중 FTA는 교섭 중이거나 검토 중에 있어서, 가까운 미래에는 한・중・일 중 어느 2개국 간의 FTA가 맺어질 가능성이 있다. 또 2008년부터 시작된 한・중・일 3국 정상회담을 바탕으로 한・중・일 FTA가 체결될지도 모른다.[21]

그러나 ASEAN과 한・중・일을 생각하면 현재 ASEAN을 중심으로 중심과 주변 시스템(hub-spoke system)이 형성된 것으로 보인다. 즉, ASEAN을 차의 중심(hub)으로 한・중・일이라는 주변(spoke)으로 뻗어 나오지만 주변의 끝부분은 연결되지 않는다(이는 FTA 네트워크라는 관점에서 본 것이며, 예를 들어 치앙마이 이니셔티브에 근거한 한・중・일과 ASEAN의 2국 간 스왑협정은 한・중・일 간에도 협정이 체결되어 있다. 또 지금은 공통기금도 갖고 있다). 이 지역 내에 관해서는 주변부의 국가 간의 관계는 축이 되는 국가(혹은 지역)와의 관계와 비교하면 약하다는 것을 의미한다. 통상적으로 허브 앤 스포크 시스템은 축이 되는 국가(혹은 지역)가 강하고 거기에 스포크 끝부

---

21) 2012년 11월 20일에 협상개시 선언 이래, 2013년에 들어 두 차례 협상이 개최되어 한・중・일 FTA 협상타결 전망이 높아진 상황이다.(역자주)

분의 국가들이 붙어 있는 동조 상태를 가리킨다. 예를 들면 아시아태평양에서 미국이 전개하는 동맹시스템이 그러하다. 이때 미국을 축으로 하여 한국, 일본, 호주가 스포크의 끝에 있고, 한국, 일본, 호주 사이에는 동맹 관계가 거의 없다. 또한 경제통합 분야에서도 EU를 중심으로 다양한 국가가 EU와 FTA를 맺고 있지만 그 상대국들 사이에는 FTA를 맺고 있지 않다는 것이 일반적이다. 그런데 ASEAN을 축으로 하는 한국, 중국, 일본의 경우, 경제적으로는 ASEAN이 가장 약하다. 따라서 ASEAN과 한・중・일은 '역(逆) 허브 앤 스포크 시스템'이라고 부를 수 있을 것이다. 그리고 이 '역 허브 앤 스포크 시스템'은 ASEAN과 한・중・일의 관계가 단순히 역사적인 경위의 결과이고 광역 FTA 형성으로 가는 중간지점이라고 생각하더라도, ASEAN이 약한 제도임에도 불구하고 영향력이 강하여 ASEAN+3의 주도권을 잡을 수 있는 이유라고 생각된다.

(3) 통합이론에 미치는 영향

제3의 물결의 특징을 다시 말하자면 2개국 간 FTA의 확산이다. 따라서 지역통합의 제3의 물결 이론에 관해서는 2개국 간 FTA 확산 프로세스 및 메카니즘에 관한 이해가 선행되어야 한다. 여기서 R. 볼드윈의 FTA 도미노 이론이 중요해진다.[22] 간단히 설명하자면 어떤 두 국가(AB) 사이에 FTA가 체결된다고 할 때, A에 대한 수출에 있어서 B와 경쟁상태에 있는 국가(기업 C)는 A-B(국)의 FTA로 인해 불리해진다. 이때 C국(기업)은 A와 FTA를 체결할 경우 인센티브를 갖는다. 혹시 A와 교섭이 잘 되지 않을 때는 다른 나라들과

22) 볼드윈의 도미노 이론에는 몇 가지가 있는데 예를 들면, Richard Baldwin, "A Domino Theory of Regionalism," Graduate Institute of International Studies, University of Geneva, September 1993, revised 1994, http://hei.unige.ch/~baldwin/AcademicPapers/AcademicPaperFiles/dom_old.pdf. Richard Baldwin, Simon Evenett and Patrick Low, 'Beyond Tariffs: Multilateralizaing Non-Tariff RTA Commitments,' in Richard Baldwin and Patrick Low, eds., op. cit. Multilaterlizing ...chapter 3.

FTA 체결을 도모하려 할 것이다. 이렇듯 FTA는 FTA 간 경쟁을 통하여 확산되어 간다.

단, 문제는 FTA가 지역통합에 어떤 의미를 갖고 있는가, 혹은 세계경제 자유화와 룰을 만들 때 어떤 기능을 하는가를 밝히는 것이다. 하나는 FTA는 관세동맹과는 달리 주권을 이양하는 경우가 드물고 이 점에서 제1의 물결에서 상정된 경제통합과는 다르다는 것이다. 또 교차적 FTA가 다수 체결되어 있어 기존의 근린국가 간 지역주의와는 다르며, 제2의 물결인 대륙규모 지역통합도 넘어선 것이다. 나아가 제3의 물결 시대의 FTA는 단순히 관세만이 아니라 투자 자유화 그리고 지적재산권 등 다양한 분야의 항목을 도입한 것이다(WTO+α, WTO+X). 이러한 내용을 염두에 두면서 FTA와 세계적 자유화 관계를 검토해야 할 것이다.

또한 FTA 확산이라는 관점에서 지역통합을 생각할 때, 이는 EU처럼 이미 고도의 제도화를 달성한 지역통합 내부의 통합을 심화시키는 데에는 응용할 수 없다. 그러므로 EU에 초점을 맞춘 이론과 FTA를 중심으로 진행되는 지역통합은 별개의 틀로 분석되어야 할 것이다.

4) 제4의 물결— 아시아태평양과 다각적 FTA

(1) 미국의 아시아태평양 회귀와 FTA의 다자화

제3의 물결의 특징인 2개국 간 FTA가 확산되는 가운데, 위에서 살펴본 것처럼 ASEAN · 한 · 중 · 일이라는 동아시아 통합과 협력이 진행되었다. 이것은 동아시아공동체의 중핵이다. 이때 이 지역에서 아시아태평양과 아시아가 거의 항상 상호의 알력(拮抗)과 긴장을 수반했다는 것을 상기해보자. 동아시아 통합 방향에 대하여 일찍이 미국은 '아세안이니셔티브계획(EAI: Enterprise for ASEAN Initiative)'을 제시하고, ASEAN의 시장 참가를 노려왔다. 그러나 1990년대 말 아시아 통화위기 이후, 동아시아 지역에 대한 미국의 관심은 그리 높지 않았으며 또 2001년 9.11테러에서 비롯된 아프가니스탄 전쟁, 이라크 전쟁 등 미국의 관심은 동아시아 지역형성에서 멀어졌다.

그러나 2000년대 중반을 지나자 미국은 다시 아시아태평양에 대한 관여를 강화시키기 시작했다. 이는 중국의 대두에 대항하려는 의도와 함께 경제 번영(隆盛)이 현저한 아시아로 뛰어들려는 것이었다. 2000년대 중반 미국은 APEC의 자유무역협정화(FTAAP: Free Trade Area Asia-Pacific- 아태자유무역지대)를 제안한다. 이 움직임의 리더인 벅스텐에 의하면 FTAAP는 APEC 가맹국들로 하여금 미국을 택할 것인지 중국을 택할 것인지 어려운 선택을 강요받는 것에서 피할 수 있게 했다. 조지 부시(Jr.) 정권(2001-2009) 말기에 미국 통상대표 S. 슈왑(Susan C. Schwab)은 TTP 교섭에 관한 미국의 참가입장을 밝히고 있다. 오바마 정권은 지지기반인 노조의 의향을 확인하면서 TTP 교섭의 주도권을 쥐게 되었다. 2010년 요코하마(横浜)에서 열린 APEC 회의에서 FTAAP 형성을 위한 베이스로서 ASEAN+3, ASEAN+6와 함께 TPP가 거론되었다. 그리고 2011년 하와이에서 열린 APEC 회의에서 일본이 TPP 교섭참가 의사를 표명하자 ASEAN은 ASEAN+6 FTA로 대항하려 하였으며 중국은 이를 지지했다.

FTAPP는 물론이거니와 TPP나 ASEAN+3과 ASEAN+6를 기초로 한 FTA 또한 아직 교섭 중이거나 혹은 계획, 연구 중이다. 따라서 최종적으로 어떠한 제도(혹은 형태로)로 마무리될지 확실하지는 않다. 그러나 무엇이 되었든 다국적 FTA이며 2개국 간 FTA를 대체하는 것은 아니라도 분단 지역을 취합하는 것이 될 것이다. 또한 그 속에서 TPP와 ASEAN+3, ASEAN+6가 자유화와 룰 형성을 둘러싸고 경합할 것으로 생각된다. 결과적으로 제도(다국적 FTA)를 통한 경쟁적 자유화가 실현될 것으로 보인다. 물론 다국적 FTA가 상호 배타적인 관계가 되는 것만은 반드시 피해야 하는 일이기는 하지만 말이다.

또한 정치, 안전보장 면에서 미국은 조지 부시(Jr.) 정권 말기에 중국과 2국 간 전략대화를 진행하였는데 오바마 정권이 되자 중국과 전략대화를 확대시킴과 동시에 동남아우호협력조약(TAC: Treaty of Amity and Cooperation of Southeast Asia)에 가맹하였고(2009년), 2011년부터는 동아시아정상회담에 참가하게 되었다. ASEAN+3는 2005년, ASEAN+6 동아시아 정상회담과 병립하게 되었는데, 동아시아정상회담은 2011년에 ASEAN+8이 되었다. ASEAN+8의 동아시아정상회담은 지역 내 주요대국을 모두 포함하며 안전보장문제를 주요 주제로 다룰 수 있는, 태평양 전체를 포괄하는 최초의 정상회담이다. 이는 18개국으로 구성되며 이 점에서 APEC(21개국, 지역)에 필적하는 것이다.

(2) 다각적 FTA의 이론적 문제점

현재 아시아태평양에서는 제3의 물결에 이어서 2개국 간 FTA 형성이 나타나고 있다. 한국은 FTA 형성의 선두를 달리고 있으며 미국, EU와 FTA를 체결하고 이제는 중국과 FTA 체결 교섭을 시작하려 하고 있다.[23] 어떤 의미에서 한국은 주요 무역상대국(지역) 대부분과 FTA를 맺게 된다. 그에 비해 일본은 주요무역 상대국인 미국, EU, 중국과 FTA를 체결하지 않고 있다. 이와 같이 국가별로 차이는 있지만 2국 간 FTA 체결은 앞으로도 이어질 것이다.

이와 동시에 대부분은 계획이나 교섭 중이기는 하지만 광역의 다각적인 FTA 형성을 목표로 FTAAP는 제2의 물결에서 본 아시아태평양에 있어서의 대륙 간 규모의 경제통합을 FTA라는 형태로 진행하고자 한다. 이러한 다각적인 FTA, FTA의 다각화는 어떤 의미를 갖는가? 하나는 이미 서술했듯이 2개국 간 FTA로 복잡해지고(스파게티 볼 효과), 분단된 지역을 광역화하여 보다 간결한 형태로 만들려는 것이다. 예를 들어 원산지 규정을 통일하고 2개국 간 FTA의 경쟁성과 배타성을 가능한 억제하는 것이다. 또 하나는 경제

---

23) 2012년 5월 협상개시를 선언하여, 이후 2013년 9월 현재 제7차 협상이 진행되었다.(역자주)

학적으로 보다 광역적 FTA는 작은 것에 비하여 경제복지를 향상시킨다는 이유이다. 또 세번째로는 광역의 FTA가 단지 자유화에 따른 경제복지를 향상시킬 뿐 아니라 거기에서 만들어지는 룰이 다른 지역에 비해서, 또 세계적으로 우위를 차지한다는 것이다. 현재 2개국 간 또는 다국 간 FTA는 무역, 생산, 투자, 서비스 등이 복잡하게 얽힌 글로벌화된 국제경제 시스템에 대응하는 룰을 만들어내고 있다. 이러한 룰을 보다 광역적으로 확대하기 위해서는 FTA의 광역화가 필요한 것이다.

이러한 FTA 광역화, 또 광역 FTA는 이상과 같은 것들을 촉진하는 요인과 동시에 넘어야 할 몇 가지 문제점이 있다.

하나는 2개국 간 FTA는 상대의 선택, 예외 품목 설정, 협력분야의 선정 등 매우 유연한 것이며 양국 간 상황에 따른 맞춤식(tailor-made) FTA가 가능했다. 그러나 다국 간 혹은 광역 FTA는 참가국의 이해조정이 복잡해지며 합의에 도달하기 어렵다.

둘째는 그와 관련하여 볼드윈이 말하는 FTA 도미노 이론을 광역 FTA에 단순히 적용하기 어렵다는 것이다. 예를 들면 한 · 미 FTA가 체결(발효)되면 일본은 대미 수출에 위기감을 갖고 미 · 일 간 FTA를 체결하려는 인센티브가 강하게 작용한다(실제로 그것이 가능한지는 별도로 치더라도) 그러나 TPP와 ASEAN+6(CEPA)에서는 어떨까?

셋째는 물론 예외는 몇 가지 존재하지만, 광역 FTA는 구성원 선정에 지역이라는 개념을 다시 상기시킨다. 제3의 물결 시대에 2개국 간 FTA는 특정 지역과는 별개로 형성되어 때로는 원거리 국가와의 FTA도 성립되었다. 이에 반해 현재 볼 수 있는 광역 FTA는 ASEAN+3, ASEAN+6 그리고 FTAAP 등 지역을 기초로 한다. 따라서 지역 아이덴티티 등이 문제가 된다. TPP 등의 지역과는 떨어진 광역 FTA도 존재하지만 그것은 잠정적인 것으로 아시아태평양 지역협정 체결을 위한 초석이라는 측면이 강하다.

⑶ 유연한 거버넌스 구조와 제도적 리얼리즘, 제도적 밸런싱

이상으로 아시아태평양과 동아시아 지역경제통합, 특히 FTA 형성이라는 관점에서 분석하였다. 이 논의 속에서 명백해진 것은 아시아태평양 · 동아시아에는 FTA를 보더라도 다양한 FTA가 존재한다는 것이다. 안전보장 분야에 있어서도 아세안지역포럼(ARF), 아세안확대국방장관회의,[24] 나아가 미국을 축으로 하는 동맹네트워크도 존재한다. 또 ASEAN+3, ASEAN+6, ASEAN+8(동아시아정상회담), 한 · 중 · 일 등 다각적 FTA의 기초가 되어 경제뿐 아니라 안전보장 등 다양한 어젠다를 취급하는 정상회담도 존재한다. 아시아태평양은 이들 다양한 지역제도나 포럼이 자아내는 유연한 거버넌스 구조를 갖고 있다. 그 속에서 각국은 각국의 경제, 안전보장상 이익에 의거하여 지역제도를 만들어 이용하고 활용한다. 각국이 각자 국익에 근거하여 제도를 만들고 이용한다는 관점은 그야말로 현실주의(리얼리즘)이다. 그리고 각국이 힘의 분포 변화가 두드러진 아시아태평양에서 균형을 유지하기 위해 제도를 이용하는 현상이 제도적 밸런싱이다.[25] 앞서 서술한 예로 ASEAN+3과 ASEAN+6 등이 병존하는 것도 중국 입장과 중국과 균형을 유지하고자 하는 국가들 간 각축의 결과이다. 또한 미국이 중국의 대두(부상)를 염두에 두고 동아시아정상회담에 가입한 것도, 혹은 중국을 제외한 TPP를 추진하고, ASEAN과 중국이 ASEAN+6의 FTA를 내걸고 있는 것도 또한 중국이 한 · 중 FTA에 열중하는 것도 모두 제도적 밸런싱의 예일 것이다.

이상에서 분석한 아시아태평양의 광역 FTA 형성은 이러한 정치적 문맥을 무시하고서는 생각할 수 없을 것이다. FTA 경쟁은 경제 차원에서 경쟁을 유

24) 아세안확대국방장관회의(ADMM-Plus: ASEAN Defense Ministers Meeting-Plus)란 2006년부터 아세안(ASEAN) 10개국 간 개최되어 온 아세안 국방장관회의(ADMM)를 아 · 태지역 주요 8개국(한국, 미국, 일본, 중국, 러시아, 인도, 호주, 뉴질랜드)까지 확대한 것으로 아 · 태지역 최고위 국방회의체 역할을 수행하고 있다.(역자주)

25) Kai He, *Institutional Balancing*, London: Routledge, 2008.

발함과 동시에 정치적 경쟁 차원을 포함하고 있다. 그렇다고는 해도 국제제도 일반, 혹은 광역 FTA를 생각해보면 그들은 자신의 목적을 갖고 있으며 참가국 공통의 목적(예를 들어 무역자유화, 룰의 형성)을 가지고 이를 달성하기 위한 협력과 규율을 만들어내려고 한다. 이는 국제 제도에 대한 리버럴리즘적 견해이다. 현재는 국제제도를 둘러싸고 리얼리즘(제도적 리얼리즘)과 리버럴리즘(제도적 리버럴리즘)이 엮어내는 밧줄처럼 복잡한 관계를 나타내고 있다고 할 수 있다.

5. 결론

이 장에서 분석한 결론 중 한 가지는 아시아태평양, 동아시아 지역통합 전개가 세계화 과정에서 나타나는 4개의 지역통합 물결에 대응하는 바가 크다는 것이다. ASEAN 형성을 제외하고 제1의 물결에 대응하는 지역협력이나 통합은 나타나지 않았지만 제2의 물결에서 아시아태평양 전역을 포함하는 대규모의, 선진국과 개발도상국 쌍방을 포함하는 APEC이 형성되었다. 1990년대 후반에는 ASEAN+3가 대두했는데 이는 대륙규모이자 선진국과 개발도상국 그리고 다양한 정치체제 국가들을 구성원으로 하는 제2의 물결의 특징을 눈에 띄게 나타내는 것이었다. 그리고 1990년대 말부터 2개국 간 FTA 확대라는 제3의 물결이 밀려와 동아시아 국가들도 모두 2개국(혹은 양자) 간 FTA를 체결하게 된다. 2000년대 중반을 지나면서 APEC 전체의 FTA화(FTAAP)가 구상되고 ASEAN+3, ASEAN+6는 TPP와 함께 FTAAP 형성을 위한 초석이 된다. 제4의 물결의 싹이라 할 수 있다.

두 번째로, 지역통합 이론의 대략은 대강 제1의 물결 속에서 형성되었다. 이는 발라사의 경제통합이론, 하스의 신기능주의 그리고 도이취의 교류이론이다. 그러나 그 후에 서로 다른 특징을 지닌 지역통합이 나타나면서, 이론 개선이나 새로운 이론이 제시되었다. 예를 들어 제2의 물결의 대규모 지역통합이 형성되자 다원적 안전보장공동체 이론도 도이취적인 가치공유에 의거했을 뿐만 아니라 몇 가지 다른 종류의 안전보장공동체 그리고 지역의 안전보장복합체 모델이 제출된다. 또 제3의 물결에서 2개국 간 FTA 확산이 현저해지자 볼드윈의 FTA 도미노 이론이 출현한다. 제3의 물결에서 형성된 2개국 간 FTA 네트워크는 제1의 물결의 지역통합과는 상당히 다른 것이었다. 제4의 물결에서는 광역 FTA 형성이 요구되는데 이는 번잡해진 2개국 간 FTA 네트워크를 교정하는 한편, 동시에 보다 넓은 지역에서의 자유화와 룰 제정을 목표로 하는 것이다. 그리고 여기에는 다양한 레벨의 다층적 제도나 포럼이 형성되어 있어, 이들을 전체로 각국이 각자의 국익을 바탕으로 어떻게 이용하는가 하는 제도적 리얼리즘이나 제도적 밸런싱 등의 이론이 고안된다. 그리고 이 동안 고도의 통합이 진행되어 제도화된 EU에 대해서는 EU 자체의 제도나 지역 내 정책결정 등에 초점을 맞춘 이론이 축적되는 것이다.

그렇다고는 해도 제1의 물결에서 지역통합에 부과된 비전은 아직까지도 큰 의미를 가진다. 그것은 어떤 지역에 있어서 주변국들과의 사이에 밀접한 경제 관계가 존재하고, 안전보장에서도 무력행사의 가능성이 전혀 없으며 사회적으로도 기본 가치를 공유하고 공통 문제에 대처하기 위한 지역적 거버넌스가 존재한다는 것이다. 동아시아에 이러한 비전을 실현하려는 노력은 앞으로도 계속되어야 할 것이다.

저자후기

이 책은 다국 간 교류, 특히 경제 교류에 바탕을 둔 상호의존을 중심으로 논의를 전개했다. 따라서 군사, 안전보장 분야라는 이른바 전략적 상호의존을 심도 있게 언급하지는 못했다. 또한 논의 흐름을 '정책 영향' 상호성에 초점을 맞추었기 때문에 비대칭적 상호의존 및 그것을 어떻게 대칭화해 갈 것인가 하는 문제는 충분히 고찰하지 못했다. 하지만 이 두 가지 문제는 국제정치학 이론에서 말하면 세력균형론(보다 넓은 의미로는 군사력 관리)과 종속론이라는 '큰' 이론(Grand Theory)을 충분히 음미하고 난 이후 논의되어야만 할 것이다. 또한 상호의존 그 자체, 예를 들어 환경 문제 등 세계적 상호의존 성격을 가지는 문제에 실증 분석을 하지 않았다. 또한 다국 간 교류에 바탕을 둔 상호의존을 취급하면서도 주로 정부의 행동 혹은 정부 간 상호작용에 초점을 맞추었으며, 국민 사회 그 자체의 상호 침투에 대해서는 3장에서 약간 언급하는 데 그쳤다. 이상은 저자 자신의 향후의 연구과제로 삼고자 한다. 그리고 상호의존 정치로 취급되는 구체적 이슈는 다방면에 걸쳐 나타나며 또한 그 변화도 매우 빠르다. 앞으로도 상호의존 세계에 다양한 이슈가 등장할 것이다. 그리고 그러한 현상은 개별 연구를 거듭해 나아감으로써 상호의존론은 더욱 더 '풍요로움'을 이루리라 생각한다. 약간 추상적 내용을 담은 이 책이 그러한 방향을 향해서 어떠한 방향성을 제시했으면 한다.

전쟁의 행동과학 연구를 본래의 수비 범위로 하는 저자가 이러한 상호의존 연구를 시작한지 이미 10년(1985년 당시)이 넘었다. 그 사이 많은 선배, 동료로부터 지원을 받았다. 한 분 한 분 거명하지는 않겠지만 재차 감사 말씀을 드리고 싶다. 또한 이 책은 21세기문화학술재단의 학술장려금('21세기의 국제시스템에 관한 기초연구')을 토대로 이루어 낸 연구성과의 일부분이다. 21세기재단 그리고 이 프로젝트의 공동연구자인 다카기 세이치로(高木誠一郎), 야쿠시지 다이조(薬師寺泰蔵), 야마카게 스스무(山影進), 다나카 아키히코(田中明彦) 교수님들께 진심으로 감사 말씀을 드리고 싶다. 21세기재단에 본 연구를 추천해주신 것은 에토 신키치(衛藤瀋吉), 구몬 슌페이(公文俊平) 두 분의 교수님이셨다. 이 책을 사례의 하나로서 생각해주시길 바란다.

저자는 1985년 1월 이래, 사이타마대학(埼玉大学)에서 학문의 자유를 둘러싸고 대학원 정책과학연구과와 계쟁(係爭) 중이며, 신분도 보증되지 않은 상황에 있다. 그동안 노부쿠니 마코토(信国真載), 무로타 야스히로(室田泰弘), 고무쿠 마사타테(小椋正立)의 세 분에게는 적지 않은 신세를 졌다. 또한 이전에 저자에게 연구와 교육 장소를 제공해주고 집필을 가능하게 해 준 사이타마대학 교양학부 여러분께 지면으로나마 감사의 말씀을 남긴다.

마지막으로 이 책을 쓸 수 있는 기회를 주신 이노구치 다카시(猪口孝) 교수님 그리고 항상 집필이 늦기 십상인 저자에게 시종 격려를 베풀어 주신 도쿄대학출판회 다케나카 히데토시(竹中英俊) 씨에게 감사의 말씀을 드린다.

야마모토 요시노부

색인

(ㅎ)